장애아동 미술치료

이근매 · 조용태 공저

학지사

장애를 가진 아동은 장애 자체의 문제뿐 아니라 장애로 인해 발생하는 다양한 행동문제와 심리문제 또한 지닌다. 그동안 장애아동이 가진 행동문제에 대해서는 주로 특수교육적 접근이 중심이 되었던 반면, 심리문제를 다루는 것에 있어서는 상대적으로 소홀한 측면이 있었다. 하지만 심리문제 역시 행동문제 못지않게 중요한 부분임을 간과해서는 안 된다.

보통 장애아동의 심리문제를 다루려면 일반적인 상담 방법으로는 한계가 있으며, 이들의 발달 특성상 구체적인 매체를 이용하는 것이 더 효과적일 수 있다. 현재 임상 현장에서 구체적인 매체를 이용하는 방법으로 놀이치료, 음악치료, 미술치료 등을 활용하고는 있지만 사실 여기서 충분한 자료를 얻기는 어렵다. 특히 미술치료 방법을 활용하여 장애아동의 행동문제뿐만 아니라 심리문제까지 다룰 수 있는 자료의 수는 더더욱 부족하다. 이에 저자들은 다년간의 미술치료 임상경험을 기초로 하여 실제 중심의 미술치료 입문서를 집필하고자 하였다.

이 책은 장애아동과 활동하는 특수교사뿐 아니라 미술치료사나 장애아동의 부모도 쉽게 활용할 수 있는 내용으로 구성하였다. 먼저 1장에는 장애아동의 특성을 이해하기 위한 가장 기본적인 정보를 제시하였고, 2장에는 아동의 장애를 확인하고 각 아동의 문제를 진단하는 데 필요한 진단평가를 제시하였다. 그리고 3, 4, 5장에서는 각각 미술치료에서 자주 활용하는 투사적 검사, 매체, 미술치료 지도방법을 소개하였으며, 6장에서는 장애아동 부모상담에 대한 내용을, 7장에서는 장애아동의 상담 과정을 간략하게 기술하였다. 또한 8장에서는 장애아동에게 자주 활용하는 미술치료기법을 소개한 후, 마지막으로 9장과 10장에서 구체적인 미술치료 프로그램과 치료 사례를 제시하였다.

물론 이 책에서 제시하는 내용이 모든 장애아동에게 적용할 수 있는 미술치료 원론의 성격을 지니는 것은 아니지만 장애아동 미술치료 입문서로서의 역할은 충분히 할 것으로 기대한다. 앞으로 미진한 부분은 계속해서 보완하고 첨가해 나갈 것을 약속하며, 이 책이 장애아동 미술치료 현장에서 미약하나마 도움이 될 수 있기를 기대한다.

이 책이 출판되기까지 많은 분의 도움이 있었다. 이 가운데 특히 실제 임상현장에서 장애아동을 대상으로 수행한 미술치료 관련 정보를 기꺼이 제공하신 여러 미술치료사와 원고 교정에 도움을 주신 (사)한국아동발달지원연구소의 김미진, 박정희 선생님을 비롯한 연구원 분들께 지면을 통해 깊은 감사의 뜻을 전하고 싶다. 더불어 이 책의 출판을 위해 노력해 주신 학지사의 김진환 사장님과 편집을 담당해 주신 이지예 님을 비롯한 여러 임직원께도 감사의 말씀을 드린다.

2014년 5월
저자 일동

제8장 장애아동 미술치료 기법 / 223

제9장 장애아동 미술치료 프로그램 / 263

제10장 장애아동 미술치료 사례 / 279

 제 **1** 장

장애아동의 개념 및 특성

제 **1** 장
장애아동의 개념 및 특성

장애아동의 미술치료는 다양한 장애 유형별 특성으로 접근방법이 상이할 수 있으므로 장애에 대한 이해가 필수적이다. 이 장에서는 장애아동의 개념 및 시각장애, 청각장애, 정신지체(지적장애), 지체장애, 정서 · 행동장애, 자폐성장애, 의사소통장애, 학습장애, 건강장애, 발달지체 등의 장애 유형별 특성을 살펴보고자 한다.

1. 장애아동의 개념

장애아동의 미술치료는 특수교육 분야에서는 관련 서비스로 제공되는 것이다. 즉, 장애아동의 학습 효과를 향상시키기 위해 아동이 가진 문제행동을 개선 또는 제거하는 활동을 관련 서비스라 하는데, 매우 다양한 관련 서비스 중 하나로 미술치료를 제공하고 있다.

최근 우리나라에서도 장애아동의 인지, 감각, 신체, 정서, 의사소통, 사회성 등의 문제를 개선하기 위해 미술치료 활동이 증가하고 있다. 그러나 미국의 경우처럼 미술치료를 특수교육 관련 서비스의 위치로 보기보다 독립된 치료 분야로 인식하는 경향도 있다. 하지만 미술치료를 심리치료의 한 영역으로서 장애아동의 문제행동 개선을 위한 독립적 분야로 인식하는 경우, 자칫 장애를 제거하기 위한 활동으로 오해할 수도 있다.

장애는 '그것으로 인해 기능이 저하되므로 제거해야 하는 것'이 아니라 '그것으로 인해 저하된 기능을 개선 또는 향상시킬 수 있는 것'이다. 미술치료 활동이 장애를 제거하는 활동이 될 수 있다는 인식은 위험한 발상이다. 대신 장애로 인해 발생할 수 있는 문제를 예방하고, 이미 발생한 문제행동을 제거 또는 향상시킬 수 있는 활동이라고 인식할 필요가 있다.

장애아동의 미술치료는 장애로 인해 발생하는 아동의 신체적·심리적 특성을 올바로 이해하고, 장애로 인한 문제에 초점을 두는 활동이어야 한다. 하지만 이러한 측면에서 장애아동의 미술치료가 특별한 치료 방법, 치료매체, 치료내용을 지니고 있는 것은 아니다. 단지 장애를 고려한 방법, 매체, 환경의 수정이 필요한 것이다. 따라서 다음 절에서는 장애 유형별 아동의 특성 및 수정해야 하는 사항을 살펴볼 것이다.

장애아동의 특성을 살펴보기 전에 문제아동과 장애아동을 먼저 구분해야 한다. 그리고 이에 따라 장애아동 미술치료의 목적은 '아동의 장애를 치료하는 것'이 아니라 '장애아동이 가진 문제행동을 치료하는 것'이 되어야 한다. 이 말은 장애와 문제는 개념적으로 다른 것이며, 장애아동이 가진 문제를 얼마나 정확하게 파악하는가의 여부가 미술치료의 핵심이 된다는 것을 의미한다.

또한 '장애'는 의학적 관점이 아닌 교육학적 관점에서 다루는 것이라는 점을 숙지할 필요가 있다. 의학적 관점에서는 장애라기보다 '질병'이라는 명칭을 붙인다. 질병은 정상으로의 회복을 목표로 하는 것이지만 장애는 개선 또는 향상을 목표로 하는 것이다. 따라서 장애아동의 미술치료는 장애아동이 가진 문제행동을 제거하여 장애상태를 개선 또는 향상시키는 것을 목표로 해야 한다.

「장애인 등에 대한 특수교육법」에서는 장애를 '시각장애, 청각장애, 정신지체, 지체장애, 정서·행동장애, 자폐성장애, 의사소통장애, 학습장애, 건강장애, 발달지체' 등 10가지로 구분하고 있다. 한편, 「장애인복지법」에서는 '지체장애, 뇌병변장애, 시각장애, 청각장애, 언어장애, 정신지체, 자폐성장애, 정신장애, 신장장애, 심장장애, 호흡기장애, 간장애, 안면장애, 장루·요루장애, 간질장애' 등 15가지로 구분하고 있다.

〈표 1-1〉 **장애의 유형**

- 장애인 등에 대한 특수교육법: 시각장애, 청각장애, 정신지체, 지체장애, 정서·행동장애, 자폐성장애, 의사소통장애, 학습장애, 건강장애, 발달지체

- 장애인복지법
  - 외부 신체기능 장애: 지체장애, 뇌병변장애, 시각장애, 청각장애, 언어장애
  - 정신적 장애: 정신지체, 자폐성장애, 정신장애
  - 내부기관 장애: 신장장애, 심장장애, 호흡기장애, 간장애, 안면장애, 장루·요루장애, 간질장애

2. 장애 유형별 특성

「장애인복지법」에서 구분하는 장애 유형은 질병으로 분류할 수 있는 것도 포함하기 때문에 여기서는 「장애인 등에 대한 특수교육법」에서 구분하는 장애 유형에 따라 그 특성을 제시하고자 한다.

1) 시각장애

「장애인 등에 대한 특수교육법」에서는 시각장애를 지닌 특수교육대상자를

'시각계의 손상이 심하여 시각기능을 전혀 이용하지 못하거나 보조공학기기의 지원을 받아야 시각적 과제를 수행할 수 있는 사람으로서 시각에 의한 학습이 곤란하여 특정의 광학 기구 · 학습매체 등을 통하여 학습하거나 촉각 또는 청각을 학습의 주요 수단으로 사용하는 사람'으로 정의하고 있다.

학술적인 측면에서 시각장애는 시력을 교정해도 교육적 수행에 부정적 영향을 주는 시각적 손상을 말한다. 일반적으로 점자나 촉각매체 및 청각매체를 통하여 교육해야 하는 아동을 '맹', 잔존시력이 있어서 문자를 확대하거나 광학기구를 사용하여 교육해야 하는 아동을 '약시'라 한다.

시각장애아동의 특성은 다음과 같다.

- 행동적 단서: 눈을 과도하게 문지른다. 한쪽 눈을 감거나 뜨고 있고, 머리를 경사지게 하거나 앞으로 뺀다. 읽기에 어려움이 있거나 사물을 아주 가까이에서 본다. 눈을 자주 깜빡거리거나 가까이에서 볼 때도 주의를 집중하지 못한다. 낯선 환경에서 걸어 다니는 것이 자연스럽지 못하다. 사람들이나 사물에 자주 부딪힌다. 책을 읽거나 쓸 때는 제 줄을 따라가지 못한다. 눈과 손의 협응이 요구되는 과제 수행이 빈약하다. 걸음걸이가 매우 조심스럽고 잘 넘어진다. 형태가 비슷한 문자를 혼동하며, 목적물에 헛손질을 한다. 사물을 볼 때 얼굴을 찌푸린다.
- 신체적 단서: 눈에 잦은 염증이 있다. 눈물을 줄줄 흘리거나 눈이 항상 충혈되어 있거나 눈꺼풀이 부어 있다. 눈동자의 움직임이 부드럽지 못하다. 눈곱이 자주 끼고 눈에서 고름이 난다. 한쪽 눈의 눈동자가 다른 쪽의 것보다 확실히 커져 있다. 눈이 아프고 따끔따끔하다. 특히 눈을 요하는 작업을 하고 난 후에 머리가 자주 아프고 메스꺼우며 어지럽다. 물체가 희미하거나 두 개로 보인다.

2) 청각장애

「장애인 등에 대한 특수교육법」에서는 청각장애를 지닌 특수교육대상자를 '청력 손실이 심하여 보청기를 착용해도 청각을 통한 의사소통이 불가능 또는 곤란한 상태이거나, 청력이 남아 있어도 보청기를 착용해야 청각을 통한 의사소통이 가능하여 청각에 의한 교육적 성취가 어려운 사람'으로 정의하고 있다.

학술적으로 청각장애란 '청력을 교정해도 아동의 교육적 수행에 부정적인 영향을 주는 청각적 손상'을 말한다. 일반적으로 보청기의 착용 여부에 관계없이 듣기를 통해 언어적 정보를 처리하는 영역이 심하게 손상되어 있어서 아동의 교육적 수행에 부정적 영향을 미치는 경우인 '농(deaf)'과 영구적이든 일시적이든 청력에 손상을 입어서 교육적 수행에 부정적 영향을 미치지만 농의 정의에는 포함되지 않는 경우가 있다.

청각장애아동의 특성은 다음과 같다.

- 행동적 단서: 지시를 잘 따르지 못한다. "뭐라고요?" 등의 되묻는 질문을 많이 한다. 말하는 사람의 얼굴이나 입술에 특별히 주의를 기울인다. 언어장애를 보인다. 어휘력이 제한되어 있거나 언어발달이 미숙하다. 보통의 말소리에 반응을 보이지 않거나 주의를 기울이지 않는다. 말하는 활동에 참여하지 않으려고 한다. 남의 말을 듣기 위하여 자주 귀 언저리에 손바닥을 오므리는 것 같은 자세를 보인다. 언어교과에서의 학습이 부진하다.
- 신체적 단서: 귀앓이를 자주 앓고 귀에서 액체가 분비되는 증상을 보인다. 또 감기나 인후염을 자주 앓으며 균형을 잡는 데 어려움을 보인다.

3) 정신지체

「장애인 등에 대한 특수교육법」에서는 지적장애를 정신지체라고 칭한다. 그리고 정신지체를 지닌 특수교육대상자를 '지적 기능과 적응행동상의 어려움이 함께 존재하여 교육적 성취에 어려움이 있는 사람'으로 정의하고 있다.

학술적으로 정신지체는 현재 기능에 실질적 제한성이 있는 것을 지칭한다. 또한 정신지체는 유의하게 평균 이하인 지적 기능과 동시에 그와 연관된 적응적 제한성이 두 가지 이상 나타나거나 그 이상의 실제 적응 기술 영역, 즉 의사소통, 자기관리, 가정생활, 사회성 기술, 지역사회 활용, 자기지시, 건강과 안전, 기능적 학업교과, 여가, 직업 기술의 영역에서 존재하는 것으로 특징지어진다. 정신지체는 18세 이전에 나타난다.

정신지체아동의 특성은 다음과 같다.

- 일반적인 특성: 우호적 · 적대적 환경에 대한 비상한 감수성을 지닌다. 지적 활동 및 수지훈련에 반응이 늦다. 주의집중 시간이 짧다. 언어의 제약성을 보인다. 계획성이 부족하다. 좁은 상상력과 협소한 흥미 범위를 보이며 경계의식이 부족하다. 선악의 구별이 어렵다. 정서적 안정이 안 된다. 윗사람에게 순종적이며 강한 고집성을 보인다.
- 개체 동기적 이해 특성: 실패의 예상을 가지고 있다. 의존성이 강하다. 부정적 자아 개념을 가지고 있다.
- 학습 특성: 학습 능력이 대체로 열악하며, 초등학교 6학년까지는 유치원 내지 초등학교 1~3학년 정도의 수준을 보이고, 학령기를 마칠 때까지는 초등학교 3~6학년 정도의 수준을 보인다. 중등도 정신지체아동은 의사소통 능력은 기를 수 있으나 문자학습과 기술습득이 거의 불가능하다.
- 말과 언어 특성: 음의 대치와 생략 같은 조음장애가 자주 발생하고 그들 사이에서 구어발달의 지연, 제한된 어휘, 정확하지 않은 문법 사용 등을 포함한 언어장애를 보인다.
- 신체 및 건강 특성: 경도정신지체아동은 신체발달에서 키, 몸무게, 골격의 성장이 일반아동에 비해 평균 이하다. 운동 발달에서는 운동의 수련이 상

당히 저조하며, 신체적 손상에서는 신경적 손상(뇌성마비, 발작적인 증상, 감각적인 손상, 상해) 등을 가지고 있다. 건강과 관련된 문제로는 부적절하고 불균형적인 식사와 병에 감염되기 쉬운 경향, 치아의 이상을 보인다.
• 학업성취 특성: 일반적으로 학업부진아동으로 취급받으며, 읽기의 모든 면, 특히 독해와 단어 발성법은 대단히 어렵다. 수학 기초는 대개 평균 정도로 할 수 있으나 산수추리는 극히 열등하다. 중등도 정신지체아동은 지적 학습이 극히 제한적이다.

4) 지체장애

「장애인 등에 대한 특수교육법」에서는 지체장애를 지닌 특수교육대상자를 '기능·형태상 장애를 가지고 있거나 몸통의 지탱 혹은 팔다리의 움직임 등에 어려움을 겪는 신체적 조건 및 상태로 인해 교육적 성취에 어려움이 있는 사람'으로 정의한다.

학술적으로 지체장애는 정형외과적 장애와 건강장애로 구분되는데, 아동의 교육적 수행에 부정적 영향을 주는 심한 정형외과적 손상을 가진 것을 정형외과적 장애라 한다. 여기에는 내반족, 신체 일부의 결손, 소아마비, 골결핵, 뇌성마비, 골절 등이 포함된다. 건강장애는 만성적 또는 급성 질병에 기인하여 체력, 활력, 기민성의 제한으로 교육적 수행에 부정적 영향을 주는 것을 의미한다. 여기에는 심장병, 간질, 천식, 혈우병, 중증 빈혈, 백혈병, 당뇨병 등이 포함된다.

지체장애아동의 특성은 다음과 같다.

① 뇌성마비아동의 특성
• 월연령 수에 비해 운동 발달이 뒤떨어지거나 비정상적인 운동형태 또는 여러 특징적 자세 이상을 보인다.

- 일반아동에게서는 사라진 원시반사가 지속되거나 비정상적 자세 반사작용이 조기에 증가하여 정상적인 아동이 할 수 있는 운동을 하지 못하게 된다.
- 근 긴장도의 이상이 나타나는데, 몸이 활처럼 휜 상태로 고개가 자주 뒤로 젖혀지거나 몸이 뻣뻣한 상태를 유지하는 과긴장의 경우와 뼈가 없는 것 같이 느껴지는 무긴장의 경우로 나뉘며 대부분 뇌성마비는 초기에는 근 저긴장증을 나타낸다.
- 그 외에도 씹고 삼키는 섭식장애, 심한 침 흘림, 호흡·근육 조절의 미발달로 인한 잦은 호흡기 질환 등이 나타날 수 있다.
- 운동적 역기능 외에 언어·학습·심리적 장애, 지각–감각결손 등의 중복장애가 수반되는 경우가 대부분이다.
- 아동 중 40~50%가 정신지체를 동반한다.
- 아동 중 약 50%가 사시 등의 시각장애를 수반한다.
- 언어장애 및 읽기·쓰기 장애로 인해 의사소통에 어려움을 보인다.
- 감정적 장애를 나타낼 수 있으며 이는 주로 가족의 태도, 주위환경에서의 태도 반응에 의해 나타난다.

② 운동협응장애아동의 특성

말 그대로 운동능력이 뒤처지는 경우를 말한다. 뒤집기나 기기, 서기, 걷기 등이 자신의 인지 능력보다 현저히 뒤떨어진다. 잘 넘어지거나 물건을 자주 치고 떨어뜨린다.

- 대근육운동
  - 기기, 앉기, 걷기 등의 운동 발달이 나이나 인지 발달에 비해 뚜렷이 늦다.
  - 자주 부딪히거나 물건을 떨어뜨리는 등 행동이 둔하다.
  - 중심을 잘 잡지 못해 자주 넘어진다.

- 소근육운동
  - 단추 끼우기, 지퍼 올리기 등 옷 입기를 잘 배우지 못한다.
  - 숟가락질이나 가위질 등을 잘 배우지 못한다.

5) 정서 · 행동장애

「장애인 등에 대한 특수교육법」에서는 정서 · 행동장애를 지닌 특수교육대상자를 '장기간에 걸쳐 다음 각 항목의 어느 하나에 해당하여, 특별한 교육적 조치가 필요한 사람, ① 지적 · 감각적 · 건강상의 이유로 설명할 수 없는 학습상의 어려움을 지닌 사람, ② 또래나 치료자와의 대인관계에 어려움이 있어 학습에 어려움을 겪는 사람, ③ 일반적인 상황에서 부적절한 행동이나 감정을 나타내어 학습에 어려움이 있는 사람, ④ 전반적인 불행감이나 우울증을 나타내어 학습에 어려움이 있는 사람, ⑤ 학교나 개인 문제에 관련된 신체적 통증이나 공포를 나타내어 학습에 어려움이 있는 사람'으로 정의하고 있다.

학술적으로 정서 · 행동장애는 다음 중 한 가지 이상의 특성을 장기간 현저하게 나타내며, 교육적 수행에 부정적인 영향을 미친다. ① 지적 · 감각적 · 신체적 요인으로 설명할 수 없는 학습 불능, ② 동료 및 치료자와 대인관계를 형성하지 못하거나 유지하지 못함, ③ 정상적인 상황에서 부적절한 행동이나 감정 유형을 나타냄, ④ 늘 불행하고 우울한 기분에 사로잡혀 있음, ⑤ 개인 및 학교 문제와 관련된 신체적 증후나 공포를 나타내는 경향이 있음. 또한 이 용어는 정신분열증 아동을 포함한다. 그러나 심한 정서장애로 결정되지 않는 한 사회 부적응 아동은 포함하지 않는다.

정서 · 행동장애아동의 특성은 다음과 같다.

- 공격성과 위축성: 공격적이고 외향적인 행동, 때리고, 싸우고, 남을 괴롭히고, 소리를 지르고, 요구를 거절하고, 사실을 왜곡하여 받아들이는 등의 행

동을 나타낸다. 물론 일반아동도 이러한 행동을 나타내지만, 정서장애아동에 비해 극단적이거나 충동적이지 않고 일시적이다. 미숙하고 위축적인 행동을 가지고 있으며, 다른 사람과의 상호작용에서 놀이 등 사회적 기술이 부족하고, 또래와 잘 놀지 않으며, 사회적으로 소외된다. 환상이나 백일몽에 빠지기 쉬우며 두려움이 많다. 약간의 통증에도 늘 불평하며 병을 핑계로 정상적 활동을 피한다.

• 언어발달 장애: 전반적으로 대부분의 유아자폐성장애아동의 경우 언어발달이 거의 일어나지 않거나 아주 지연되어 있다, 옹알이를 해서 주의를 끌거나 행동으로 자신의 의사를 표현하는 능력이 없다. 언어에 대한 이해가 부족해 자신의 이름을 부르면 돌아보거나 간단한 심부름을 할 수 있는 능력이 발달하지 않은 경우가 보통이다. 언어가 어느 정도 발달해도 대화 목적으로 언어를 사용하지 않고 주로 혼잣말을 하는 경우가 많다. 말의 음조, 리듬, 억양이 특이하고 어색하며 반향어의 형태를 많이 띤다.

이처럼 언어발달에 문제가 있으며 다른 장애와 복합적으로 나타난다. 대인관계가 제대로 이루어지지 않아도 언어장애가 올 수 있으며, 인지 능력이 떨어지거나 단지 청력 이상 때문에 언어장애가 올 수도 있다. 언어장애가 있게 되면 자연히 학습장애가 따라온다.

이밖에도 정서 · 행동장애아동이 언어발달에서 보이는 특성으로는 다음과 같은 것이 있다.

−나이나 인지 기능에 비하여 말이 잘 늘지 않는다.
−눈치나 행동으로 배우는 것은 비교적 잘하면서 말로 가르치거나 지시하는 것은 잘 이해하지 못한다.
−말소리나 발음을 구별하지 못해 혼동하는 듯 보인다.
−발음에 이상이 있다.

- 행동상의 장애: 반복적이고 상동적인 행동을 하며 대소변 가리기가 흔히 지연된다. 머리를 부딪치는 등 자해행동을 보이기도 한다. 다른 아동의 공격에 대해 적절한 방어능력이 없으며, 먹는 습관, 자는 습관 등의 기본적인 행동에 있어서 장애가 올 수 있다. 손이나 목을 흔들거나 손을 쳐다보는 등의 자기자극행동을 계속한다. 감각 이상으로 통증과 소리에 대한 반응이 불규칙하다. 기분 변화의 기복이 심하며, 모든 물체를 입에 넣기도 한다. 이러한 특성들이 모두 나타나는 것은 아니지만 사회성 발달과 언어발달상의 심각한 장애는 공통적으로 발견될 수 있다.

- 주의력결핍 과잉행동장애: 손과 발을 가만히 두지 못하며, 움직이거나 몸을 꼰다. 가만히 앉아 있으라고 지시하여도 앉아 있지 못하고 돌아다닌다. 외부 자극에 쉽게 산만해진다. 참을성이 없으며, 한 가지 행동을 끝맺지 못하고 이것저것에 신경을 쓴다. 다른 아이들이 이야기할 때 듣지 않는 것처럼 보인다. 자기 일이나 물건을 잘 잃어버린다. 위험한 놀이나 행동을 많이 한다. 주의력결핍은 학습장애나 행동장애의 원인이 된다. 집중력이나 주의력이 낮고 산만하여 통제가 어려운 경우를 말하며, 대다수가 유아기에는 산만하다는 정도로만 보이다가 취학하게 되면 그 증세가 확연히 드러난다. 한 자리에 앉아 있거나 한 가지 일에 집중하기 어렵고, 작은 자극에도 즉시 산만해진다. 반사적으로 행동을 하기 때문에 스스로도 자기 통제를 하지 못한다.

주의력결핍 과잉행동장애아동 특징

① 주의력결핍/산만성
　−주의집중 시간이 짧다.
　−학업을 끝마치기 어렵다.

－백일몽에 잠긴다.

－쉽게 산만해진다.

－또래나 다른 사람이 '얼빠진 애' '몽상가'와 같은 별칭을 붙여 준다.

－활동은 많지만 성취는 거의 없다.

－열정적으로 시작은 하지만 끝을 맺지 못한다.

－물건을 잘 잃어버린다.

－한두 번 불러서는 대답이 없다.

－어떤 일을 할 때 주변의 자극에 쉽게 주의를 빼앗긴다.

－대화 중에 딴전을 피운다.

－주어진 과제를 오래 지속하지 못한다.

－비디오나 게임 등 좋아하거나 자극이 강한 일은 오래 지속할 수도 있다.

－여러 번 지시를 해야 따른다.

－자기 건사나 정돈을 잘 못한다.

② 충동성

－좌절에 대한 인내력이 없다.

－쉽게 흥분한다.

－계획적인 활동이 부족하다.

－한 가지 활동에서 또 다른 활동으로 쉽게 빨리 옮긴다.

－인내심을 갖고 순서를 기다려야 하는 집단 상황에서 어려움을 경험한다.

－성인의 많은 지도와 감독이 요구된다.

－부적절한 행동으로 인해 계속적으로 문제를 일으킨다.

－다른 사람을 방해한다.

－의미 없이 친구를 툭툭 치곤 하여 싸움을 유발한다.

－쉽게 포기한다.

－쉽게 화내거나 분노한다.

－과격하다.

－부주의나 충동적인 행동 때문에 사고를 당하기도 한다.

③ 활동 수준 문제
• 과잉행동
　－들떠 있다.
　－안절부절못하거나 계속해서 끊임없이 움직인다.
　－최소한의 수면만을 취하므로 수면 시간이 매우 짧다.
　－지나칠 정도로 끊임없이 이야기한다.
　－심하게 뛰고 구르며 창문틀 위나 베란다 위와 같은 높은 곳에 기어 올라간다.
　－잠자는 동안 쉴 새 없이 움직인다.
　－식사 중이나 수업 중에 가만 앉아 있지 못한다. 자주 교실을 돌아다닌다.
　－한자리에 가만히 앉아 있지를 못한다.
　－가만히 있으려고 하면 몸을 계속 움직이고 비비 꼰다.
　－높은 데 기어오르거나 올라타거나 뛴다.
　－실내에서 뛰어다닌다.
　－말이 많거나 소음을 낸다.

• 저활동성
　－무기력해 보인다.
　－백일몽에 잠겨 있거나 얼빠진 것처럼 보인다.
　－학습 과제를 끝마치지 못한다.
　－주의가 산만하다.
　－지도력이 부족하다.
　－학습과 수행에서 어려움을 보인다.

④ 불복종
• 불복종 징후
　－논쟁적이다.
　－조심성이 없다.
　－사회적으로 수용되는 기대 행동을 무시한다.
　－고의적인 것이 아니라 부주의로 인해 지시를 자주 잊어버리고 어긴다.

- 사람의 관심을 끌려는 행동
  - 관심의 중심에 있으려고 한다.
  - 계속 질문하거나 방해한다.
  - 관심을 끌기 위해 욕을 하거나 부정적인 행동을 한다.
  - 형제, 또래, 그리고 어른들을 속 타게 하며 괴롭힌다.
  - 교실에서 광대처럼 행동한다.

⑤ 미성숙
  - 대부분의 행동이 어린 아동의 행동과 같다.
  - 신체적 발달과 신경학적 발달도 늦다.
  - 정서적 반응이 미성숙하다.

⑥ 학업 문제
  - 능력에 비해 학업부진이 나타난다.
  - 책, 숙제장, 옷, 그리고 기타 다른 것들을 잘 잃어버린다.
  - 청각적 기억이나 청각적 정보 처리 과정상의 문제들, 혹은 시각적 기억과 시각적 정보 처리 과정상의 문제들을 보인다.
  - ADHD와 학습장애가 공존할 수 있다.
  - 글쓰기가 서툴다.
  - 필기가 종종 '지저분'하거나 '되는 대로 마구 쓴다.'
  - 과제를 종종 끝내지 못한다.
  - 수업 시간에 학습과제를 종종 너무 빨리 수행하거나 너무 늦게 수행한다.

⑦ 정서적 어려움
  - 자주 그리고 예측할 수 없게 기분이 바뀐다.
  - 과민성을 보인다.
  - 통증에 대한 과소평가 및 위험에 대한 둔감성을 보인다.
  - 지나치게 쉽게 흥분한다.
  - 좌절에 대한 인내심이 낮다.

　　-울화/분노의 폭발을 보인다.
　　-우울함/에너지의 결여를 보인다.
　　-낮은 자존감을 지닌다.

⑧ 서툰 또래 관계
　　-다른 아동들을 때리기, 물기, 차기, 그리고 괴롭히기 등의 행동을 보인다.
　　-게임과 사회적 상호작용의 규칙을 준수하는 것이 어렵다.
　　-집단 활동을 회피하거나 집단 활동에서 고립된다.
　　-또래들이 ADD/ADHD 아동을 기피하거나 거부한다.
　　-다른 아동들을 괴롭히고 찝쩍거린다.

⑨ 가족 상호작용 문제
　　-흔히 가족 간의 갈등이 있다.
　　-활동과 사회적 모임이 즐겁지 못하다.
　　-아동의 훈육 방법에 대해서 아버지와 어머니 사이에 논쟁이 일어난다.
　　-어머니는 다른 가족 구성원과는 거의 시간을 보내지 못하고 아동과 함께 숙
　　　제하는 데 시간을 다 소모한다.
　　-흔히 식사 시간이 즐겁지 못하다.
　　-부모와 아동 사이에 책임감과 집안일에 관한 논쟁이 일어난다.
　　-부모, 특히 어머니는 힘든 감정을 느낄 것이다.

6) 자폐성장애

　「장애인 등에 대한 특수교육법」에서는 자폐성장애를 지닌 특수교육대상자를 '사회적 상호작용과 의사소통에 결함이 있고, 제한적이고 반복적인 관심과 활동을 보임으로써 교육적 성취 및 일상생활 적응에 도움이 필요한 사람'으로 규정하고 있다.

학술적으로 자폐성장애는 언어발달과 의사소통의 심각한 장애, 행동의 장애, 대인관계와 사회성 발달의 장애의 세 가지 주된 증상을 특징으로 하는 영아기나 소아기에 발병하는 전반적 발달장애라고 말할 수 있다.

다시 말해, 자폐성장애아동은 사회성 발달의 장애(대인관계의 발달장애)를 지니며, 부모와의 애착관계가 형성되어 있지 않다. 다른 사람에게 전혀 관심을 보이지 않고, 항상 혼자 놀려고 하며, 타인의 권리나 감정 상태 역시 전혀 고려하지 않는다. 또한 대인관계와 같은 상호작용면에서 반응이 현저히 떨어진다. 시선을 맞추거나 의사소통이 어렵고 놀이 방법이나 그 가짓수도 지극히 한정되어 있다. 대부분의 시간을 혼자 보내다 보니 경험하고, 습득하고, 배워야 할 것을 제대로 받아들일 수 없다. 정상적인 인지 능력을 갖고 있는 경우도 있지만 자폐성장애아동의 3분의 2 정도는 약간의 정신지체를 동반한다. 만 3세경에 조기발견 및 치료가 가능하다.

자폐성장애아동 특징

- 의사소통
  - 눈 마주치는 것을 피하는 것 같다.
  - 소리를 듣지 못하는 듯이 보인다.
  - 때로 큰 소리에는 반응이 없다가 특정한 작은 소리에는 과민하게 반응한다.
  - 말을 시작한 다음 자라면서 갑자기 말수가 줄어든다.
  - 말을 듣는 것 같지만 무슨 뜻인지 모르는 것 같다.
  - 반복적인 단어나 문장을 쓰기도 한다.
  - 다른 사람 말을 아무 의미 없이 따라한다.

- 사회성(대인관계)
  - 또래친구나 새로운 손님에 대해 관심이 없다.
  - 아무 이유 없이 다른 사람을 공격하거나 다치게 한다.

　　　－혼자 노는 것을 즐긴다.
　　　－좋고 싫은 감정 표현이 없다.

　　• 주변 활동
　　　－한 가지 물건이나 활동에 집착한다.
　　　－몸이나 손을 흔드는 등 이상한 행동을 반복한다.
　　　－장난감을 냄새 맡거나 핥는다.
　　　－데거나 다쳐도 아프지 않은 듯 반응이 없다.
　　　－자해 행동을 한다.

7) 의사소통장애

　「장애인 등에 대한 특수교육법」에서는 의사소통장애를 지닌 특수교육대상자를 '다음 각 목의 어느 하나에 해당하여 특별한 교육적 조치가 필요한 사람, 즉 ① 언어의 수용 및 표현 능력이 인지 능력에 비하여 현저하게 부족한 사람, ② 조음능력이 현저히 부족하여 의사소통이 어려운 사람, ③ 말 유창성이 현저히 부족하여 의사소통이 어려운 사람, ④ 기능적 음성장애가 있어 의사소통이 어려운 사람'으로 규정하고 있다.

　학술적으로 의사소통장애는 조음장애, 유창성장애, 음성장애, 기호장애 등으로 인해 의사소통이 곤란하고 학습에 어려움을 지니는 경우를 말한다.

　의사소통장애(communication disorders)는 말장애(speech disorders)와 언어장애(language disorders)로 구분한다. 말장애는 구어(oral/spoken language)에 손상이 있는 것을 말하며, 이것은 다시 유창성장애(fluency disorders), 음성장애(voice disorders), 조음장애(articulation disorders)로 분류된다. 한편, 언어장애는 이해력, 구어, 문어 혹은 여타 상징체계에 있어서 개념을 표현하거나 받아들이기 위한 신호 및 상징 사용의 발달이 지체되어 있는 경우다. 언어의 부재, 지체된 언

어, 언어의 발달장애, 후기 언어발달장애가 여기에 해당한다. 의사소통장애를
지닌 아동은 수용 언어장애, 표현 언어장애, 혼합 언어장애를 나타낸다.

의사소통장애아동의 특성은 다음과 같다.

- 인지적 문제를 지니는데, 특히 언어성 지능검사를 잘 수행하지 못한다. 일
  반적으로 물체나 개념의 유사성 변별 및 단어나 문장의 이해와 같은 인지
  적 기능은 언어장애의 영향을 받는다.
- 의사소통장애아동은 지적 기능에서는 평균 또는 정상이지만, 지능검사를
  수행하는 데 영향을 줄 수 있는 말장애와 언어장애로 인해 결함이 나타난다.
- 거의 모든 교과에서 학습 문제를 보인다. 특히 읽기, 사회과, 국어과 등에
  서 심하다.
- 신체적 외모나 기능에서는 특별한 문제가 없다.
- 사회적 행동에서는 문제를 나타내는데, 특히 자기중심적 행동을 많이 나
  타낸다.
- 다른 사람들이 말하는 내용보다 말하는 방법에 더 주의를 기울인다.
- 말장애를 가진 아동은 다른 사람들의 비웃음을 사게 되는데, 이것은 정서
  적 문제의 원인이 될 수 있다. 이들은 사회적 상황에서 위축되며 거부되고,
  그래서 자신감을 상실하게 된다.

8) 학습장애

「장애인 등에 대한 특수교육법」에서는 학습장애를 지닌 특수교육대상자를
'개인의 내적 요인으로 인하여 듣기, 말하기, 주의집중, 지각(知覺), 기억, 문제
해결 등의 학습기능이나 읽기, 쓰기, 수학 등 학업 성취 영역에서 현저하게 어
려움이 있는 사람'으로 규정하고 있다.

학술적으로 학습장애는 읽기, 쓰기, 언어의 사용에 관여하는 한 가지 이상의

기초 심리과정 장애를 의미한다. 이러한 장애는 듣기, 생각하기, 말하기, 읽기, 쓰기, 철자, 수학 계산 등의 능력에 불완전하게 나타날 수 있다. 또한 이 장애는 지각장애, 뇌 손상, 미세 뇌 기능장애, 난독증, 발달적 실어증의 조건을 포함한다. 하지만 시각장애, 청각장애, 운동장애, 정신지체, 정서장애, 환경적·문화적·경제적 불이익 등이 주원인이 되는 학습문제를 가진 아동은 학습장애에서 제외한다.

학습장애의 원인이 무엇이든 그에 따른 특성이나 행동양상의 표현은 비슷한데, 학습장애아동의 관찰 가능한 행동 특성은 다음과 같다.

- 능력 수준은 평균 또는 평균에 가깝거나 그 이상이다.
- 행동 특성: 과다행동 혹은 과잉 근육운동, 과소행동, 짧은 주의집중 시간과 주의산만, 고착증(집착증)을 보인다. 고착증은 주의가 한 곳에 고착되어 한 가지 일을 여러 번 반복하며, 행동이나 말을 한 주제에서 다른 주제로 전이하기 어려운 것을 말한다.
- 운동성 문제: 손과 눈의 협응 능력이 빈약해서 색칠하기, 그림 그리기, 자전거 타기, 단추 채우기 등이 잘 안 된다. 또한 빈약한 촉각·근육 감각을 가지고 있다.
- 시지각 문제: 시각적 식별이 잘 되지 않아 시각적인 형과 배경의 구별이 혼돈을 일으킨다. 경험을 이미지나 순서로 재시각화하거나 기억하는 시각기억이 힘들다. 불완전한 시각적 제시를 했을 때 이를 종결짓기가 어렵다.
- 청지각 문제: 청각적 식별력과 이해력이 어렵다. 청각적 종결력이 빈약하며, 청각적 자극을 순서대로 재산출하는 능력인 청각적 연속기억이 힘들다.
- 언어 문제: 언어와 정확한 발음의 발달이 느리고 지체된다. 표준적인 문장에 필요한 문장, 절, 구, 단어의 형성과 조직에 어려움이 있다.
- 활동 습관 형성의 문제: 활동을 할 때 비조직적이고, 느리며, 활동의 지시 사항을 이해하지 못하거나 조심성 없이 활동에 돌진하는 경향이 있다.

- 사회 · 정서 · 행동 문제: 갑자기 옆의 친구를 밀거나 모래를 뿌리는 등 행동의 결과를 예측하지 못하고 충동적이다. 작은 방해에도 지나치게 짜증을 내거나 분노의 반응을 보이는 등 폭발적 성격을 나타낸다. 나이와 능력에 비해 사회적 능력 신장이 더디다. 다른 사람들에 비해 변화에 대한 적응이 느리다. 기분의 지속시간이 짧고 변화가 심하다. 문제 상황에 처했을 때 현실로부터의 도피기제로 백일몽 현상을 나타낸다.
- 방향성의 문제: 공간개념의 발달이 빈약해서 신체상 개념 및 왼쪽, 오른쪽의 좌우 판단력이 왜곡된다. 거리와 크기를 판단하는 데 곤란을 느끼고, 공간에서 전체로부터 부분을 보지 못하여 형과 배경의 구분이 힘들다.
- 특정 학습에서의 장애: 읽기, 산수, 쓰기, 철자법 등의 학습영역에서 한 분야 혹은 그 이상의 특정한 분야에 장애가 있다.

학습장애는 학습을 할 수 있는 준비가 되어 있지 않은 상태로, 다른 장애들과 연관성이 높다. 언어장애와 운동협응장애처럼 기본 능력이 결여되거나 읽기장애, 쓰기장애, 산술장애처럼 학습에 필요한 구체적인 능력이 부족해 학습장애가 올 수 있다.

학습장애아동 특징

- 간단한 심부름도 잘 이해하지 못하거나 엉뚱한 일로 대신한다.
- 금방 알려 준 말도 돌아서면 잊는다.
- 셈이나 읽기, 맞춤법 등 기본적인 학습 능력이 부진하다.
- 좌우를 구분하지 못하거나 글자, 숫자를 뒤집어 읽는다.
- 보행, 운동, 연필 잡기 등의 운동신경이 둔하다.
- 책, 학용품 등 소지품을 잘 잃어버리거나 아무 곳에나 놓고 다닌다.
- 시간 개념을 획득하지 못해 어제, 오늘, 내일 등을 혼동한다.

9) 건강장애

「장애인 등에 대한 특수교육법」에서는 건강장애를 지닌 특수교육대상자를 '만성질환으로 인해 3개월 이상의 장기입원 또는 통원치료 등 계속적인 의료적 지원이 필요하여 학교생활 및 학업 수행에 어려움이 있는 사람'으로 규정하고 있다.

학술적으로 건강장애는 천식, 주의력결핍 또는 주의력결핍 과잉행동장애, 당뇨, 간질, 심장병, 혈우병, 납중독, 백혈병, 신장염, 류머티즘열, 시클세포빈혈증과 같은 만성적·급성 건강문제를 지니는 것을 말한다. 이러한 건강문제 때문에 아동은 교육적 수행에 부정적으로 영향을 주는 교육적 자극에 대해 지나친 경계와 힘(strength), 활력, 제한된 경계를 보인다.

건강장애아동의 특성은 다음과 같다.

- 일반적 지적 기능은 정상 범위에 있지만 신체적 조건이나 상태는 평균보다 낮은 쪽에 분포하고 있다.
- 교과 학습의 경우 특히 읽기와 수학에서 평균보다 낮은 점수를 받고 있다.
- 이들의 인지적 기능의 많은 측면이 학습장애와 유사한 특성을 보이고 있다. 인지적 문제를 가진 건강장애아동은 인지적 자원을 효율적이고 효과적으로 전개하는 데 문제를 나타낸다.
- 독립성을 개발하기 위한 기회와 격려가 부족하여 타인에게 지나치게 의존하고, 자부심을 성취하기 위한 자기 동기가 부족하며, 타인을 다루거나 독립성을 발휘하는 데 잘못된 이미지를 형성한다. 그리고 이때 적용되는 부적절한 사회적 행동과 같은 종속행동을 촉진시킨다.
- 종속행동은 사회적·운동적·인지적 기술을 획득하기 위한 기회의 부족이나 성인의 과잉보호로 인한 비생산적인 행동의 강화라는 결과를 가져온다.

10) 발달지체

「장애인 등에 대한 특수교육법」에서는 발달지체를 지닌 특수교육대상자를 '신체, 인지, 의사소통, 사회 · 정서, 적응행동 중 하나 이상의 발달이 또래에 비하여 현저하게 지체되어 특별한 교육적 조치가 필요한 영아 및 9세 미만의 아동'으로 규정하고 있다.

학술적으로 발달지체는 정상발달 규준보다 의미 있게 낮은 수행을 하는 3~9세 아동을 말한다. 그러나 엄격한 의미에서 발달지체는 발달장애가 될 위험을 가진 아동을 말한다. 발달장애는 22세 이전에 발생하고, 장애가 심각하고 진행되는 특징이 있다.

발달지체아동의 특성은 다음과 같다.

- 자기보다 어린 아동과 노는 것을 좋아한다.
- 아주 어렸을 때 좋아했던 이야기를 하는 것이나 TV 프로그램을 시청하는 것을 아직도 즐긴다.
- 아주 오랫동안 상상놀이를 계속한다.
- 자신과 연령이 같은 또래들과 친구가 되지 못한다.
- 자신과 연령이 같은 또래들과 놀이를 하지 못한다.
- 나이보다 어리고 천진난만하다.
- 사회적 문제에 직면하면 쉽게 울어 버린다.
- 낯선 사람과 있으면 수줍어한다.
- 부모와 떨어지는 것에 대해 걱정을 한다.
- 독립적으로 일을 하려는 의지가 없다(가게에서 혼자 물건을 사는 등).
- 학교에서 한두 명의 특별한 친구에게 매우 의존한다.
- 학습을 할 때 치료자에게 많은 위로를 요구한다.
- 학교에서 여가 시간에 성인들과 매우 친하다.

- 친한 친구나 친척과 집 밖에서 자는 것을 싫어 한다.
- 같은 연령의 대다수 아동보다 주의집중력이 떨어진다.
- 같은 연령의 대다수 아동보다 손으로 다루는 능력이 떨어진다.
- 읽기 · 쓰기 능력이 연령 기준에 도달하지 못한다.
- 수세기 능력이 연령 기준에 도달하지 못한다.
- 필요할 때 도움을 요청하지 못한다.
- 학습에 대해 성인의 많은 지원이 필요하다.
- 학습에서 주도권을 갖지 못한다.
- 말의 사용이 미성숙하다.
- 이따금 유아처럼 말을 한다.
- 일반적 지식이나 어휘에서 자기 연령보다 제한된 능력을 가지고 있다.
- 손가락 빨기를 멈추는 시기가 늦다.
- 같은 연령의 다른 아동들보다 신체적 원기가 떨어진다.
- 대근육과 소근육운동 기능이 떨어진다.
- 같은 연령의 대다수 아동보다 신체적으로 작다.
- 같은 연령의 대다수 아동보다 잠을 더 많이 자야 한다.
- 다른 아동들보다 대소변 훈련 시기가 늦다.
- 대부분의 아동보다 더 피곤해하고 더 자주 울고 변덕스럽다.

 제 **2** 장

장애아동의 사정

제 **2** 장
장애아동의 사정

 장애아동의 치료에서는 정확한 사정을 통해 아동을 이해하고 개입하는 것이 중요하다. 이에 이 장에서는 사정의 개념을 통해 사정을 해야 하는 목적과 지침에 대해서 알아보고, 치료자의 태도 및 알아야 하는 내용, 유의사항에 대해 살펴보고자 한다.

1. 사정의 개념

 치료에서는 사정의 내용을 알아보기 전에 그것의 정확한 의미를 논의하는 것이 중요하다. 사정과 밀접하게 관련된 용어는 심리검사(psychological test)로서, Anastasi와 Urbina(1997)는 심리검사를 행동표본의 객관적인 표준화된 측정으로 정의하였다. Cronbach(1990)도 비슷하게 정의했는데, 숫자의 척도나 고정된 범주를 가지고 행동을 관찰·기술하는 체계적인 절차를 가진 검사라고 했다.

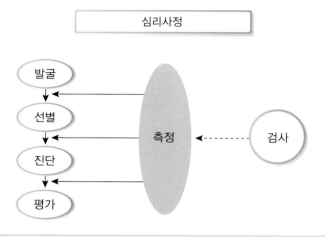

[그림 2-1] 사정의 개념

사정과 관련하여 알아야 할 또 다른 용어들, 즉 발굴, 선별, 진단, 평가, 측정, 검사의 내용을 살펴보겠다. 이들 용어들은 때로는 같은 의미로, 때로는 비슷하게 사용되지만 각각은 약간의 차이가 있다.

먼저 발굴(locating)은 일반적으로 특별한 서비스가 요구되는 아동을 찾기 위한 집중적 노력을 말하는 것으로 표적집단 규정하기, 서비스의 공적 인식 증가시키기, 의뢰 촉진하기, 서비스가 필요한 아동을 위해 지역사회 계몽하기 등을 포함한다. 선별(screening)은 전체 사정 체계의 두 번째 단계다. 선별은 일반 아동집단에서 서비스가 필요한 아동을 구분하는 효과적인 방법을 제공하는 것으로, 추후 심도 있는 조사가 필요한 아동을 결정하는 과정이다. 진단(diagnosis)은 사정 체계의 세 번째 단계로서, 선별 과정을 통해 발견된 아동에 대한 심도 있는 평가를 말한다. 진단에서는 아동이 서비스의 근거가 되는 문제를 가졌는지 결정하기 위해 주의 깊게 조사해야 한다. 평가(evaluation)는 아동의 진전과 성취, 프로그램이 잘 수행되는지의 여부를 결정하는 과정이다. 사정의 마지막 단계인 평가는 아동의 앞으로의 배치와 프로그램의 성공 및 효율성을 결정하기 위한 자료를 제공한다. 평가 과정은 도입기준과 종결기준의 형성, 아동의 재평가, 프로그램의 효율성 평가와 같은 활동의 전부 또는 일부를 포함한다. 측정(measurement)은 아동의 심리적 속성을 숫자로 표현하는 과정을 말한다. 마지막으로 검사(testing)는 형식적 · 비형식적 방법을 통하여 아동의 심리적 속성을 측정하기 위해 수행하는 행위를 말한다. 도구(instrument)는 검사에서 사용되는 모든 형식적 · 비형식적 검사를 말하는 것으로 검목표, 평정척도, 표준화 검사 등을 포함한다(안병환, 조용태, 한현민, 1995).

1) 사정의 유형

사정 또는 심리검사의 유형은 그 구분 기준에 따라 다양하게 나누어진다. 검사의 사정은 그 목적과 방법 그리고 절차 및 내용에 따라 형식적 측정과 비형식적 측정, 개별검사와 집단검사, 규준지향검사와 준거지향검사 등으로 다양하게 분류할 수 있지만(Ysseldyke & Algozzine, 2006), 여기서는 임창재(2000)가 구분한 것을 중심으로 소개한다.

(1) 측정 내용과 검사 제작 방법에 따른 구분

① 투사 검사

투사 검사(projective tests)는 개인의 독특한 특성을 측정하기 위해 비구조적인 검사과제를 제공하는 것으로, 면담이나 행동관찰, 객관적 검사 반응과는 다른 독특한 반응을 제시하며, 이 반응은 개인을 이해하는 데 매우 유용하다. 또한 이 검사는 반응이 다양하게 표현되고, 따라서 독특한 심리적 특성을 반영할 수 있으며, 무의식적인 심리적 특성을 잘 반영한다.

② 객관적 검사

객관적 검사(objective tests)는 검사가 구조화되어 있고, 평가내용이 검사 목적에 따라 준비되어 있으며, 일정한 형식에 따라 반응한다. 개인의 독특성보다는 개인마다 공통적으로 지니고 있는 특성이나 차원을 기준으로 상대적 비교를 하려는 목적을 지닌다. 이러한 검사는 실시가 간편하고, 검사의 신뢰도와 타당도가 높으며, 치료자 변인이나 검사 상황의 변인에 따른 영향을 적게 받아 개인 간 비교가 객관적으로 가능하다.

(2) 검사 실시에 따른 구분

① 개별검사와 집단검사
개별검사는 한 번에 한 사람을 대상으로 실시하는 것으로, 시간과 비용이 많이 소요된다. 반면에 집단검사는 한꺼번에 많은 사람을 대상으로 실시하기 때문에 시간과 비용이 절감된다.

② 속도검사와 난이도검사
속도검사는 제한된 시간 내에만 문제를 해결하도록 하는 것이고, 난이도 검사는 시간이 제한되지 않고 피치료자가 그 검사를 마치고 싶을 때까지 시간이 제공된다.

③ 지필검사와 동작검사
지필검사는 과제가 종이에 인쇄되어 있고 답지에 답을 기록하게 하는 것으로, 표준화된 지능·흥미·성격 검사에 적용된다. 한편, 동작검사는 행동이나 특성을 지필에 의하지 않고 평가하는 것으로 주로 개인검사로 실시된다. 무용동작 치료에서 사용하는 동작분석이 여기에 해당한다.

(3) 특정 행동에 따른 구분

① 정신능력검사

일반적으로 지능검사를 말하는 것으로, 검사 소요 시간이 짧고 집단 대상 실시가 가능하다. 잠재적 능력 측면을 측정한다.

② 흥미검사

직업 상담, 학업 상담 및 지도에 유용하다. 특정한 방향으로 향하는 개인의 일반화된 행동 경향을 측정하는 것으로, 흥미를 전혀 갖지 않으면 그 분야에서 성공할 가능성이 제한된다는 것을 시사한다.

③ 적성검사

특수 분야에 적절한 대상을 선발하는 것을 목적으로 실시되며, 특수 능력 검사라고도 한다. 사무 능력, 기계 조작 능력, 음악, 미술 등의 특수 능력을 측정하는 독립된 검사도 있고 종합적성검사도 있다.

④ 운동능력검사

근육 협응, 손가락의 정교성, 눈과 손의 협응 능력 등 운동 기능의 수준을 측정한다.

⑤ 성격검사

개인의 행동 유형이나 정서 상태와 같은 기질 및 적응성, 개인의 동기, 이상, 욕구, 가치, 도덕성, 품성 등을 측정할 수 있다. 자기보고식 검사, 작업 검사, 투사 검사 등이 있다.

2) 사정의 목적

사정은 다음과 같은 다섯 가지 목적을 가지고 있다.

- 선별과 판별: 아동을 선별하고 문제를 가진 아동을 확인한다.
- 평가: 아동의 강점, 약점, 그리고 전반적인 진전의 정도를 평가한다.
- 적격성과 진단: 문제를 가진 아동이 프로그램에 적격한지의 여부를 결정하고, 아동의 문제나 장애의 구체적인 특성을 진단한다.
- 프로그램 개발과 배치: 프로그램을 개발하고, 아동의 치료적 배치를 위해 적절한 결정이 이루어지도록 상세한 정보를 제공한다.
- 치료계획: 아동의 특별한 사회적 · 학문적 · 신체적 관리 요구에 적절한 치료를 개발하고 계획한다.

이와 같은 목적을 달성하기 위해 치료자에게는 사정에 대한 전문적인 훈련과 교육이 필요하다. 그럼에도 치료자가 사정에 대한 철저하고 심도 있는 훈련이 필요하다는 것에 대해 당황스러워하거나 의구심을 갖는 경우가 있다. 치료과정과 치료에 포함된 필수적인 사정 단계를 잠시 생각해 보자. 비록 치료 과정이 아주 복잡하기는 하지만 일반적으로 다음과 같은 네 가지 단계를 포함한다 (Whiston, 2005).

① 아동의 문제를 사정한다.
② 아동의 문제를 개념화하고 정의한다.
③ 효과적인 처치를 선택하고 수행한다.
④ 치료를 평가한다.

치료의 첫 번째 단계에서 치료자는 아동의 문제를 평가해야 하는데, 치료 과정에서 만병통치약은 없기 때문이다. 또한 치료자는 아동의 문제를 능숙하게 사정해야 하며, 만약 사정 과정이 불완전하거나 부정확하면 전체 치료 과정은 부정적인 영향을 받을 것이다. 게다가 치료자가 제한된 사정 기술을 가지고 있다면 아동의 중요한 문제를 빠뜨리거나 과소평가할 수 있다. 그러나 사정 기술은 치료의 첫 번째 단계에서만 필요한 것이 아니라 전체 치료 과정에서 중요하다.

치료자는 문제를 개념화하는 데 대단히 능숙해야 하지만 만약 제한된 정보를 사용하게 되면 치료 과정이 적절하게 수행되기가 어려울 것이다. 치료 과정의 두 번째 단계인 문제의 개념화에서 치료자는 아동의 문제를 명확하게 이해하고 정의할 수 있을 때까지 아동을 계속 사정할 필요가 있다. 간단한 문제와 복잡한 문제를 구분하는 것은 처치의 선택과 치료의 효과에 결정적이다. Mohr(1995)는 심리치료에 있어서 부정적 결과를 보여 주는 징후 가운데 하나는 임상가가 아동이 가진 문제의 정도를 과소평가하는 것이라 하였다. 다시 말해서 사정 기술은 아동의 문제를 적당하게 개념화하고, 문제의 원인이 되는 맥락적 요인을 확인하며, 치료의 처치 단계에서 유용한 요인을 조사하는 데 필수적이라고 할 수 있다.

치료의 세 번째 단계는 이전의 사정에 근거하며, 처치가 시작되어도 사정은 중단하지 않는다. 오히려 사정 과정은 치료 과정 전 단계에서 계속된다. 치료자는 자신이 아동과 아동의 상황을 완전하게 이해하고 있는지의 여부를 계속 점검해야 한다. 게다가 치료자는 아동이 진전이 있는지, 그리고 만약 아동이 치료목적에 도달하지 못하면 치료 과정을 수정해야 하는지의 여부를 자세하게 조사해야 한다. 특정 아동에게 효과적인 처치를 연결하는 것이 항상 쉬운 것은 아니기 때문에 치료자는 치료서비스의 효과와 아동을 계속 재평가해야 한다.

마지막으로 처치가 제공되었을 때 치료자는 그것의 효과 여부를 사정하거나 평가할 필요가 있다. 다시 말해 치료자는 아동을 돕는 효과적인 의사소통 기술을 가져야 하고, 효과적인 사정과 감정 기술을 지녀야 한다. 아동을 사정하는 것은 치료 과정의 일부로 통합되어야 하며, 이것은 단순히 치료자가 심리치료자가 되어서는 안 된다는 의미를 지닌다.

3) 사정 지침

아동을 평가할 때는 아동의 검사 점수를 배타적으로 취급하지 말고 아동의 능력에 관해 제시하는 것이 어떤 의미를 지니는지 스스로에게 물어서 점수를 해석해야 한다. 각 아동은 양적 수단과 질적 수단으로 평가할 수 있는 능력과 한계의 범위를 가지고 있다. 그러므로 능력과 한계를 모두 사정해야지, 문제에만 초점을 두어서는 안 된다.

다음의 지침은 사정 과정과 검사의 임상적 사용 및 심리교육적 사용을 위한 중요한 기초를 형성한다.

- 사정 기법은 아동에게 이익이 되도록 사용해야 한다.
- 사정은 아동을 이해하기 위한 체계적인 과정이다.
- 검사는 표준적인 조건에 따라 실시해야 한다.
- 검사 결과는 잘 규정된 규칙에 따라 채점해야 한다.
- 검사 점수는 이해력, 피로, 불안, 스트레스, 비협력적 행동, 부족한 동기, 성격 문제, 신체적 질병과 같은 많은 요인에 의해 부정적인 영향을 받는다.
- 검사는 적당한 신뢰도와 타당도를 가지고 있다는 것이 증명되어야 한다.
- 유용한 사정 전략은 아동의 수행과 다른 아동의 수행을 비교하고, 아동의 독특한 점수 프로파일을 평가하는 것을 포함한다.
- 사정 결과는 연역적 방법(아동의 행동에 관한 가설을 제안하고 가설과 관련된 정보를 수집하는 것)뿐만 아니라 귀납적 방법(아동에 관한 정보를 수집하고 결론을 도출하는 것)을 통해서도 해석한다.
- 사정 결과와 권고는 단편적인 정보가 아닌 아동에 관해 획득된 모든 정보

에 근거해야 한다.

- 검사는 행동 표본이다.
- 검사는 직접적으로 특성이나 능력을 나타내지 않지만, 그 결과를 통해 이러한 영역에 대한 추론은 할 수 있다.
- 검사는 특정 시간과 장소에서 실시된 일련의 검사 문항의 답에 근거한 아동의 수행을 측정한다. 일반적인 인지 능력이나 특정 기능을 측정하는 검사를 '학력 검사(achievement tests)' '능력 검사(ability tests)' '적성 검사(aptitude tests)' '준비도 검사(readiness tests)'로 언급한다. 이러한 검사들은 검사에 있어서 문항 내용의 다른 강조를 반영한다. 그러나 네 가지 형태의 검사는 모두 학력을 측정하는 것이어야 한다.
- 검사 결과는 단독이 아닌 다른 행동 자료 및 사례사 정보(아동의 문화적 정보와 일차언어 등)와 관련하여 해석해야 한다.
- 검사는 아동이 일정 기간 특정 프로그램에 참여한 후에 다시 실시해야 한다.
- 검사는 다른 점수를 산출하는 동일한 영역을 측정하려는 것이다.

　검사와 다른 사정 방법은 강력한 도구이기는 하지만 그 효과는 각자의 지식과 기능에 따라 달라질 것이다. 현명하고 주의 깊게 사용했을 때 사정 절차는 아동, 부모, 치료자, 기타 전문가가 가치 있는 통찰을 획득하는 데 도움이 될 것이다. 부적절하게 사용하면 중요한 생활 결정을 해야 하는 사람들을 잘못 안내할 수 있기 때문에 해악과 슬픔의 원인이 된다.

2. 사정에 대한 치료자의 태도

1) 사정에 유능한 치료자의 특징

(1) 치료자는 전문적 자질을 가졌을 것이라는 기대에 부합해야 한다

이제는 더 이상 치료와 사정을 동의어로 보지 않지만, 치료자도 사정에 유능해야 한다고 기대하고 있다. 거의 모든 나라의 상담 및 심리치료 관련 단체가 윤리강령이나 자격 기준에 사정에 대한 영역을 언급하고 있다. 따라서 모든 치료자가 사정에 대해 훈련을 받고 지식을 가져야 하며, 사정 도구와 기법의 적절한 사용을 위한 지식을 지니고 훈련을 받아야 한다는 전문적 기대가 있다. 또한 사람들은 치료자는 사정을 이해하고, 사정 결과를 해석할 수 있다고 생각한다. 따라서 심리치료자가 아동의 성취검사 결과를 해석할 수 없으면 아동의 부모는 치료자를 무시하게 될 것이다. 게다가 다학문적 평가팀에서 다른 전문가들과 활동할 때 심리측정적 원리와 공통적인 사정 도구에 대한 지식이 없으면 존경을 받을 수 없게 된다.

(2) 치료자는 아동이 가진 문제를 확인해야 한다

치료자가 적절한 검사를 사용하면 보다 빨리 아동에 대해 파악할 수 있다. 만약 치료자가 문제를 효율적인 방법으로 설명한다면 처치를 곧바로 시작할 수 있다. 의사가 치료 과정에 도움이 되도록 의학적 검사를 통합하는 것과 비슷하게, 사정은 많은 방법으로 심리치료 과정을 풍부하게 한다. 만약 치료자가 설명한 아동의 문제 특성이 실제 아동이 지닌 문제와 특성에 대해 일치하면 아동은 계속 치료를 받을 가능성이 높아진다(Duckworth, 1990).

(3) 치료자는 다양한 아동의 정보에 접근해야 한다

아동은 형식적 · 비형식적 사정을 통해 이익을 얻을 수 있는데, 그러한 사정이 아동에게 적용할 수 있는 다양한 수단을 치료자에게 제공하기 때문이다. 치료자는 치료 과정에서 청각적 · 시각적 · 운동적 · 촉각적 차원을 이용한 방법을 동원하여 사정을 해야 한다. 가능한 한 완전한 아동의 정보를 얻기 위해 다양한 경로를 통해 사정을 하는 것은 임상적 결정에 유용하게 적용될 수 있다 (Fredman & Sherman, 1987). 치료 과정에서 검사는 새로운 정보를 제공해야 하고, 치료자는 사정 결과를 아동이 학습하고 그들 스스로를 통찰하도록 하는 데 사용해야 한다. 사정의 결과는 아동이 치료 과정에서 다른 방법으로 논의할 수 있는 주제를 제공하기도 한다.

(4) 치료자는 아동의 의사결정을 돕는다

아동은 의사결정에서 도움을 얻기 위해 치료를 받기도 한다. 아동은 "나는 학교를 그만두어야 하는가?"와 같은 문제로 괴로워한다. 아동이 의사결정에서 사용할 수 있는 정보의 양이 증가하면 그들의 의사결정 과정의 질도 향상된다. 직업 선택, 직무 흥미, 가족 역동성에 관한 정보를 생성하는 도구를 선택하는 것은 아동의 주요한 의사결정에 도움을 줄 수 있다. 그러나 아동의 의사결정을 돕는 데 사정 정보를 사용하는 것이 항상 검사의 실시를 전제로 하는 것은 아니다. 치료자는 아동의 이전 교육 경험이나 다른 상황에서 아동이 취한 사정 도구의 정보를 사용할 수 있다.

(5) 치료자는 아동의 강점과 한계를 명확하게 할 수 있어야 한다

치료는 그 자체의 초점이 발달적인 것이지 단순히 교정이 필요한 영역과 정신병리를 확인하는 데 집중하는 것은 아니다. 따라서 치료자는 변경할 수 없는 성격 요인을 진단하는 데 검사를 사용하기보다 가족 역동성, 변경할 수 있는 성격 요인, 환경 스트레스, 대처 전략, 학습 양식과 같은 수정할 수 있는 요인을

확인하는 데 도구를 사용해야 한다. 치료자는 아동의 한계를 확인하는 것뿐만
아니라 변화 과정을 촉진시키는 강점을 드러내는 데도 도구를 사용할 수 있다.

또한 치료자는 아동의 긍정적 심리를 지원해야 한다. 심리사정이 아동의 현
재 상황이나 문제, 한계를 확인하는 경향이 있지만, 그보다는 긍정적인 과정·
결과·환경을 형성해야 하고, 따라서 희망, 즐거움, 낙관, 용기와 같은 긍정적
요인을 나타내는 정보를 사정할 수 있어야 한다(Lopez, Snyder, & Rasmussen,
2003). 긍정적인 심리사정은 ① 아동의 능력을 손상시키는 특성, ② 아동의 강
점과 자질, ③ 아동이 겪은 환경의 상실과 파괴적인 측면, ④ 아동의 환경 내에
있는 자원과 기회의 확인 등의 요소를 포함한다(Wright & Lopez, 2002). 이처럼
치료자는 아동의 강점 발달을 측정하기 위해 긍정적인 심리적 사정을 사용하
고, 치료 과정에 있어서의 변화를 차트화해야 한다.

(6) 치료자의 사정은 그에 대한 아동의 신뢰성에 영향을 줄 수 있어야 한다.
아동이 치료자는 전문가이고, 매력적이고, 믿을 수 있다고 생각하면 그들의
피드백을 수용할 가능성이 높아진다. 이것은 사회적 영향력 이론(theory of
social influence)으로 설명할 수 있다. 치료자가 전문가로 지각되는 데 영향을 미
치는 몇 가지 특성이 있는데, 아동에게 심리사정을 수행하는 것 역시 치료자의
전문성 지각에 긍정적으로 영향을 줄 것이다(Heppner & Claiborn, 1989). 그러나
전문성은 권위주의, 우월성, 자기과시 행동과 같은 것이 아님을 인지하고 있어
야 한다.

2) 치료자가 사정에 대해 알아야 하는 내용

사정은 치료의 통합적 과정이기 때문에 치료자는 검사를 적절하게 사용하기
위해 〈표 2-1〉에서 언급한 것과 같은 최소한의 능력을 지녀야 한다(Moreland,
Eyde, Robertson, Primoff, & Most, 1995). 이러한 능력은 ① 검사와 검사의 한계에

대한 지식, ② 유능한 검사 사용을 위한 책임 수용이라는 두 가지 주요한 주제
로 통합할 수 있다.

〈표 2-1〉 **적절한 검사를 사용하는 데 필요한 최소한의 능력**

1. 채점과 기록에 있어서 각종 오류를 피해야 한다.
2. 완전한 타당성이 부족한 검사 점수에 기초하여 '부정직한'과 같은 주관적이며 경멸
   적인 용어를 사용함으로써 명칭을 부여하는 것을 억제해야 한다.
3. 채점 해답과 검사 자료를 안전하게 유지해야 한다.
4. 검사 점수가 정확할 수 있도록 모든 아동이 지시를 따르는지 봐야 한다.
5. 아동이 최적의 수행을 할 수 있는 검사 장면을 사용한다.
6. 아동의 능력을 허위 진술하는 결과를 유발할 수 있는 검사 문항에 대한 지도나 훈련
   을 억제해야 한다.
7. 치료 장면에서 아동에게 해석과 지침을 주려는 의지가 필요하다.
8. 검사 자료를 불법 복제하지 않아야 한다.
9. 채점용 해답을 적절하게 정렬하지 못하는 가정에서는 제작된 해답지의 사용을 자제
   해야 한다.
10. 정확한 채점을 하기 위해 아동과 친밀한 관계를 형성해야 한다.
11. 아동에게 검사 지침서에서 허용하는 것보다 더 상세하게 답을 제시해서는 안 된다.
12. 한 집단에 대한 규준을 다른 집단에도 자동적으로 적용하려고 하지 않아야 한다.

미국심리학회 치료자 자격위원회에서는 2001년에 심리검사의 유능하고 책임
있는 사용에 대한 상세한 지침을 출판하였다. 이 지침서는 두 가지 유형의 치료
자 자격을 포함하고 있는데, 그것은 ① 대다수 검사의 기초가 되는 일반적인 심
리측정적 지식과 기술, ② 특정 장면이나 특정 목적에 기반을 두고 실시된 검사
의 응답 사용에 대한 구체적인 자격이다. 이에 대한 핵심적 내용은 〈표 2-2〉와
같다(Turner, DeMers, Fox, & Reed, 2001).

〈표 2-2〉 **치료자 자격의 핵심 내용**

1. 심리측정적 지식과 측정 지식
   ① 기술통계
   ② 신뢰도와 측정오차
   ③ 타당도와 검사 점수의 의미
   ④ 검사 점수의 규준 해석
   ⑤ 적절한 검사의 선택
   ⑥ 검사 실시 절차

2. 민족 · 인종 · 문화 · 성 · 연령 · 언어 변인에 대한 이해

3. 장애인 검사에 대한 경험

4. 슈퍼바이저의 감독하에 훈련한 경험

3) 장애아동 사정 시 유의사항

첫째, 아동의 장애 유형별 행동 특성을 고려해야 한다. 예를 들어, 청각장애 아동의 가장 큰 특징인 듣는 데 어려움을 지니는 것, 행동장애아동의 가장 큰 특징인 행동 통제 결함 등을 고려해야 한다.

둘째, 검사가 수행되는 환경을 고려해야 한다. 예를 들어, 비행아동의 경우 대부분이 공공기관에서 검사를 수행하는데, 그 기관 자체가 가진 부정적인 측면을 충분히 고려해야 한다.

셋째, 검사의 목적을 분명히 해야 한다. 단순히 장애의 유무만을 확인하기 위한 검사는 피하는 것이 좋다. 가장 적절한 처치나 교육을 전제로 하여 그러한 처치나 교육을 계획하는 데 도움이 되어야 한다.

넷째, 가능하면 개인 검사를 실시하는 것이 바람직하다. 장애아동이 가진 심리적 · 행동적 특성을 고려할 때 집단검사에서는 정확한 정보를 얻기가 쉽지 않기 때문이다.

다섯째, 대상 장애아동을 검사해 본 적이 있는 전문적이고 풍부한 경험이 있는 전문가가 아동을 사정해야 한다. 대부분의 검사 훈련은 일반아동을 대상으로 실시되기 때문에 검사 결과의 오류가 발생하지 않도록 해야 한다.

여섯째, 친밀한 관계를 형성하기 위해서 인내할 수 있어야 한다. 치료자와 아동이 충분히 친밀한 관계를 형성하지 못해서 해석 결과가 의문스러운 경우가 종종 있다.

일곱째, 장애아동의 심리검사는 다학문적 평가팀이 수행해야 한다. 특정 장애 유형과 관련된 의학, 심리학, 사회학, 교육학, 정신보건학, 사회복지학 분야의 전문가를 비롯하여 부모도 참여하는 팀이 심리검사를 수행해야 한다.

여덟째, 단 한 번에 실시하기보다 비교적 긴 기간에 걸쳐 검사를 수행해야 한다. 이것은 광범위하고 심층적인 범위의 행동을 관찰할 수 있도록 한다.

아홉째, 가능한 한 다양한 정보원으로부터 정보를 얻어야 한다.

 제 **3** 장

투사검사와 사정

제**3**장
투사검사와 사정

장애아동의 사정에서는 객관적인 검사와 투사검사를 활용하여 아동의 문제를 심층적으로 파악하는 것이 중요하다. 이 장에서는 심리검사 중 미술치료에서 자주 활용되고 있는 투사적 기법에 대해 알아보고, 투사검사 중 다양한 투사그림검사에 대해 구체적으로 살펴보고자 한다.

1. 투사검사

미술치료에 빈번하게 사용하는 사정 기법이 투사적 기법인데, 우리나라 치료자들은 이것이 미술치료이기 때문에 당연히 그림에 의한 사정을 해야 한다고 생각한다. 그러나 투사적 기법은 표준화된 사정 기법이나 도구를 보완하기 위한 방법으로 사용하는 것이 더 적절할 수 있다. 특히 검사로서보다는 임상적 도구로 사용하는 것이 더 적절하다고 권고하는데, 진단적 목적으로 사용하기보다 치료 과정에서 보조적 도구로 사용하는 것이 좋다는 것이다. 다음에서 투사적 기법의 개념, 유형, 장점과 단점 등을 간단하게 살펴본다.

1) 투사검사의 개념

투사검사는 막연하고 애매한 비구조화된 자극을 사용하여 아동의 성격, 태도, 의견, 자아개념을 투사하도록 하는 것이다(Webb, 1992). 투사검사는 아동에게는 특별한, 즉 본질적으로 개별성을 가진 아동의 보다 심층에 있는 생각과 느낌을 드러내도록 하는 것이다(Kline, 1983). 또한 투사검사는 아동이 세상을 지각하고 행동하기 위한 특징적인 양식을 찾는 데 사용된다(Sampson, 1986).

투사검사는 투사라는 자아방어기제를 사용하는 애매한 상황을 아동에 제시하여 무의식적 욕망과 감정을 추론하는 원리에 근거한다. 즉, 아동은 자신의 특정 준거 틀로 자유롭게 애매한 자극에 반응하고 해석하는 것이다(Churchill, 1991; Kassarjian, 1974; Loudon & Della Bitta, 1993; Solomon, 1994). 정답은 없으며, 아동은 그저 자신의 무의식적 감정을 투사하면 되는 것이다(Solomon, 1994).

즉, 투사검사는 아동이 자극에 반응하는 데 있어서 자신의 성격, 동기, 태도를 드러낸다고 보고, 아동이 자신의 반응을 지각하고 구성하고 조직하며 이에 대해 설명하는데, 이때의 설명이 그 개인의 심리적 특성과 관련된다고 본다. 따라서 치료자는 투사검사의 반응이 현재의 기능 수준을 보여 주는 표상으로서 심리적 특성과 상태, 욕구, 태도, 관계, 대인지각 등 정신구조와 정신역동을 파악할 수 있게 한다고 본다.

2) 투사검사의 유형

투사검사는 크게 5가지 범주로 구분할 수 있는데, 연상기법(association techniques), 구성기법(construction techniques), 완성기법(completion techniques), 선

택기법(selection techniques), 표현기법(expression techniques)이다.

(1) 연상기법

연상기법은 두 가지 형태로 구분할 수 있는데, 그림연상기법과 단어연상기법이다. 그림연상기법은 아동들에게 자극그림을 제시한 후 그 자극을 보고 떠오르는 이미지, 생각, 단어를 표현함으로써 반응하는 방법이다. 대표적인 검사는 임상적으로 가장 널리 사용하는 성격검사인 Rorschach 잉크반점검사다. 단어연상기법은 아동들에게 일련의 단어를 읽게 하고 마음에 떠오르는 첫 번째 단어를 말하도록 하는 방법이다.

(2) 구성기법

구성기법은 아동에게 자극 개념으로부터 이야기나 그림을 구성하도록 요구하는 것이다. 구성 절차는 보다 복잡하고 통제된 지적 활동을 필요로 한다. 아동들은 주요한 주제를 지닌 사람이나 물건이 있는 일련의 그림을 받게 된다. 그후 한 명 이상의 사람들에게 애매한 상황에서 묘사를 하게 하고 그림 속 사람들이 무엇을 생각하고 말하고 행동하는지 말하도록 한다. 즉, 아동에게 각 그림에 있는 이야기를 구성하도록 하고, 이것이 무엇을 유도하였는지, 앞으로 무엇이 발생할 것인지를 말하게 하는 것이다. 대표적인 검사는 주제통각검사(Thematic Apperception Test: TAT)다. 그리고 이야기그림검사(Draw a Story: DAS)와 자극그림검사(Stimulus Drawing: SD)도 이 기법의 일종이다.

(3) 완성기법

완성되지 않은 문장, 이야기, 대화를 아동에게 제시하고 그것을 끝내도록 한다. 문장 완성은 시간이 제한될 때 가장 유용하지만 이때의 감정의 깊이는 가볍게 다룬다. 문장완성검사가 여기에 해당한다.

(4) 선택기법

순서를 선택하는 것으로, 양적 연구에서 자주 사용하는 것이다. 이것은 아동에게 특정한 일에 대해 그것이 왜 '가장 중요한지' 또는 '가장 중요하지 않은지' 등을 설명하게 하는 양적 연구에서 자주 사용하는 것이다.

(5) 표현기법

표현기법은 구체적인 개념이나 상황을 그리고 행위하도록 하며, 역할극을 하도록 아동에게 요구하는 방법이다. 표현기법은 무엇인가를 표상하도록 하는 것이 아니라 구성하도록 하는 방법으로서, 미술치료에서 사용하는 집-나무-사람검사(HTP), 인물화검사(DAP), 동적 가족화검사(KFD) 등 대부분의 그림검사가 여기에 해당한다.

미국의 미술치료 연구에서 자주 사용하는 검사를 순서대로 제시하면 다음과 같다.

- 주제통각검사(Thematic Apperception Test: TAT)
- Bene-Anthony 가족관계검사(Bene-Anthony Family Relations Test)
- 아동통각검사(Child Apperception Test: CAT)
- Rorschach 잉크반점검사(Rorschach Inkblot Test)
- 문장완성검사(Sentence Completion Test)
- 자유화검사(Free Drawing)
- 면접(Interviews)
- 집-나무-사람검사(House-Tree-Person: HTP)
- 인물화검사(Drawing A Person: DAP)
- 동적 가족화검사(Kinetic Family Drawing: KFD)

3) 투사검사의 장점과 단점

(1) 투사검사의 장점

① 투사검사는 비위협적이고, 정답의 여부를 걱정하지 않아도 되기 때문에 평가나 치료를 시작할 때 분위기를 좋게 하고 라포(친밀감, rapport)를 형성하는 데 도움이 된다.

② 아동은 그들이 할 수 있는 반응의 수나 유형에 제한이 없다. 이것은 자극에 대해 그들 자신의 내적 욕구와 동기를 투사하는 데 있어서 무의식적 과정을 극대화할 수 있다.

③ 아동은 투사검사의 채점과 해석 방법에 친숙하지 않기 때문에 투사검사가 구조화된 검사보다 위조하는 것이 더 어렵다고 믿고 있다.

④ 투사검사는 문화가 달라도 적용할 수 있는데, 특히 자극이 잉크반점이나 그림일 경우는 더욱 그렇다.

⑤ 대다수 투사검사는 읽기 능력이 요구되지 않거나 최소한으로 요구된다. 그래서 빈약한 학습 능력을 가진 아동과 유아에게 유용한 사정이다. 또한 투사검사는 최소한의 언어적 투입과 산출이 요구되기 때문에 유아, 다양한 문화적 배경을 가진 아동, 언어장애 아동에게 유용한 기법이다.

⑥ 투사검사는 정신분석 이론에 근거하기 때문에 복잡하고 다차원적인 주제가 나타나며, 아동의 성격에 대한 가치 있는 통찰을 제공한다.

(2) 투사검사의 단점

① 투사검사는 아주 많은 교육과 훈련을 받은 전문가가 개별적으로 실시해야 하기 때문에 실시, 채점, 해석이 경제적이지 못하다.

② 주관적 채점과 해석 절차로 인해 반복하는 것이 어렵다. 해석은 가장 주관적인 과정의 일부다. 사실 많은 투사검사 도구가 아동의 결과를 채점하고 해석할 때 치료자에게 넓은 범위의 판단을 허용한다.

③ 채점과 해석에 있어서의 주관성은 불가피하게 점수의 신뢰도와 타당도를 위협한다. 투사검사는 빈약한 심리측정적 속성을 보이는데, 채점자 신뢰도, 재검사 신뢰도, 내적 일관성 지수가 수용할 수 없을 정도로 낮게 나온다. 낮은 신뢰도는 낮은 점수 타당도를 유도하며, 투사점수 타당도에 대한 연구는 아직도 미결이다.

④ 대다수의 투사검사는 규준이 없거나 부적당하다. 규준이 제시될 때조차 표본을 애매한 용어로 설명한다. 또한 비교집단은 정상표본이 아니라 임상적 집단이기 때문에 잠재적 병리를 결정하기 위한 유용한 비교집단이 없다. 만약 아동의 반응으로 임상적 환자와 비정상적인 사람을 비교한다면, 치료자는 아동의 반응이 정상인지 여부를 어떻게 결정할 것인가?

⑤ 투사검사는 치료자의 특성, 피치료자의 편견, 실시 지시의 변화와 같은 외부 요인에 오도된다. 또한 '투사 가설(projective hypothesis)'의 타당성은 반응이 영속적인 성격 특성보다 오히려 상태 의존 특성을 보이기 때문에 그 자체가 의문이다.

⑥ 투사검사는 위조의 여지가 많다. 특히 정신분열증, 우울증, 외상 후 스트레스 장애는 Rorschach 검사에 의해 위조될 수 있으며(Perry & Kinser, 1990; Schretlen, 1997), 그러한 위조는 기존의 Rorschach 지표를 사용하여 파악할 수 없다. 만약 법정에서 투사검사를 증거로 제시한다면 이처럼 반응을 파악할 수 있는 연구 증거의 부재뿐만 아니라 인상 관리와 과장에 대한 잠재적 영향까지도 솔직하게 보고해야 한다.

⑦ 투사검사는 무의식적 심리 과정을 강조하는 Freud의 정신분석 발달이론을 과학적으로 연구하는 것이 어렵다. 정신분석 이론이 투사검사의 기초를 형성하기 때문에 이러한 약점은 아주 큰 타격이 될 수 있다.

따라서 투사검사를 사용할 때는 검사로서보다는 임상적 도구로 사용하는 것이 더 적절하다. 투사검사는 가설을 생성하고, 아동의 무의식적 욕구와 동기에 대한 통찰을 주며, 질적 면접에 대한 도움을 얻기 위해 사용할 때 아주 유용하지만 진단을 목적으로 사용하는 것은 적절하지 않다.

2. 그림검사

아동은 말이 발달하기 이전부터 난화 형태의 그림으로 의사를 표현해 왔다. 그리하여 그림검사는 말이 충분히 발달하지 않은 아동을 파악하는 데 주로 이용되어 왔다.

장애아동에게는 Goodenough(1926)가 아동의 지능 정도를 알아보기 위하여 인물화검사(Drawing A Person: DAP)를 활용한 것을 시초로 DAP가 지능검사로서 세계적으로 널리 이용되어 왔다.

인물화검사 이후에는 그림을 심리학적 평가도구로서 내적 심리 상태에 대한 시각적 표상으로 사용한 투사그림검사를 많이 사용하였는데(장선철, 이경순, 2011), 미술치료에서 투사그림검사는 아동의 변화를 사정하기 위하여 대부분 사전과 사후에 이루어지거나 치료의 시작, 중기, 말기에 이루어지며 아동의 변화를 도모하기 위하여 비교된다(Gantt & Tabone, 2001).

미술치료 연구 중 사례 연구뿐만 아니라 실험 연구 등 모든 연구에서 투사그림검사는 대표적 사정 방법으로 그 활용도가 매우 높다. 이러한 상황에 대해 미술치료이기 때문에 투사그림검사 도구를 이용하여 평가하는 것이 좋을 것이라는 생각과 대표 학회인 한국미술치료학회에서 서양의 투사그림검사 도구를 활발하게 소개한 것을 이유로 설명하고 있다(안이환, 2012).

투사그림검사에는 인물화검사(Drawing A Person: DAP), 집-나무-사람검사(House-Tree-Person: HTP), 동적 가족화검사(Kinetic Family Drawing: KFD), 풍경구성법(Landscape Montage Technique: LMT), 빗속의 사람 그림검사(Person In The Rain: PITR), 사과나무에서 사과를 따는 사람 그림검사(Person Picking an Apple from Tree: PPAT), 모자화 등 다양한 종류의 그림검사가 개발되어 활용되고 있다. 구체적인 그림검사를 살펴보면 다음과 같다.

1) 인물화검사(Drawing A Person: DAP)

인물화에 의한 성격진단검사는 Goodenough(1926)의 인물화에 의한 지능검사를 토대로 아동의 성격검사를 위한 투사적 기법으로 발전하였다. 이것은 다른 여러 가지 투사검사 중 더 깊이 있는 무의식적 심리현상을 표현할 수 있어 아동이 자신과 타인에 대해 어떻게 지각하고 있는가를 알아보는 데 도움을 준다. Machover는 1949년에 인물화에 반대의 성을 그리는 방법을 창안했다. 이 방법은 성격검사로 널리 사용되고 있다.

아동은 물론 성인에 이르기까지 사용 가능하며 그려진 그림을 직접 해석하게 할 수 있다. 인물화 분석은 HTP검사나 가족화의 기초가 되므로 깊이 이해할 필요가 있다. 예컨대, 남성이 여성상을 먼저 그리면 성에 혼란이 있거나 이성의 부모에 대한 의존 혹은 집착이 있다고 해석하며, 눈동자가 생략되면 무엇인가에 대한 죄책감을 나타내는 것으로 보고, 이것을 감추어진 팔이나 손의 모습과도 관련지어 해석한다. 코와 입은 성과 관계하며, 큰 입은 성적인 이상을 나타낸다. 길이가 다른 다리와 발의 그림은 충동과 자기통제에 갈등이 있는 것이라고 본다.

인물상은 자기의 현실상이나 이상상을 나타내며, 자신에게 의미 있는 사람, 자신의 성적 역할, 일반적 인간을 어떻게 인지하고 있는가를 나타낸다. 인물화는 자기상뿐만 아니라 의미 있는 특정한 사람을 표현하는 경우가 많으며, 특히 아동은 부모의 상을 의미 있는 사람으로 그리는 경향이 있다.

먼저 묘사된 인물의 부분적인 특징과 각 신체 부분의 관계를 있는 그대로 살펴보는 것이 중요하다. 각 신체부분의 비율이 정확하게 조화되어 있는가에 대한 사실적 자료와 아동이 처한 상황, 증상, 각 신체부분의 상징을 포함하여 사람에 대한 심리적 특성을 파악한다. 단, 아동의 경우에는 발달단계를 고려해야 한다. 예를 들면, 5세 아동의 경우에 인물상에서 다리를 생략하는 것은 자주 있는 일로, 발달적으로도 성격적으로도 큰 문제가 없는 것으로 해석한다. 그러나 10세 아동이라면 다리를 그리는 것이 당연한 일이며 다리를 그리지 않았다는 것은 미성숙하거나 정서적 문제가 있는 것이라는 사실을 시사한다.

실 시 방법

- 준비물: A4 용지 2장, 2B~4B 연필, 지우개

- 교시사항: 다음의 교시사항에 따라 그림을 그리게 한다. 교시문은 "사람을 그려 주세요. 머리에서 발끝까지 사람의 전체를 그려 주세요. 단, 만화나 막대인물상으로 그리지 말고 그릴 수 있는 한 잘 그려 주세요."라고 지시한다. 한 장의 종이에 아동이 인물상을 다 그리고 나면 다시 A4 용지를 세로로 제시하면서 "반대되는 성의 사람을 그려 주세요. 머리에서 발끝까지 사람의 전체를 그려 주세요. 역시 만화나 막대인물상으로 그리지 말고 그릴 수 있는 한 정성들여서 잘 그려 주세요."라고 지시한다.

  그림을 다 그리고 나면 처음 그린 인물상을 제시하면서 그 인물상의 성별과 나이, 인물상에 대한 이야기를 해 달라고 부탁한 후 아동의 반응을 잘 기록한다. 두 번째로 그린 인물상 또한 앞서와 같은 방법으로 실시한다.

- 유의점: 아동에게 인물상을 그려 달라고 지시한 후 아동이 그림을 그리기 시작할 때까지 소요된 시간과 그림을 그리는 데 소요된 시간을 측정하고 그림을 그리면서 아동이 보이는 정서적 반응, 태도, 그림을 그리는 방법, 순서 등을 잘 관찰하여 기록해 두어야 한다. 그림을 그리는 데 소요되는 시간은 대체로 각 인물상당 10분 정도이나 시간제한은 없으므로 아동이 편안하게 그릴 수 있도록 배려하면 된다.

2) 집-나무-사람검사(House-Tree-Person: HTP)

정신분석가인 Buck(1948)은 Freud의 정신분석학을 바탕으로 하여 HTP를 개발했으며 Buck과 Hammer(1969)는 집－나무－사람 그림을 발달적이며 투사적인 측면에서 더욱 발달시켰다. 그들은 단일과제의 그림보다는 집－나무－사람을 그리게 하는 것이 피험자의 성격 이해에 보다 효과적이라고 생각하였다.

초기의 HTP검사는 진단을 목적으로 연필과 종이만을 사용하여 그렸는데, 1948년에 Payne이 채색하는 방법을 시도했다. 나아가서 Burns는 한 장의 종이에 HTP를 그리게 하고 거기에 KFD와 같이 사람의 움직임을 교시하는 K-HTP(Kinetic House－Tree－Person Drawing)를 고안했다. 高橋雅春(1967, 1974)는 Buck의 HTP법에 처음에 그린 사람과 반대되는 성의 사람을 그리게 하는 HTPP법을 개발했다. 이것은 HTP법에 Machover의 인물화를 조합한 방법이다.

Buck이 집, 나무, 사람 세 가지 과제를 사용한 이유는 첫째, 집, 나무, 사람은 유아뿐만 아니라 누구에게나 친밀감을 주는 것이기 때문이며, 둘째, 모든 연령의 피험자가 그림 대상으로 편안하게 받아들이는 것이기 때문이며, 셋째, 다른 과제보다는 솔직하고 자유로운 언어 표현을 하게 할 수 있는 자극으로 이용할 수 있기 때문이라고 하였다.

이 검사에 대한 해석은 HTP검사와 함께 실시한 다른 심리검사들의 결과 및 그림을 그린 후의 질문 등을 참작하는 동시에 아동과의 면접 외에 행동관찰과 검사 시의 태도를 고려하여 실시한다. 즉, 그림만 가지고 성격의 단면을 추론하는 맹목적인 분석(blind analysis)에 의한 해석만을 해서는 안 된다는 것이다. HTP검사의 그림을 해석할 때는 다음의 3가지 측면을 종합하여야 한다.

(1) 전체적 평가

전체적 평가는 그림의 전체적 인상을 중시하고 조화를 이루었는가, 구조는 잘 이루었는가, 이상한 곳은 없는가에 주목하여 4장의 그림 전체를 보고 판단한다. 전체적 평가에서 밝혀야 할 것은 아동의 적응 수준, 성숙도, 신체상의 혼란 정도, 자신과 외계에 대한 인지 방법 등이다. 전체적 평가를 통한 아동의 적응심리를 포착하기 위해서는 그림을 직관적으로 해석하는 능력이 필요하다.

(2) 형식 분석

구조적 분석이라고도 하며, HTP검사의 모든 그림에 공통적으로 실시하는데 집, 나무, 사람 등을 어떻게 그렸는지 분석하는 것이다. 예를 들면, 그린 시간, 그리는 순서, 위치, 크기, 절단, 필압 등을 살펴보며, 이러한 것들을 통해서 성격의 단면을 읽어 나가는 방법이다.

(3) 내용 분석

내용 분석은 무엇을 그렸는지 다루는 것으로 집, 나무, 사람에 있어서 이상한 부분, 형식 분석의 사인 등을 참고로 하여 그림 가운데 강조되어 있는 부분을 다루며, 그림의 특징적 사인이 무엇을 상징하는지 살펴보는 것이다. 내용 분석에 있어서는 명백하고 큰 특징을 먼저 다루되, 그림을 그린 후 그것에 대해 아동에게 질문하고, 아동이 질문에 따라 연상하는 것을 묻는 것이 중요하다. 이때 질문을 함으로써 아동의 성격을 이해하게 될 수 있다. 또한 내용 분석에 있어서는 상징의 보편적 의미와 특징적 의미를 함께 고찰하는 것이 중요하다.

실 시 방법

- 준비물: A4 용지 4장, 2B~4B 연필, 지우개 등

- 교시사항: 다음의 교시사항에 따라 그림을 그리게 한다. 교시문은 용지 한 장을 가로로 제시하면서 "집을 그려 주세요."라고 지시하고, 집을 다 그리고 나면 다른 용지 한 장을 세로로 제시하면서 "나무를 그려 주세요."라고 한다. 나무를 다 그리고 나면 용지 한 장을 세로로 제시하면서 "사람을 그리세요. 단, 사람을 그

릴 때 막대인물상이나 만화처럼 그리지 말고 사람의 전체를 그리세요."라고 한
다. 그다음엔 다시 용지를 세로로 제시하며, "그 사람과 반대되는 성을 그리세
요."라고 지시한다. 다 그리고 나면 각각의 그림에 대해 주어진 20가지의 질문을
한다.

- 유의점: 그림을 그릴 때 소요되는 시간을 측정해 둔다.

3) 통합 집-나무-사람검사(Synthetic House-Tree-Person: S-HTP)

Maruno와 Tokuda는 나카이 등의 방법과 Diamond(1954)의 기법을 도입해
통합적 HTP(Synthetic House-Tree-Person: S-HTP)법을 도입했다. Diamond는
HTP를 그린 다음 각 요소에 대해 이야기하게 하여 언어화에 대한 연상을 실시
한다.

HTP와 비교하여 S-HTP의 장점은 한 장의 종이에 그리므로 아동이 겪는 부
담이 적다. 집, 나무, 사람을 어떻게 그렸는지에 따라 얻을 수 있는 정보 외에
집, 나무, 사람을 어떻게 관련지어 그렸는지 살펴봄으로써 새로운 정보를 얻을
수 있다. 또한 자유롭게 조합하여 그릴 수 있기 때문에 아동의 심적 상태를 표
현하기도 쉽다.

S-HTP는 풍경 구성법과 비교할 때 보다 사정적인 측면이 강하다. 묘화 전체
에 대한 해석은 아직 확립되어 있다고 말하기 어렵기 때문에 항상 검사 배터리
를 짜는 것이 필요하다.

실 시 방법

- 준비물: A4 용지 한 장, 2B~4B 연필, 지우개 등

- 교시사항: 다음의 교시사항에 따라 그림을 그리게 한다. 교시문은 "집과 나무와 사람을 넣어 뭐든지 좋아하는 그림을 그려 주세요."라고 교시한다. 아동의 질문에 대해서는 "3개의 과제가 들어가 있으면 다음은 좋아하는 대로 그려 주세요." 라고 대답한다. 다 그렸으면 자유롭게 질문할 수 있게 한다. 사람은 누구를 그렸는지, 몇 살인지, 무엇을 하는 곳(중)인지 물어본다.

4) 동적 가족화검사(Kinetic Family Drawing: KFD)

1951년 Hulse는 한 명의 인물을 그리게 하는 대신에 가족을 그리게 하는 것이 유익한 정보를 얻을 수 있다고 했는데 이것이 가족화의 시작이다. 가족 그림을 통해서 아동의 심리적 상태와 가족의 역동성을 진단하는 데 도움을 주는 기법으로는 가족화(DAF)와 동적 가족화(KFD), 동그라미중심가족화(FCCD), 구분할통합가족화, 동물가족화, 물고기가족화, 자동차가족화 등이 있다. 일반적으로 가족화 진단기법으로 가장 많이 활용하고 있는 동적 가족화에 대해 소개해 본다.

동적 가족화는 가족화(Drawing A Family: DAF)에 움직임을 첨가한 일종의 투사화로 Burns와 Kaufman(1970)이 개발한 것이다. 동적 가족화는 가족화가 가지는 상동적 표현을 배제하고 움직임을 더함으로써 자기개념만이 아닌 가족 관계에 따른 감정과 역동성 등을 파악하는 데 더욱 용이하다.

동적 가족화는 정신분석학과 장(場)이론, 지각의 선택성과 같은 이론 등을 기초로 하고 있다. 특히 아동 자신의 눈에 비친 가족의 일상생활 태도나 감정을 그림으로 나타내게 함으로써 아동의 주관적 판단에 의존한다. 이러한 판단은

아동 자신의 과거 경험이나 현재 상태에 의존하고 있으므로 객관적·물리적 환경으로서의 가족에 대한 인지라기보다는 자신이 주체적·선택적으로 지각하는 주관적·심리적 환경으로서의 가족에 대한 인지가 적용된다.

　동적 가족화를 해석하고자 할 때는 '단순히' 그려진 그림의 형태만을 보고 해석해서는 안 된다. 즉, 동적 가족화의 해석은 전체적인 인상, 인물상, 행위의 종류, 묘화의 양식, 상징을 포함하여 총체적으로 한다.

실 시 방법

- 준비물: A4 용지, 2B~4B 연필, 지우개 등

- 교시사항: "자신을 포함해서 자신의 가족 모두에 대해 무엇인가를 하고 있는 그림을 그려 보세요. 만화나 막대기 같은 사람이 아니고 완전한 사람을 그려 주세요. 무엇이든지 어떠한 행위를 하고 있는 그림을 그려야 합니다. 자기 자신도 그리는 것을 잊어서는 안 됩니다." 아동이 "가족 전원이 무엇인가 하나의 일을 하고 있는 것인가요?"라고 물어볼 수 있다. 이때 치료자는 "완전히 자유입니다."라고 대답하면 된다. 치료자가 무엇인가를 암시하는 듯한 응답을 해서는 절대 안 되고, 완전히 비지시적·수용적 태도를 취해야 한다. 검사 상황은 아동이 말이나 동작으로 끝났음을 표시할 때 마치게 되며 제한시간은 없다.

- 유의점: 그림을 완성한 후 묘사된 각 인물상에 대해서 묘사의 순위, 관계, 연령, 행위의 종류, 가족 중 생략된 사람이 있는지, 가족 외 첨가된 사람이 있는지를 확인하고 용지의 여백에 기입해 둔다.

5) 동적 학교화검사(Kinetic School Drawing: KSD)

　KSD는 Prout와 Phillips(1974)가 KFD를 보충하기 위해 처음으로 소개하였다. 일반적으로는 KFD를 실시한 후 이어서 KSD를 실시한다. KSD는 학교의 친구

와 치료자를 포함해서 그림을 그리게 하여 아동의 학교에 대한 태도를 알아본
다. 즉, 학교에 관한 학업 인식이나 그 밖의 자기인식, 아동의 치료자상, 친구상
과 친구관계를 파악하는 데 유용하다. KFD의 경우와 마찬가지로 학교화에도
비동적 학교화가 있다.

　그림이 완성된 후 다른 투사검사와 마찬가지로 질문을 하는 것이 원칙이지
만, 이것은 아동의 상태를 고려하여 진행한다. KSD의 해석도 KFD와 마찬가
지로 5가지 영역으로 나누어 해석하며 KFD의 해석에 준한다.

실 시 방법

- 준비물: A4 용지, 2B∼4B 연필, 지우개 등

- 교시사항: KFD와 동일하며 지시어는 다음과 같다. "학교 그림을 그려 주세요.
  자신과 자신의 선생님, 아동 2명을 포함해서 그려 주세요. 막대인물상이나 만화
  말고 가능한 한 인물 전체를 그려 주세요. 자기 자신, 치료자, 2명의 아동이 뭔가
  를 하고 있는 것을 생각하여 그려 주세요."라고 지시하는 것이 원칙이나 아동의
  상태에 맞추어서 융통성 있게 지시해도 무방하다. 그림이 완성된 후 다른 투사검
  사와 마찬가지로 질문을 하는 것이 원칙이나 아동의 상태를 고려하여 진행한다.

6) 풍경구성법(Landscape Montage Technique: LMT)

　풍경구성법은 미술치료 혹은 그림검사법의 하나로 1969년에 中井久夫 교수
가 창안하였다. 이 풍경구성법은 원래는 정신분열증 환자를 주 대상으로 하여
모래상자 요법의 적용 가능성을 결정하는 예비검사로 고안되었으나 독자적인
가치가 인정되어 이론적으로 분석한 후 치료 용도로도 많이 활용하는 기법이
다. 또 독일어권에서 표현병리 및 표현요법 학회에 발표된 이후 독일, 미국, 인
도네시아에서도 시행되고 있으며, 진단도구로서뿐만 아니라 치료 과정에서도

활용되어 많은 효과를 인정받고 있다. 즉, 아동 내면의 이해나 치료를 위해서 널리 사용되고 있다.

中井이 제시한 이 풍경구성법은 Rorschach 검사와 같이 앞에 있는 패턴을 읽고 선택 · 해석하게 하는 투영적 표상과는 대조적인 접근 방법으로서 4면이 테두리로 그어져 있는 구조화된 공간에 통합적 지향성을 지닌 하나의 전체를 구성하는 구성적 표상을 기초로 하는 방법이라고 말할 수 있다.

풍경구성법의 해석도 HTP 등 다른 그림검사와 마찬가지로 첫인상을 포함한 전체적인 평가가 아주 중요하다. 즉, 형식 분석, 묘선의 움직임이나 힘, 채색의 진함 등을 분석하는 동태 분석, 내용 분석, 공간 분석, 계열 분석, 질문 분석 등을 조합하여 아동의 심리상태를 파악한다.

실 시 방법

- 준비물: A4 용지 한 장, 사인펜(보통 검은색 사인펜을 사용한다), 크레파스 혹은 색연필 등

- 교시사항: 먼저 치료자가 4면의 테두리를 그린 A4 용지와 사인펜을 아동에게 건네 준다. 그다음에 치료자가 말하는 사물, 즉 (1) 강, (2) 산, (3) 밭, (4) 길, (5) 집, (6) 나무, (7) 사람, (8) 꽃, (9) 동물, (10) 돌 등의 10가지 요소를 차례대로 그려 넣어서 풍경이 될 수 있게 한다. 그리고 마지막에 그려 넣고 싶은 사물이 있으면 그려 넣게 한다. 모두 다 그린 다음에 색칠하도록 한다.

- 유의점: 검사 시 사용하는 언어나 행동은 치료의 흐름을 파괴하지 않도록 배려한다.

7) 가족체계진단법

가족체계 이론은 개인의 역동이나 행동보다 가족 간의 관계에 주안점을 두고 있기 때문에 가족 구성원 각각의 특성을 단독으로 연구하기보다는 오히려 가족 구성원 간의 상호작용을 연구한다. 가족체계진단에서는 가족 미술과제를 치료자와 아동에게 필수적이고 효과적인 탐색도구로 이용한다.

평가 단계에서 미술과제는 가족에게 상호작용을 경험하게 해 준다. 이 기법은 의사소통의 형태를 묘사하는 것으로, 일차적으로는 이 과정을 통해, 이차적으로는 내용을 통해 고찰할 수 있다. 치료자는 이 과제를 수행하는 동안 가족체계를 형성하는 일련의 사건을 관찰하게 되는데, 가족이 하나의 작품을 창조하는 일에 개입하는 순간부터 각 가족 구성원의 행동을 구체적으로 기록한다. 그리하여 치료자는 가족 구성원 개개인을 평가할 수 있다(Landgarten, 1987).

미술치료에 있어서 가족체계를 진단하는 절차는 다음과 같다. 치료자는 면접에서 가족 전원이 하나의 미술 작업에 참여하게 될 것이라는 것을 알려 준다.

아동이 미술 활동에 대해 저항하면 미술 활동이 가족집단을 검사하기 위해 표준화된 방법이라는 것을 알려 주어 저항을 감소시킨다. 그리고 미술 작업을 통해 각 가족 구성원은 독특한 자기표현의 고유한 방식을 발견할 수 있다는 것을 알려 주어 아동에게 미술 작업에 대한 확신을 주고 작업을 촉진시킨다.

(1) 첫 번째 과정: 비언어적 공동 미술과제

먼저 가족을 두 집단으로 나누도록 요구한다. 각 집단의 구성은 가족동맹을 나타낸다. 집단이 형성되면 모든 구성원은 상대방과는 다른 색의 용구를 선택해서 활동이 끝날 때까지 사용한다. 서로 말하거나 글을 쓰거나 신호를 보내지 않고 한 장의 종이에 함께 그림을 그린다. 작업이 끝난 후 서로 이야기를 나누면서 제목을 정하여 그림 위에 제목을 쓴다. 즉, 두 집단으로 나누기 → 양 집단의 구성원들이 서로 다른 색의 용구 선택하기 → 작업 → 의사소통 금지하기 →

제목 쓰기의 순서로 진행한다.

(2) 두 번째 과정: 비언어적 가족 미술과제

두 번째 진단적 기법은 모든 가족이 한 장의 종이에 함께 작업할 것을 요구한다. 첫 번째 과정과 마찬가지로 그들은 서로 언어적 혹은 비언어적으로 의사소통하는 것이 금지되며, 완성된 작품에 제목을 붙이는 동안만 이야기할 수 있다.

(3) 세 번째 과정: 언어적 가족 미술과제

세 번째 진단적 기법은 의사소통이 허용된 상태에서 한 장의 종이 위에 가족이 함께 그림을 그리게 한다.

〈표 3-1〉 **가족체계진단기록표**

이름		일시	
관찰 항목		기록	
		과정 ①	과정 ②
• 누가 처음 그림을 그리기 시작했으며, 그 사람이 처음 시작하도록 이끈 과정은 어떠한가? • 구성원 가운데 나머지 사람들은 어떤 순서로 참가했는가? • 어느 구성원의 제안이 채택되었으며, 어느 구성원의 제안이 무시되었는가? • 각자의 개입 정도는 어떠했는가? • 전혀 미술 과업에 참여하지 않은 사람은 누구였는가? • 누군가의 그림 위에 다시 그림을 첨가함으로써 첫 사람이 한 것을 '지워 버린' 사람은 누구였는가? • 어떤 형태의 상징적 접촉이 이루어졌으며, 누가 이것을 시도했는가? • 구성원들은 교대로 했는가, 집단으로 했는가, 혹은 두 가지를 동시에 했는가? • 각자의 위치(중앙, 끝, 구석)는 어떠했는가?			

- 만일 방법에 있어서 변화가 있었다면 무엇이 변화를 촉진했는가?
- 각자가 얼마나 많은 공간을 차지했는가?
- 각자의 분담이 상징적으로 의미하는 것은 무엇인가?
- 어느 구성원이 독자적으로 행동했는가?
- 누가 처음으로 행동했는가?
- 누가 추종자 혹은 반응자였는가?
- 정서적 반응이 있었는가?
- 가족의 작업 형태는 협동적이었는가, 개별적이었는가, 혹은 비협조적이었는가?

8) 자유화법

주제나 방법을 아동 스스로 결정하여 그리게 한다. 색채, 선, 공간, 내용(예: 부모, 형제, 자신, 산, 태양, 기차 등)을 분석한다. 이와 같은 분석 방법은 아직 신뢰도나 타당도에서 동의를 얻지 못한 부분이 있으므로 제한성에 유의해야 한다.

9) 과제화법

인물, 가족, 친구, 집, 나무, 산, 동물, 길 등의 과제를 미리 주고 아동이 상상화를 그리게 한다. 이를 통해 이상행동에 대한 내면의 욕구와 그 욕구를 저지하는 압력을 잘 알 수 있다. 인물화, 묘화완성법, 나무그림검사, 집그림검사, 산과 해의 묘화법, 풍경구성법 등이 여기에 속하며, 산, 길, 집과 같은 특정의 과제를 부여할 수도 있다.

10) Wartegg 묘화검사

Wartegg 묘화검사는 Ehring Wartegg가 개발한 묘화검사다. 제2차 세계대전 이후 Wartegg의 동료인 August Vetter가 Wartegg 묘화검사와 필적을 결합시

실 시 방법

• 준비물: 8개의 사각형이 그려진 Wartegg 용지, 연필

• 교시사항: "이 8개의 칸 안에 무언가를 그려 주세요."라고 지시한다. 각각의 테두리 안에는 자극도가 그려져 있지만, 치료자는 아동이 이 자극도를 사용하여 그림을 그리도록 지시해서는 안 된다.

• 유의점: 순서대로 그리도록 하지만 아동이 그리기 힘든 영역은 나중에 그려도 무방하다. 또한 제일 마지막에 그린 것은 기록해 둔다.

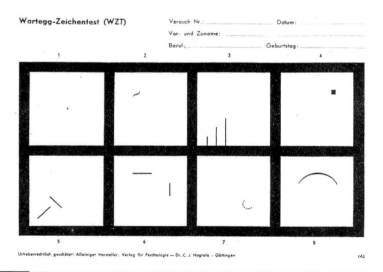

[그림 3-1] Wartegg 묘화검사

켜 분석하는 시도를 하였고, 후에 Wartegg에 의해 계승되고 개발, 연구되었다. 8칸의 자극도에 그림을 그리게 하는 방법으로 각 칸의 주제에 맞게 그림을 그리는지 여부에 따라 환경에의 적응도를 살펴보는 검사다.

11) 별·파도 그림검사(Star-Wave-Test: SWT)

별·파도 그림검사는 1970년대 독일 심리학자 Ursula Avé-Lallemant가 창안·개발하였다. 또한 Lallemant는 Wartegg 묘화검사, 나무(Baum)검사, 필적의 종합검사로서 이용하면 더욱 효과가 있다고 본다. 3세부터 고령자까지 적용할

실| 시 방법

- 준비물: 성별, 그린 연월일, 생일, 연령을 기입하는 칸이 있는 별도의 검사 용지, HB나 2B 연필, 지우개

- 교시사항: "바다의 파도 위에 별이 있는 하늘을 그리세요."라고 지시한다. 별과 파도 이외의 사물을 그려도 좋은지 묻는 질문에는 자유롭게 그리라고 대답한다. 단, 유아의 경우에는 다른 사물을 그려서는 안 된다고 대답한다. 이미 그려 버린 아이들에게는 그대로 두게 한다. 시간은 5분에서 10분 정도 소요된다. 완성된 SWT를 가지고 아동과 대화한다.

- 유의점: 치료자는 SWT의 결과를 가능한 한 상세히 해석한다. 그렇게 함으로써 매우 빨리 문제의 초점을 파악할 수 있다.

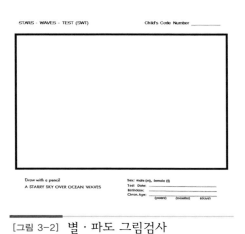

[그림 3-2] 별·파도 그림검사

수 있으며 3세 무렵부터 취학 전 유아의 경우는 발달기능검사로도 사용할 수 있다.

12) 빗속의 사람 그림검사(Person In The Rain: PITR)

빗속의 사람 그림검사는 Arnold Abrams와 Abraham Amchin이 개발한 것으로 인물화검사를 변형한 검사다(Hammer, 1967). 이 검사는 인물화검사를 기본으로 하여 비가 내리는 장면을 첨부한 것으로 독특하고 풍부한 정보를 제공한다. 이 검사를 통하여 현재 겪고 있는 스트레스의 정도와 대처 능력을 파악할 수 있다. 그림 속에 그려진 사람은 자화상과도 같은 역할을 하며, 구름, 웅덩이, 번개, 비는 특정한 외부적 곤경이나 스트레스 환경을 상징한다. 비의 질은 그 사람이 느끼는 스트레스의 양으로 해석할 수 있다. 스트레스에 대한 대처 자원은 우산, 비옷, 보호물, 장화, 표정, 인물의 크기, 인물의 위치, 나무로 상징되어

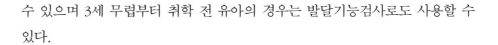

실 시 방법

- 준비물: A4 용지, 2B~4B 연필, 지우개

- 교시사항: 다음의 교시사항에 따라 그림을 그리게 한다. 교시문은 "비가 내리고 있습니다. 빗속에 있는 사람을 그려 주세요. 만화나 막대기 같은 사람이 아닌 완전한 사람을 그리세요."라고 지시한다. 아동의 질문에는 "자유입니다. 그리고 싶은 대로 그리면 됩니다."라고 말하고 그림 모양이나 크기, 위치, 방법에 대해 어떠한 단서도 주어서는 안 된다.

- 유의점: 그림을 그린 후 치료자는 그린 순서와 그림 속의 인물이 누구이며 그 사람이 무엇을 하고 있는지에 대해 질문한 후 대답을 기록한다. 그리고 그림에 대해 아동과 이야기를 나눈다. 질문 내용은 정해진 내용이나 원칙이 있는 것이 아니라 인물화의 내용을 참고하여 아동의 수준에 맞추어 적절하게 하는 것이 좋다.

나타난다. 따라서 인물상이 비옷과 장화를 신고 있고, 우산을 쓰고 있거나 건물이나 나무 밑 등 보호물이 인물상을 가리고 있는 경우, 그리고 인물상의 크기가 크고 인물을 가리지 않고 드러내고 있으면서 인물의 표정이 밝고 미소를 띠고 있는 경우, 인물상의 위치가 중앙에 위치하고 있는 경우는 대처 자원이 있는 것으로 생각할 수 있다(이미옥, 2008).

13) 사과나무에서 사과를 따는 사람 그림검사
(Person Picking an Apple from Tree: PPAT)

사과나무에서 사과를 따는 사람 그림검사는 Gantt와 Tabone(1979)이 고안한 검사로서 사람과 사과나무를 주제로 하여 아동의 문제해결 방식을 살펴볼 수 있는 검사다. 12색의 마커를 이용함으로써 색채로 표현되는 개인의 다양한 성향, 기질, 정서적인 면까지 투사하는 특징이 있다. 통제성이 높고 복원 가능성이 낮은 마커를 이용하여 통제에 대한 욕구, 조심성과 억제적 경향 등을 확인할 수 있다.

그림 속의 사람은 자신인 경우가 많으며, 자신이 현재 당면한 문제와 관련이 있고 그 사람의 삶의 양식을 볼 수 있다. 사과는 손을 뻗어서 따거나 나무를 흔들어서 따는 등 어떤 방법으로 얻는지가 중요하다. 만일 손이 비정상적으로 늘

실 시 방법

- 준비물: 8절 흰 도화지, 12색 마커

- 교시사항: 다음의 교시사항에 따라 그림을 그리게 한다. 교시문은 "나무에서 사과를 따는 사람을 그리세요."이다.

- 유의점: 지우개로 지울 수 없다.

어나 사과를 얻었다면 사과를 따지는 못했지만 도구를 들고 사과를 따려고 하는 사람보다 문제해결 능력이 낮게 평가된다. 유용한 도구를 사용하여 사과를 손에 얻었다면 특정한 현실적 지지 기반을 가지고 있고, 문제해결 능력이 높은 것으로 볼 수 있다.

14) 콜라주 미술치료

콜라주 미술치료는 일본에서 개발되어 최근 급속하게 보급되고 있는 미술치료 기법의 하나로 잡지 등 인쇄물에서 오려 낸 조각들을 도화지에 붙여서 완성하

실 시 방법

- 준비물: 4절 흰 도화지, 가위, 풀, 다양한 종류의 잡지나 카탈로그(다양한 종류의 잡지나 카탈로그의 경우 아동의 연령이나 성별에 따라 선호하는 것을 준비하고, 직접 원하는 잡지를 가져오게 하는 것도 치료적인 효과를 높일 수 있는 방법 중 하나다), 콜라주 상자(미리 종류별로 자른 사진)

- 교시사항: 치료자가 아동에게 콜라주를 해 보자고 말한 후 준비한 재료를 주고 자신의 마음에 드는 사진이나 그림을 자유롭게 잘라 도화지 위에 붙이도록 한다. 이때 사진이나 그림은 원하는 위치에 풀을 이용하여 붙이도록 하고 제한 없이 자유롭게 활동할 수 있도록 한다(자르는 방법은 아동에 따라 가위를 이용할 수도 있고 손으로 찢을 수도 있으며, 연령이나 증상을 고려하여 실시하도록 한다. 자르기에 어려움이 있거나 위험한 경우 콜라주 상자를 사용한다). 아동이 작품을 다 완성하면 작품에 제목을 붙이도록 하고 관련 내용을 함께 나눈다(만약 아동이 제목이 생각나지 않는다거나 제목이 없다고 말할 경우 그대로 수용한다). 잡지그림 콜라주법은 약 30분에서 1시간 정도 소요된다.

- 유의점: 치료자는 작품에 대해 해석하지 않도록 하고, 아동이 말하고 싶어 하지 않을 경우 치료자가 느낀 점을 말하고 종료한다.

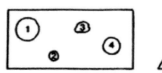 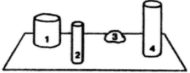

위에서 본 모습　　　　　　　앞에서 본 모습

〈표 3-3〉 SDT 관찰화 하위검사의 채점 지침

	수평(좌우) 관계
0점	수평 관계가 혼란스럽다. 정확한 좌우 순서로 된 물체가 하나도 없다.
1점	단 1개의 물체만이 정확한 좌우 순서로 되어 있다.
2점	2개의 물체가 정확한 좌우 순서로 되어 있다.
3점	3개의 근접 또는 2쌍이 정확한 좌우 순서로 되어 있다.
4점	4개 모두가 대략 정확한 순서로 되어 있지만 주의 깊게 관찰해 보면 정확하지 않다.
5점	모든 물체가 정확한 좌우 순서로 되어 있다.

	수직(상하) 관계
0점	모든 물체가 평평하다. 높이를 나타내지 않았다.
1점	모든 물체가 거의 같은 높이다.
2점	2개의 물체(반드시 근접한 것은 아니다)가 대략 정확한 높이로 되어 있다.
3점	3개의 물체(반드시 근접한 것은 아니다)가 대략 정확한 높이로 되어 있다.
4점	4개의 물체가 대략 정확한 높이지만 주의 깊게 관찰해 보면 정확하지 않다.
5점	모든 수직 관계가 정확하게 표시되어 있다.

	전후(깊이) 관계
0점	배열이 눈높이보다 아래에 제시되어 있어도 모든 물체가 수평적으로 일렬이거나 근접한 물체들의 깊이가 정확하게 관련되지 않고 있다.
1점	1개의 물체가 기초선 위나 아래에 있고, 그 외의 것은 전후 관계가 부정확하다.
2점	2개의 물체(반드시 근접한 것은 아니다)가 전후 관계에서 대략 정확하다.
3점	3개의 근접한 물체 또는 두 쌍이 전후 관계가 대략 정확하다.
4점	4개의 물체 모두가 전후 관계가 대략 정확하지만 자세히 관찰하면 아니다.
5점	모든 전후 관계가 정확하게 나타나 있고, 배치 용지가 그림에 포함되어 있다.

※ 자신이 무엇인가를 그려야 한다고 생각해 보세요. 여기에 그려야 하는 물건이 있습니다. 이것들을 주의 깊게 보고 아래의 공간에 그것을 그려 보세요.

[그림 3-4] SDT 관찰화 과제

(3) 상상화 과제

아동이 지시문을 잘 읽지 못한다고 판단되면 자극그림([그림 3-5], [그림 3-6])과 그리기 용지([그림 3-7])를 지적하면서 다음과 같이 교시한다.

"2개의 그림을 선택하고, 그 그림을 가지고 어떤 일이 일어날 것인지 이야기를 상상해 보세요. 준비가 되었을 때 자신이 상상한 것을 그림으로 그려 보세요. 그것이 자기 자신의 그림으로 나타나게 됩니다. 이 그림을 그대로 베껴서는 안 됩니다. 바꾸거나 다른 것을 그려야 합니다. 그림을 다 그렸으면 제목이나 이야기를 쓰세요. 무슨 일이 일어나고 있는지, 그리고 나중에 무엇이 일어나는지를 이야기해 주세요."

만약 아동이 다른 주제를 그리거나 자극그림을 베끼는 경우, 지시를 잘못 이해한 것이 아니라면 중지하지 않는다. 그림을 다 그린 후 그림 아래에 제목이나 이야기를 기록하도록 요구한다. 쓰는 것을 어려워하는 아동이라면 단어를 사용하여 자신의 이야기를 쓰도록 한다.

상상화의 인지적 내용을 채점하기 위한 지침은 〈표 3-4〉에 제시된 것처럼 낮은 능력 수준부터 높은 능력 수준까지 1~5점으로 한다. 정서적 내용과 자아상 채점을 위한 지침은 〈표 3-5〉와 〈표 3-6〉에서 보는 것처럼 강한 부정부터 강한 긍정까지 1~5점으로 채점한다.

가능할 때 주요 인물을 확인하도록 하고, 아동이 자극그림으로 선택한 사람이 무엇을 제안하는지 생각하도록 하는 것이 중요하다. 그림은 화, 두려움, 갈등, 갈망, 사회적 해결을 반영하는가? 다른 인물은 적대적인가, 우호적인가?

자극그림의 A형은 사전 검사와 사후 검사를 위해서만 사용해야 한다. 두 번째인 B형이 패턴을 나타내기 위한 부가적 반응을 획득하거나 인지적 기능을 개발시키는 것과 같이 다른 목적으로 사용할 수 있다.

2개의 그림을 선택하고, 그 그림을 가지고 어떤 일이 일어날 것인지 이야기를 상상해
보세요. 여러분이 준비가 되었을 때 상상한 것을 그림으로 그려 보세요. 그것이 여러
분의 그림으로 나타나게 됩니다.

이 그림을 그대로 베껴서는 안 됩니다. 바꾸거나 다른 것을 그려야 합니다.

그림을 다 그렸으면 제목이나 이야기를 쓰세요. 무슨 일이 일어나고 있는지 그리고
나중에 무엇이 일어나는지 이야기해 주세요.

[그림 3-5] A형 자극그림

[그림 3-6] B형 자극그림

이야기:

성명:

성별:

연령:

거주지:

일자:

나는 지금 매우 행복하다(　　　), 좋다(　　　), 화가 난다(　　　)

슬프다(　　　), 두렵다(　　　)

[그림 3-7] 상상화 그리기

〈표 3-4〉 상상화 하위검사 채점 지침

선택 능력(그림과 이야기의 내용 또는 메시지)	
0점	선택한 증거가 없다.
1점	지각적 수준—단일 인물, 또는 인물들이 크기나 배치와 관계가 없다.
2점	인물들이 크기나 배치와 관계가 있지만 상호작용은 없다.
3점	기능적 수준—인물들이 수행하는 내용이나 수행한 내용이 보이며 구체적이다.
4점	추상적 또는 상상적이 아니라 설명적이다.
5점	개념적 수준—상상적이고 아이디어가 잘 조직되어 있다. 암시하는 것보다 분명하고, 추상적 아이디어를 다루는 능력을 보인다. 여기서는 미술 기능이 중요하지 않다.

결합 능력(그림의 형태)	
0점	단일 인물, 공간관계가 없다.
1점	근접성(proximity)—인물들이 공간에 펼쳐져 있으며, 기초선보다 근접성에 관련된다.
2점	화살표나 점선과 같은 것으로 관계를 보이려고 시도한다.
3점	기초선(baseline)—인물들이 기초선을 따라 서로 관련되어 있다(실제든 암시든).
4점	기초선 수준을 능가하지만 적어도 그림의 절반은 공백이다.
5점	전반적인 협응—깊이를 묘사하거나 전체 그림 영역을 참작한다. 또는 2개 이상의 일련의 그림이 포함된다.

표현 능력(형태, 내용, 제목, 이야기의 창조)	
0점	표현 증거가 없다.
1점	모방(imitative)—자극그림을 베끼거나 막대기 그림 혹은 고정된 형태를 사용한다.
2점	모방은 능가하지만 그림이나 아이디어가 평범하다.
3점	재구성—자극그림 혹은 고정된 형태를 바꾸거나 정교화한다.
4점	재구성을 능가하지만 중간 정도로 독창적이거나 표현적이다.
5점	변형—아주 독창적이고, 표현적이며, 쾌활한 의미를 사용한다. 암시적이거나 은유, 익살, 농담, 풍자, 이중 의미를 사용한다.

〈표 3-5〉 상상화 반응에서 정서적 내용의 채점 지침

1점	• 대단히 부정적인 주제 • 단일 인물들이 슬픔, 고립, 무력, 자살, 죽음, 도덕적 위험으로 묘사되었다. • 관계가 파괴적이고, 흉악하며, 삶을 위협하는 것이다.
2점	• 중간 정도로 부정적인 주제 • 단일 인물들이 두려워하고, 화가 나 있고, 불만족하며, 공격적이고, 파괴적이며, 불운한 것으로 묘사되었다. • 관계가 긴장이 많고, 적대적이며, 불쾌하다.
3점	• 중성적인 주제 • 부정적이지도 긍정적이지도 않으며 비정서적이다. • 애매하거나 불명확하다.
4점	• 중간 정도로 긍정적인 주제 • 단일 인물들이 운은 좋지만 수동적이고, 무언가 즐기고, 보호받는 존재로 묘사되었다. • 관계가 우호적이거나 즐겁다.
5점	• 대단히 긍정적인 주제 • 단일 인물들이 서로 영향을 주고, 행복하며, 목적을 달성하는 것으로 묘사되었다. • 관계는 서로 돌보거나 사랑하는 것이다.

〈표 3-6〉 상상화 반응에서 자아상 채점 지침

1점	병적 상상(morbid fantasy)으로 응답자가 슬픔, 무력, 고립, 자살, 죽음, 치명적 위험으로 묘사된 대상자를 확인하는 것이다.
2점	불쾌한 상상(unpleasant fantasy)으로 응답자가 두려움, 좌절, 불행으로 묘사된 대상자를 확인하는 것이다.
3점	애매한 또는 양면적 상상(ambiguous or ambivalent fantasy)으로 응답자가 자아상이 제3자처럼 분명하지 않거나 볼 수 없는, 또는 양면적이거나 비정서적으로 묘사된 대상자를 확인하는 것이다.
4점	유쾌한 상상(pleasant fantasy)으로 응답자가 보호된 것처럼 운은 좋지만 수동적인 것으로 묘사된 대상자를 확인하는 것이다.
5점	소망 성취 상상(wish-fulfilling fantasy)으로 응답자가 강력하고, 사랑하며, 공격적이고, 목적을 성취한 사람으로 대상자를 확인하는 것이다.

 제**4**장

장애아동 미술과 미술매체

제**4**장
장애아동 미술과 미술매체

1. 장애아동의 미술 활동

인간은 태어나면서부터 다양한 감각기능을 통해 끊임없이 자기를 표현한다. 이러한 본능적인 욕구 때문에 언어적 표현이 미숙한 아동들은 미술 활동을 통해 자신의 생각을 자유롭게 표현한다. 아동들의 미술표현은 그림을 그리고 사물의 모양을 만드는 등의 활동을 함으로써 욕구를 만족시키고 인지적·정서적·사회적 능력, 추리력, 문제해결 능력, 창의성 등을 발달시킬 뿐만 아니라 사회성 발달에도 도움을 준다. 또한 아동은 자신의 힘으로 작품을 만든 것이기 때문에 만족감, 성취감, 자신감을 갖게 된다(이근매, 2008).

미술 활동은 이러한 특성을 바탕으로 자기표현에 어려움이 있는 아동의 심리치료에 활용되기도 하고, 자기창조 표현을 통한 창의성 교육에 활용되기도 한다. 아동이 미술 활동을 통해 표현하는 것은 각자가 독특한 방법으로 지각하고 느끼고 생각한 것을 분명하게 드러내는 활동이다(Herberholz & Hanson,

1995). 따라서 미술 활동은 발달적인 접근뿐만 아니라 부적응행동 등의 정서 발달에도 많은 도움을 준다. 미술 활동은 단순한 신체적·지적·정서적 활동을 넘어선 창조적 에너지의 발산을 위한 활동이다. 인간의 의사소통방법이 체계화된 언어 이전에 자유로운 이미지가 먼저였던 것처럼, 아동에게도 미술 활동을 통한 표현 수단이 독창적이고 풍부한 자기표현의 기본이 되며 창조적 에너지를 발산하게 한다. 나아가서 자기표현이 미숙하고 심리적 어려움을 지닌 유아에게는 미술이 매개체로, 미술 자체의 창작 활동을 통한 심리치료의 효과를 준다.

미술 활동이 갖는 창의적이고 표현적인 측면 때문에 미술 활동에 참여하는 많은 장애아동에게 치료적인 효과를 가져올 수 있다는 것이다. 이에 따라 많은 연구자는 일반아동뿐만 아니라 장애아동을 대상으로 한 미술 활동의 중요성과 그 효과에 대해 연구하여 그 활용 가치를 보고하고 있다.

이렇게 일반아동에게 미술 활동이 중요한 의미를 갖듯, 장애아동에게도 미술 활동은 중요한 의의를 갖는다. 미술 활동은 다른 교과목에 비해 주의집중력이나 언어능력이 부족해도 잘 할 수 있는 교과목이고 하나의 답이 아닌 다양한 답을 추구할 수 있기 때문에, 장애아동은 편하고 자연스럽게 미술 활동을 즐길수 있다. 따라서 치료자가 장애아동에 맞게 미술 활동을 잘 계획하고 실행한다면 그 교육의 효과는 일반아동에게 시행하는 것보다 극대화될 수 있다.

지금까지 살펴본 장애아동의 미술활동이 지니는 중요한 의미는 다음과 같다.

첫째, 미술활동은 장애아동의 신체 발달을 촉진한다. 즉, 아동이 크레파스나 연필 등의 도구 사용 능력을 갖게 하고 찰흙 등의 다양한 매체를 조작함으로써 지체된 소근육운동 능력을 촉진하고 증진시킬 수 있게 한다. 또한 그리기와 만들기를 통해 눈-손 협응력을 향상시켜 신체적 발달을 도모하는 데 미술활동은 참으로 중요한 도구가 된다.

둘째, 미술활동은 심리적 욕구를 해소시켜 정서적 안정감을 준다. 발달이 지체되거나 신체적 장애가 있는 아동은 어린 시기부터 잦은 실패와 좌절을 경험하게 된다. 또한 많은 통제를 받게 되어 위축되거나 불안이 지속되는 경우가 허

다하다. 아울러 다양한 미술활동의 작업 과정과 완성된 작품은 장애아동이 자신감과 성취감을 갖게 하는 데 도움을 준다.

셋째, 미술활동은 장애아동의 인지 발달에 도움을 준다. 아동은 다양한 매체를 스스로 만지고 표현하면서 형태 변화를 경험하게 된다. 또한 물감의 혼합과 물의 농도에 따라 색의 변화를 경험하면서 아동의 인지 발달은 촉진된다.

넷째, 미술활동은 아동의 언어 발달을 촉진함은 물론 의사소통 능력을 향상시켜 자발적으로 자기표현을 하도록 돕는다. 대부분의 장애아동은 언어 발달이 지연됨과 동시에 부족한 언어 능력을 지닌다. 따라서 장애아동은 미술 작업을 통해서 자신의 욕구를 해소하고, 자발성을 향상시키면서 자발적인 언어 표현도 촉구할 수 있다. 매체의 느낌에 대한 설명과 작품에 대한 설명을 통해 자연스럽게 치료자와 의사소통한다면 아동의 표현력은 점차 증진될 수 있다.

다섯째, 미술활동은 장애아동의 사회성 발달에 도움을 준다. 장애아동은 앞서 말한 것과 같이 언어 능력의 지연은 물론 사회성 지체나 결함이 있는 경우가 많다. 따라서 다양한 미술활동의 협동 작업을 통해 또래와의 관계를 증진시킬 수 있다.

여섯째, 미술활동은 장애아동의 창의성 발달을 돕는다. 다양한 미술매체의 조작은 아동의 창의성 발달에 도움을 주게 되며, 장애아동의 고착되거나 융통성 없는 사고 체계를 유연하게 해 준다. 또한 아동의 상상력을 자극시킴으로써 도움을 주기도 한다. 따라서 장애아동 미술활동은 자연스러운 방법으로 근육 발달, 공간 지각 발달, 개념 발달, 자아 발달을 이루는 데 매우 유용하다(이근매, 김향지, 조진식, 2003).

장애아동 미술 활동의 역할을 살펴보면, 첫째, 미술 활동의 표현적 기능은 언어장애에 의한 외부 세계와의 단절을 회복시켜 자유로운 자기표현의 기회를 갖게 한다. 둘째, 미술 활동을 통해 근육 조절을 배우고, 소근육운동을 활성화시키며, 사물을 지각하고 지각한 사물의 유사성과 차이점을 변별하여 일반화하게 함으로써 인지과정의 발달에 도움을 준다. 셋째, 미술 활동을 통해 눈과 손의 협응력을 발달시킬 수 있다. 넷째, 새로운 재료 탐색과 기법을 통해 새로운 변화에 대한 저항감을 줄일 수 있고, 미술 활동을 통해 다른 사람과의 신뢰감을 형성하는 기회를 제공하여 긍정적인 대인관계 형성 및 사회성 향상에 도움을 준다(김소정, 2003).

특히 미술 활동이 정신지체아동에게 좋은 이유는 이러한 창조적 조형 활동이 아동의 약점보다는 장점에 근거하기 때문에 좌절감을 감소시키는 동시에 감소된 잠재력을 최대로 개발할 수 있게 한다는 것이다(Burton, Hains, Mclean, & McCormick, 1992, 재인용, 이근매, 김소영, 2004). 또한 미술 활동은 자연스러운 방법으로 근육 발달, 공간 지각 발달, 개념 발달, 자아 발달에도 매우 유용하다(이근매, 김향지, 조진식, 2003).

미술 활동은 아동이 가위로 자르고 풀로 붙이고 무엇을 만들고 주무르고 그리는 등의 소근육을 활성화시키는 행위를 통하여 신체 발달뿐만 아니라 사고력, 추리력, 문제해결 능력, 창의력 등을 발달하게 한다. 나아가서 사회성 발달은 물론 비록 보잘것없더라도 자기 힘으로 만든 것이기 때문에 만족감, 성취감, 자신감을 갖게 한다(이근매, 최외선, 2003).

이는 미술이 가르치는 교과가 아니라 아동 각 개인이 자신의 개성 및 능력에 맞도록 성장할 수 있는 상황을 제공하는 교과이므로 그들의 전 인격적인 성장을 촉진시키기 때문이다(한기정, 1997). 그래서 많은 연구자는 장애아동 미술 활동의 중요성을 고찰하면서 미술치료의 효과성을 보고하고 있다. 즉, 이근매, 이선임, 정옥남(2005)은 자폐성장애아동의 부적응행동을 개선시킨 소조 활동의 효과성에 대해 점토를 뜯고 뭉개고 두드리는 행동을 통하여 반사회적이고 반항적인 행동을 표현하게 하고 점토의 부드러운 감촉을 통하여 정서적 안정에 도움을 준 것으로 보고하였다. 또한 미술 활동은 다운증후군 유아의 표현활동을 향상시킬 뿐 아니라 부적응행동을 감소시켜서 대인관계 개선에도 도움을 준다(한기정, 1997).

이상과 같이 미술 활동은 일반아동뿐만 아니라 장애아동의 정서적 · 신체적·인지적 발달에도 도움을 준다. 자기표현에 어려움이 있는 아동은 다른 발달 영역에도 영향을 미쳐 불균형을 이루게 되므로 이것을 개선하는 데 도움을 줄 수 있는 미술 활동은 아동에게 중요한 가치가 있다. 그리하여 오늘날에는 아동의 미술 활동이 단지 교육으로서의 입장에서 벗어나 치료적인 활용의 가치로서 그 중요성이 인식되고 있다.

자폐성장애아동을 포함한 장애아동의 미술치료는 주로 미술 활동 중심으로 이루어지고 있으므로 이 장에서는 미술 활동에 내재된 발달과 정서적 영역을 중심으로 살펴보고자 한다. 미술 활동은 아동의 발달 과정에서 특히 정서적·사회적 발달에 빼놓을 수 없는 역할을 함으로써 그 중요성이 인식되고 있다.

미술 활동은 장애아동에게 가능한 독립적인 활동을 할 수 있는 기회를 제공하는데, 자신의 독립적인 선택과 결정을 통하여 개인적 취향과 스타일을 개발하도록 돕는다. 배우거나 표현하는 수단은 다소 제한적일 수 있으나 연습을 통하여 도구, 재료와 과정을 습득하는 능력을 개발할 수 있다. 이는 기쁨과 즐거움, 기술 개발의 자부심, 스스로 물건을 완성했다는 것에 대한 자부심을 배우게 한다(Rubin, 2009).

이근매와 최외선(2007)은 자폐성장애아동들에게 미술 활동을 통해 자기표현 방법을 제공할 수 있고 소근육 발달과 인지·시지각 발달을 도와 기초적인 개념과 사고 능력을 배양시킬 수 있다고 강조하였다. 특히 제한된 어휘를 가지고 있는 자폐성장애아동에게 미술 활동은 자기표현을 증진시키고 자신의 경험과 정서를 표현할 수 있는 기회를 제공한다. 자기표현은 아동의 정신적 긴장과 심리적 갈등을 발산시켜 주므로 카타르시스를 갖게 한다. 심리적 안정감은 자발적인 표현 욕구를 증가시켜 감정 표현이 자유롭게 하고 스스로 자신의 작품에 가치를 부여하게 하여 긍정적인 자아감 형성에 도움을 준다. 아동의 수준에 적합한 매체를 아동이 스스로 선택하여 활동하도록 도와 감정을 안전하게 해방시켜 주고, 신체 긴장을 완화하도록 해 주며, 분노와 공격성을 표출시킴과 동시에 창작으로의 전환을 통해 공격성 문제에 도움을 준다(심은지, 이정숙, 2009). 나아가서 자폐성장애아동이 미술을 통해 자신의 욕구를 표출함으로써 부적응행동이 개선될 수 있다(Malchiodi, 2003).

또한 미술 활동을 통하여 흥미를 유발하는 이미지를 표현할 수 있는 기회를 제공함으로써 개인의 성취감과 만족감을 높이고 자신의 존재 가치를 인식하고 확장시켜 자기표현력을 향상시키며, 통합된 환경에서의 적응력을 높인다(이병주, 2013). 아동이 자발적으로 선택하는 재료를 사용하여 과제 내용을 제공하는 미술 활동은 자폐성장애아동의 발달에 긍정적인 효과(윤정원, 윤치연, 이근매, 2005)를 보고하고 있는데, 이는 아동의 선택활동이 지적 능력, 자기조절 능력, 문제해결 능력, 탐색 능력, 학습 적응 능력의 발달을 도와주기 때문이다. 미술 활동을 통한 자기조절 능력 배양과 선택 기회의 제공은 장애아동의 문제행동 감소에 효과적이다(박계신, 2004).

특히 언어 능력이 부족한 자폐성장애아동에게 자신의 느낌을 표현할 수 있는 통로를 제공하며, 자신의 작품에 대해 설명해 봄으로써 언어 표현 능력을 신장할 수 있도록 기회를 제공한다. 또한 자연스러운 상황에서 미술 활동에서 사용하는 재료나 기법 등을 나타내는 어휘를 배우는 기회를 제공한다. 인지 능력이 양호한 자폐성장애아동의 경우, 문자는 읽고 쓰는데 그림을 전혀 그리지 못하는 아동, 혹은 부모나 치료자가 지시하는 것을 완전히 무시하고 자신이 좋아하는 것만 그리는 아동에게는 점토를 이용해서 사물 만들기를 한 뒤 보고 그리기를 통해서 다양한 사물 그리기와 그림 그리기로 넓혀 나가는 것이 중요하다. 그리고 사물 구성, 공간 구성, 인물 구성, 주제화 구성으로 진행하는 것이 아동에게는 받아들이기가 쉽다(이근매, 최외선, 2007). 아울러 자폐성장애아동은 일반화 능력이 부족한 경향이 있기 때문에 다른 교과목에서 배운 인지 내용을 미술 활동에 접목하여 통합적인 수업으로 인한 인지 발달적 측면을 보완할 수 있다.

자폐성장애아동에게 미술치료는 미술 활동을 매개로 자연스럽고 비강압적이면서도 직접적인 방법으로 접근하게 하여 많은 자극을 주고 상호작용을 유도하여 고립적 세계에서 비고립적 세계로 인간과의 접촉을 맛보게 할 수 있다. 미술을 통한 활동은 대상관계 이론의 핵심이 되는 초기의 내면화된 관계를 새롭게 내다보게 하며 미술치료 관계에서 안전한 틀을 제공하여 그 안에서 대상의 세계를 연구하고 경험하게 한다. 특히 놀이의 한 형태로서의 미술 활동은 타인과의 접촉과 상호작용이 활발하도록 도움을 주고, 나아가서 대인기피적 행동 및 행동 발달을 개선시키며 표현활동을 증가시키는 데 도움을 준다(이근매, 권명옥, 2004).

자신의 손도장 찍기, 표정 그리기, 얼굴 그리기, 자신의 모습 표현하기 등 자신의 신체를 이용한 활동은 자폐성장애아동에게 자신을 인식하게 하고 타인에 대한 관심을 갖게 하여 치료자를 모방하거나 치료자에게 요구하기, 치료자가 건네는 물건 받아 사용하기 등 사회적 행동을 향상시키며, 이는 신체를 탐색하고 인식함으로써 타인과의 상호작용을 높일 수 있는 기회를 제공하여 사회성에 향상을 가져왔다(오가영, 2011).

미술치료에서 나타나는 인사하기, 지시 따르기, 또래와 어울리기 및 과제에 대한 자발적 참여 같은 행동 변화는 일상생활 수준의 기능 향상과 학습 수행 능력에 긍정적인 영향을 미친다(이경원, 2007). Malchiodi(2012)는 자폐성장애아동이 미술 활동을 통하여 의사소통 능력과 이해력, 감각문제를 다루는 능력의 향상, 운동 기술 증진, 적응적인 생활 기술 증진, 사회성 기술 개발, 감정 자극과 이해 증진 등 다양한 효과를 거둘 수 있다고 보고하였다.

특히 미술 활동 중 재료를 친구들과 나누어 쓰고, 공동작업을 하며, 규칙을 지키는 등의 경험을 통하여 타인과의 사회적 경험을 하고 다른 사람의 관점을 이해하는 능력을 기르게 된다. 미술 활동 중 이러한 경험을 자연스럽게 유도할 수 있으며, 사회적 기술을 습득하게 할 수 있다.

요약하면 자폐성장애아동은 미술 활동을 통하여 눈·손 협응 등의 신체 발달을 도모할 뿐 아니라 언어발달 및 의사소통 능력 배양, 자기표현력과 사회성 향상, 일상생활 및 학업 수행 능력을 키울 수 있다. 나아가서 정서적 안정감, 행복감, 자신감, 성취감을 갖게 되며 문제행동 감소의 효과도 거둘 수 있다. 결과적으로 자폐성장애아동의 미술 활동은 아동의 발달 전반에 걸쳐 긍정적인 의미가 있는 것으로 사료된다.

2. 장애아동과 미술매체의 효과

미술치료에서 미술매체는 필수적인 도구다. 매체(medium)는 영어 'media'의 복수형으로서 라틴어로 '중간의'를 나타내는 'medius'에서 유래되었으며, 매체 또는 수단으로서 특정한 의사나 사실을 전달하는 도구라고 할 수 있다. 우리가 말하는 미술영역에서의 매체는 회화, 조각 등 예술표현의 수단 혹은 수단에 쓰이는 재료를 통틀어 말한다(이근매, 최인혁, 2008). Landgarten(1987)은 미술치료에서의 매체는 아동이 미술작품을 만들 때 영향을 주고 동시에 아동의 시각과 촉각에 영향을 미친다고 하였으며, 사용되는 매체의 특성이 아동의 심리상태를 강화시키거나 소멸시킬 수 있고 자기표현의 자유에도 영향을 미칠 수 있다고 하였다.

또한 미술의 가치는 재료를 가지고 특정한 활동을 하는 활동적인 사람이 될 수 있다는 것이며, 미술매체와 함께 놀이를 통하여 통제력을 습득할 수 있다는 것에 있다(Rubin, 2009). 미술치료의 시각적 본질은 그 자체로 자신 및 타인의 감정을 읽고 이해할 수 있도록 돕고, 안전하고도 침착하게 감정 표현을 하도록 돕는다. 따라서 미술매체의 구체적인 시각 및 감각 재료는 아동에게 중요한 생활과 상호작용 또는 사회성 기술에 대한 자각을 가능하게끔 유도할 수 있는 구조화된 환경을 제공한다(Malchiodi, 2012).

이에 매체를 그리기매체, 판화매체, 콜라주매체, 조형매체, 종이매체, 협동표현매체, 기타 미술매체 등으로 구분하여 효과를 살펴보고자 한다.

1) 그리기매체

(1) 그리기매체의 종류

그리기매체는 건식매체와 습식매체로 나눌 수 있다. 건식매체로는 파스텔, 오일파스텔, 크레파스, 연필, 색연필, 수성색연필, 사인펜, 목탄, 콩테, 마커펜, 매직펜과 볼펜, 분필 등이 있으며, 습식매체로는 수채물감, 아크릴물감, 유화물감, 포스터컬러, 구아슈, 염료, 칠보유약, 마블링물감 등이 활용되고 있다.

(2) 그리기매체의 효과성

장애아동에게는 난화와 자유화 등이 많이 활용되고 있다. 난화를 통해 낙서를 하면서 그림에 대한 긴장이 완화되고 흥미 및 치료에서 필요한 감정적 퇴행을 유발하게 된다. 또한 자유로운 점과 선의 율동 및 리듬, 섬세함과 번짐의 효과 등을 통해 소근육운동뿐만 아니라 눈과 손의 협응 능력, 그리고 시지각 발달 및 회화성까지 긍정적인 영향을 미친다.

임호찬, 최중길(2006)의 연구에서는 자폐성장애아동의 그림에서 초기에는 매우 많은 선이 난화적인 느낌을 주었으나 점점 매우 간결해진 표현이 나타났다고 하였다. 자신의 감정을 그림으로 표현해 보고, 자신이 생각한 사물이 완성된 결과물로서 눈앞에 나타나게 되는 미술 활동은 아동에게 자신이 무엇인가 스스로 성취했다는 자신감을 강화시켜 주며 이러한 내적 자아의식의 형성은 불안을 감소시키며 아동기 또래친구들과의 관계 형성에도 긍정적이다. 즉, 처음에는 크레파스만 사용하였다가 물감으로 바탕을 칠하거나 지점토에 물감을 섞어서 활동하며 점차 매체에 대한 두려움과 새로운 매체에 대한 회피 경향도 줄어든다(이근매, 김혜영, 2002). 크레파스는 쉽게 칠할 수 있는 매체로 친숙하게 작업을 시작할 수 있으며, 물감과 함께 사용하기 때문에 물과 기름이 갖는 배타성을 이용하여 크레파스로 그린 그림은 더욱 선명하게 나타나는 특성이 있다(전순영, 2011).

[그림 4-1] 자유화 '공룡시대'

[그림 4-2] 크레파스 상호색채분할법

2) 판화매체

(1) 판화매체의 종류

판화는 특정한 형태를 조각하여 잉크나 물감 등을 찍어서 제작할 수 있으며 모양이 조각되어 있는 도장이나 종이, 휴지 등을 찍는 기법 또한 활용되고 있다.

따라서 판화를 제작할 때는 나무판, 고무판, 조각도, 동판 등의 매체가 사용되며, 이 밖에 종이, 휴지, 신문지, 동전 등의 찍기 매체 역시 사용할 수 있다.

(2) 판화매체의 효과성

판화기법은 판화를 만드는 작업과 찍는 작업으로 나뉘는데 조형물을 파고 긁어서 만드는 작업으로 욕구를 표출할 수 있으며, 만들어진 형태를 통해 성취감을 맛볼 수 있다. 이후 찍기 작업을 하면서 카타르시스를 느낄 수 있고 공격성을 표출할 수도 있다. 또한 아동과의 관계 형성 및 아동이 매체에 대한 흥미를 갖게 하는 데 도움을 준다.

신문지, 화장지, 잡지 등을 찢기, 찢은 종이 흩뿌리기, 입으로 불기 등의 행동으로 자폐성장애아동의 물건 던지기와 같은 행동이 감소한 연구에 따르면, 이는 물건을 던지는 행동에 대한 긍정적 대체행동을 실행한 결과인 것으로 나타났다(박주연, 이병인, 2007). 즉, 신문지를 찢고 뿌리는 과정에서 내면의 분노를 표출하고 마음의 안정을 얻은 것이다(안혜숙, 2012). 종이 찢기는 분노 표출을 통해 카타르시스를 경험할 수 있게 하며, 이때 사용하는 신문지는 용지의 재활

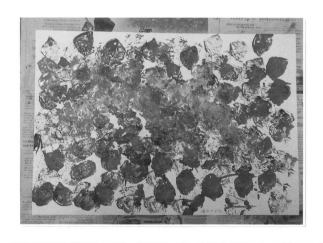

[그림 4-3] 종이 구겨 찍기

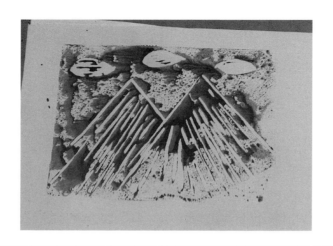

[그림 4-4] 고무판화

용과 백지에 대한 부담을 줄여 주고, 화장지는 부드럽고 쉽게 찢어져 사용이 용이하다(전순영, 2011).

3) 콜라주매체

(1) 콜라주매체의 종류

콜라주매체는 잡지 그림 콜라주가 보편적이며 원하는 사진이 있는 잡지와 종이, 풀, 가위만 있으면 실시할 수 있다. 기법에 따라 색지, 엽서 등을 사용하기도 한다.

(2) 콜라주매체의 효과성

콜라주 작성 과정은 아동에게 심리적 퇴행과 카타르시스를 경험하게 한다. 작품 그 자체가 내면을 표현하고, 붙여진 것의 상징적 의미를 맛보게 하는 것이 치료와 연결된다. 아동의 콜라주 작품은 치료자와 의사소통하는 것을 도와 신뢰감을 형성하게 하기도 하며, 자신의 갈등 상황을 콜라주를 통해 치료자가 알아차리도록 하기도 한다.

　콜라주 기법은 언어 표현보다 정확하고 집약적이며, 매체의 사용이 간편하여 잡지, 종이, 풀, 가위만 있으면 어디에서든지 실시할 수 있다는 장점이 있다. 도입 또한 간편하여 특별한 기술적 능력이 없어도 간단하게 유아부터 노인에

[그림 4-5] 콜라주: 내가 관심 있는 것

[그림 4-6] 동물콜라주가족화

이르기까지 누구든 연령을 불문하고 표현할 수 있다.

　장애아동 및 청소년을 대상으로 하는 경우에는 증상에 따라 다양한 제작 기법 등을 활용하는 것이 효과적이다. 가위질을 통해서 감각 기능을 향상시키며 풀칠을 통해서 집중력을 높이는 효과가 있다. 또한 종이 위에 작품을 구성하면서 통합성을 기를 수도 있다. 나아가 사진 조각을 통해 아동의 관심사를 파악할 수 있고, 심리적 안정을 도모할 수도 있다. 단, 자폐성장애아동의 경우에는 기질적 증상의 정도에 따라 주의해서 사용할 필요가 있다. 예를 들면, 똑같은 모양만 반복해서 잘라 붙이는 경우 콜라주를 통해 고착 증상을 심화시키게 될 수도 있다.

4) 조형매체

(1) 조형매체의 종류

　조형매체는 건조매체와 습식매체가 있다. 건조매체로는 발포석고, 벽돌, 아이소핑크, 우드락, 폼보드, 목재, 비누, 철사, 모루, 끈류, 솜, 상자, 자연물, 스팽글, 수수깡 등이 있으며, 습식매체로는 소조매체인 찰흙과 지점토, 종이죽, 데코레이션 점토, 유토, 컬러 클레이, 석고 등이 활용되고 있다.

(2) 조형매체의 효과성

　조형매체는 조형활동으로서 수공활동을 통해 스스로를 바람직하게 성장시키는 가운데 신체적 · 언어적 · 정서적 · 사회적 발달까지 이룰 수 있게 하는 광범위한 영향을 미친다(김정미, 1999). 자폐성장애아동에게 미술치료는 보고 만지고 조작하고 발산하는 자기표현활동으로 그리기, 만들기, 꾸미기 등의 활동이 자유로운 놀이의 형태로 나타나고, 재료와의 자연스러운 만남을 통해 경험을 즐기며 조형활동의 즐거움을 갖도록 한다(박은혜 외, 2004). 이근매와 최외선(2007)은 색종이의 색을 통해 각 사물의 형태를 인지할 수 있게 하고, 종이를 접고 붙임으로써 소근육 발달에 도움을 준다고 하였다.

특히 소조매체를 통해 자유로운 형상과 충동에 의한 형태 조작이 가능하므로 아동이 힘껏 쥐고 굴리고 주무르고 치는 등의 활동을 할 수 있다. 이러한 활동을 통해 아동의 억압된 감정을 소조매체에 이입시킴으로써 감정을 이완시킬 수 있다. 특히 점토는 촉각적이고 운동 감각적인 측면 때문에 아동에게 익숙한 매체로 점토를 만질수록 근육 향상에 도움이 된다(김성민, 2008).

점토를 뜯고 뭉개고 두드리는 행동을 통해 반항적인 행동을 표현함으로써 대리만족을 느낄 수 있으며, 이로 인해 정서 안정과 주의집중 지속에 도움을 줄 수 있다(이근매, 이선임, 정옥남, 2005). 부드러운 촉감의 점토를 통한 활동은 쾌감과 친근감을 줌으로써 마음의 갈등을 해소시키고, 찰흙을 마음껏 치고 두드리고 주무르는 과정에서 공격 에너지가 긍정적으로 분출된다(최영희, 2002). 점토의 촉감은 포근하여 무엇인가 만들고 싶게 만들며 마음먹은 대로 변형할 수 있기 때문에 그 특성 자체로서 치료의 효과가 있다(박자영, 2008).

조형재료로서 유토는 소근육 협응을 호전시키기 위한 유용한 매체로 손가락이나 손바닥으로 누르고 주무르고 구멍을 뚫는 작업이 가능하다. 찰흙이나 지점토에 비해 손에 묻지 않고 부드러우며 딱딱하게 굳지 않아 아동이 원하는 형태를 여러 번 만들 수 있고, 수분이 증발하여 갈라지는 현상을 막을 수 있어 자

[그림 4-7] 컬러점토 찍기

[그림 4-8] 점토로 포도 만들기

유롭게 제작할 수 있으며, 작업 실패에 대한 불안을 완화시켜 준다(영남대학교 미술치료연구회, 2011).

이러한 측면에서 볼 때 조형활동은 자폐성장애아동에게 홍미를 유발시켜 여러 가지 감각을 경험하고 즐길 수 있게 한다. 그리고 이러한 가운데 정서 안정과 감정 표현 및 상호작용을 원활하게 하며, 동시에 주의집중을 지속시켜 부적응행동을 개선할 수 있는 수단으로서 매우 유익하게 사용할 수 있다.

5) 종이매체

(1) 종이매체의 종류

종이매체는 도화지나 켄트지 같은 종이와 색종이, 화선지, 한지, 장지, 섬유, 수채화 용지, 색켄트지 등을 사용한다.

(2) 종이접기의 효과성

아동에게 종이접기는 다양한 경험과 활동을 통해 공간 감각을 촉진시킬 수 있는 활동이다. 종이접기는 단순한 접기를 토대로 조형물을 만드는 형태까지 발전할 수 있으며, 응용 형태를 만듦으로써 새로운 아이디어를 창출해 낼 수도 있다. 또한 종이접기는 단순하게 접는 과정을 통해 새로운 조형물을 만들어 낼 수 있으므로 창의성을 신장시킬 수도 있으며, 창조적 의지와 능력을 발전시킬 수 있으므로 아동이 자기 작품에 기쁨을 느끼고 자신감을 갖게 만든다. 아동은 종이접기를 하는 동안 모든 작품에는 순서와 법칙이 있다는 것을 배우게 되며, 비례에 대한 감각을 키울 수 있다. 마지막으로 하나의 완성 작품을 만들면서 창작의 즐거움을 얻으며, 한 가지에 집중하는 학습 습관을 기를 수 있다.

장애아동 및 청소년에게도 종이접기 활동은 효과성을 발휘한다. 우선, 장애아동의 주의집중에 도움이 되며, 기억력 향상에도 도움이 된다. 발달장애아동은 일반적으로 비장애아동에 비해 정보를 저장하는 능력과 재생하기 위해 정보

[그림 4-9] 색종이 접어서 꾸미기

를 조직화하는 능력에 어려움이 있어 기억력에 결함을 갖는데, 모든 종이접기 활동은 기본형 접기가 수없이 반복되어 자연스럽게 반복학습을 할 수 있고, 여러 단계를 거쳐야 작품이 완성되므로 과정을 기억해 내는 노력 또한 자연스럽게 이끌어 낼 수 있다. 또한 모델링을 보고 따라할 수 있어서 지시 따르기 교육이나 학습 태도 또한 형성하기 좋은 매체다. 마지막으로 장애아동의 자아개념에 긍정적인 영향을 미치는 등 그 효과성 역시 입증되어 있다.

6) 협동표현매체

(1) 협동표현매체의 종류

협동표현매체로는 기법에 따라 다양한 매체가 활용된다. 주로 사포, 크레파스, 유성매직펜, 호일 등으로 협동화를 그리기도 하며 자연물, 색습자지, 석고본뜨기, 콜라주 등으로 협동작품을 구성하기도 한다.

(2) 협동표현의 효과성

협동작업은 큰 작품을 여러 명이 분담하여 짧은 시간에 완성함으로써 성취감을 맛보게 할 수 있다. 집단에서는 집단원들이 각자의 특기와 특성을 발휘할 수 있어 자신의 역할을 함으로써 작업에 대한 긍지와 자신감을 갖게 된다. 협동작업에서는 주제와 방법의 토론, 일과 역할의 분담, 지도자의 선정 등 민주적 절차를 거치며, 작업 도중에 의견을 제시할 수 있다. 기능과 창의력이 뛰어난 소수에 의해 새로운 생각과 활력을 얻을 수 있고, 반대로 다수에 의해 개인의 능력을 발휘하지 못할 수도 있다. 또한 제작 과정에 있어서 자신의 책임을 자각하고 제작 의욕을 지속시키면서 일의 결과에 대해 공동으로 보상을 받을 수도 있다.

장애아동의 경우 협동작업을 통해서 또래친구들을 배려할 수 있게 되고 공동체 의식을 가지며, 집단의 질서와 관계를 경험하고 상호작용에 필요한 기술을 습득하게 된다. 특히 사포협동화는 검은 사포에 그림을 그리고 채색을 함으로써 발색을 통해 흥미를 유발시킬 수 있다. 아울러 집단원 모두가 협동작품을 만듦으로써 집단원 간의 의사소통 능력이 향상될 수 있다.

7) 기타 미술매체

(1) 기타 미술매체의 종류

기타 미술매체로는 면도크림, 밀가루풀, 비눗물, 밀가루, 색모래 등이 있다.

(2) 기타 미술매체의 효과성

물감 및 면도크림 등 기타 미술매체를 이용한 활동은 아동에게 내재되어 있는 억압된 감정을 표출하게 함으로써 공격성을 감소시킬 수 있도록 돕고 감정을 이완시킬 수 있도록 돕는다(이병주, 2013). 면도크림은 향기로 인해 색다른 즐거움을 주며, 손으로 거품을 내는 감각적인 놀이는 감정 이완에 도움이 된다.

물감은 다양한 색의 변화, 물의 변화 및 도구의 변화로 다양한 특성을 지니며, 심리적으로 미술작업에 쉽게 접근할 수 있는 이완 특성이 있어 아동의 긴장을 줄여 준다. 자신의 감정을 그림으로 표현해 볼 수 있고 자신이 생각한 사물이 완성된 결과물로 눈앞에 나타나는 미술 활동은 아동이 무엇인가 스스로 성취했다는 자신감을 강화시켜 주며, 이러한 내적 자아의식의 형성은 불안을 감소시키고 아동기 또래친구들과의 관계 형성에도 긍정적이다. 즉, 처음에는 크레파스만 사용하고 바탕은 물감으로 칠하거나, 지점토에 물감을 섞어서 활동하면서 점차 매체에 대한 두려움이 줄어들고 새로운 매체에 대한 회피 경향도 줄어들었다(이근매, 김혜영, 2002). 크레파스는 쉽게 칠할 수 있는 매체로서 친숙하게 작업을 시작하도록 할 수 있으며, 물감과 함께 사용하여 물과 기름이 갖는 배타성을 이용해 크레파스로 그린 그림이 더욱 선명하게 나타나게 할 수 있다(전순영, 2011). 아울러 자기표현 및 감정 표현을 촉진시키며 치료에 있어서 자발성 및 집중성을 증가시킨다.

물감을 활용한 도장 찍기나 데칼코마니 작업은 미술작업에 대한 어려움 없이 쉽게 작업을 시작할 수 있게 도와 자발성과 신뢰감을 증진하는 데 도움이 된다(전순영, 2011). 물감을 이용하여 겹치기, 뿌리기, 번지기 등의 다양한 기법 또한 구사할 수 있으며 감정 표현에 도움을 줄 수도 있다. 더불어 손과 비눗방울, 종이죽 등의 매체를 활용함으로써 여러 가지 사물을 연상하게 할 수 있고, 억압된 감정을 자연스럽게 표출시켜 스트레스를 해소하는 데도 도움을 줄 수 있다. 소금과 여러 가지 색깔의 파스텔로 문지르기는 촉각적 경험을 통해 소근육운동을 활성화할 수도 있으며(박주연, 이병인, 2007), 매체에 대한 호기심과 흥미감을 유발하고, 색, 형태, 질감 등을 탐색할 수 있는 기회 역시 제공한다.

앞서 살펴본 것과 같이 장애아동에게 있어 다양한 미술매체는 각각 고유의 특성과 효과를 가지고 있으며, 아동의 수준에 맞게 활용될 때 보다 효과적이다.

[그림 4-10] 면도크림 케익 만들기

[그림 4-11] 핑거페인팅

3. 아동의 미술발달단계

아동의 미술표현에 학자들이 관심을 갖기 시작한 것은 오래전 일이다. 심리학자들은 아동을 이해하기 위한 방법으로 그림을 분석하기 시작하였고, 미술치료자들은 아동의 그림을 이해하여 좀 더 나은 교육을 하기 위한 방법을 찾으려고 애썼다. 그러한 노력의 결과로 현재는 아동의 그림을 단순한 표현으로만 인식하기보다 발달의 한 표상으로 여기고 있는 것이 사실이다.

아동의 미술표현의 발달 과정을 이해함으로써 그들의 표현이 어떠한 과정을 통해 변화하는지 판단할 수 있는데, 발달단계는 개인에 따라 차이가 있으므로 일률적으로 규정하기는 어렵다. 그러나 미술표현의 발달 과정을 이해한다면 아동의 발달단계에 맞게 지도하고, 그림을 이해하는 데 도움을 얻을 수 있다. 이는 미술표현이 한 아동의 전반적 발달을 보여 주는 한 예라는 것을 알게 해 준다. 물론 이러한 발달은 아동의 인지, 사회성, 언어, 신체 등 발달 전반과 밀접한 관계를 맺고 있으므로 이에 대한 이해를 기본으로 해야 한다.

지금부터는 Lowenfeld의 아동 미술 발달 단계를 중심으로 아동이 표현하는 미술의 특성을 살펴보고자 한다(이근매, 2008).

1) 난화기(scribbling stage: 자아표현의 시작 2~4세)의 그림 특징

난화(scribble)의 단계로서 상하좌우로 자유로이 그리며 점차 원과 각이 나타난다. 어른이 보기에는 불규칙한 선이지만 아동은 '엄마' '아빠'라고 의미를 붙이기도 한다. 그리고자 하는 대상이 있어서 그리는 것이 아니라 그리는 행위 자체가 목적이고 즐거움이다. 아무런 뜻도 없는 것 같지만 그리는 과정에서 웃기도 하고 자신이 그린 것을 부모가 보도록 요구하며 동조를 구하기도 한다.

난화기는 무질서한 난화기, 조절하는 난화기, 명명하는 난화기 등 3단계로 나눌 수 있는데, 다음에서 단계별 특성을 그림의 특징과 함께 살펴보고자 한다.

(1) 무질서한 난화기

무질서한 난화의 상태는 1세부터 시작하여 대략 2세 6개월까지 지속되며, 끄적거림은 빠른 경우에는 1세 이전에 나타나는 경우도 있지만 보통 1세에서 2세 사이에 나타난다. 동작의 통제가 불가능하고 무의식적으로 표현한다. 끄적거림은 어깨를 왼쪽에서 오른쪽으로, 그리고 위쪽에서 아래쪽으로 움직이는 근육운동의 결과로 볼 수 있으며, 이 시기에는 끄적이는 행위 자체에 재미를 느끼면서 무질서하게 그림을 그린다. 유아가 팔을 움직이다가 우연히 생긴 선을 통해 신체적으로 성장하는 자연스러운 과정이며, 이 시기의 유아는 힘을 들이지 않고도 다양한 흔적이 나타나는 연필이나 크레파스, 매직펜 등을 좋아한다.

(2) 조절하는 난화기

마구 그린 무질서한 끄적거림이 일정한 흐름을 잡고 규칙적인 반복을 나타내며, 시각과 근육 간의 협응이 시작되는 시기다. 근육을 어느 정도 조절하고 통제함에 따라 자신의 근육 움직임과 표시되는 흔적들 사이에 특정한 관련이 있음을 발견하게 되는 중요한 시기이기도 하다. 이 시기에는 수평, 수직, 사선의 규칙적인 반복이 어느 정도 시간이 지남에 따라 동그란 선의 반복으로까지 발전된다.

이 시기 인물화의 특징으로는 원, 선, 고리, 소용돌이 모양 공간을 표현하면서 종이 안에만 그리고, 이미 그려진 것 주위에 그리거나 특정한 부분에 집중해서 그리는 것 등이 있다.

(3) 명명하는 난화기

무의식적 접근이 점차 의식적 접근이 되어 자신이 그려 놓은 난화에 이름을 붙이는 시기다. 연속적으로 반복되어 그려지던 난화는 끊어지고 분산되며 곡선과 직선이 뒤섞여 나타난다. 아이들은 자신이 만들어 낸 형태와 주변 세계를 연결지으려고 하며, 이것은 점차 자신의 의사를 표현하려는 의도를 나타내게 된다. 이 시기의 아이들은 자신이 알고 있는 사물과 관련해서 특정한 표시를 하고, 그리는 도중 사물을 바꾸어 그리기도 하며 집중력을 증가시킨다.

이 시기 인물화의 특징으로는 움직임을 명명하는 표현(달리기, 뛰기, 흔들기 등)을 하고, 이미 그린 것을 활용하여 그리는 것 등이 있다.

〈2세-무질서한 난화기〉

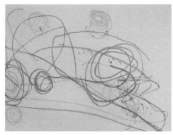
〈3세-조절하는 난화기〉

〈4세-명명하는 난화기〉

[그림 4-12] 난화기의 그림 특징

2) 전도식기(preschematic stage: 재현의 첫 시도 4~7세)의 그림 특징

무의미한 표현에서 의식적인 표현으로 옮겨 가는 상징적 도식의 기초 단계로 난화는 점점 사실적 표현 방법으로 바뀌게 된다. 보통 사실적 표현의 첫 상징은 '사람'으로서 머리를 나타내는 하나의 원과 주로 다리나 몸을 나타내는 두 개의 세로 선으로 그려진다. 이러한 머리와 다리의 표현은 5세 아동에게서 흔히 발견될 수 있으며, 아동화와 외부 세계의 가장 중요한 부분과의 관계를 설정하는 첫 단계다.

이 발달단계 동안 아동은 끊임없이 새로운 개념을 찾게 되고, 그에 따라 그 아동의 재현 상징도 계속 변하게 된다. 또한 감정적 기호에 따라 물체의 크기와 색채, 위치를 주관적으로 정하는데, 이때 그려진 물체들은 서로 관계가 없다. 그리고 표현된 것과 대상과의 관계를 발견하기 시작하며 본 것보다는 아는 것을 그린다.

그림의 특징은 알고 있는 물체는 카탈로그식으로 표현하거나 나열하고, 물, 나무, 해, 산 등을 주로 그리며 모든 것을 자기중심적으로 표현한다. 인물화에서 인물들은 보통 미소를 지으며 앞을 보고 있다. 전체적으로 인물의 팔, 몸, 손가락, 발가락 등 몇몇 부분은 없거나 왜곡되어 있으며, 옷이나 머리카락 등의

〈4세-분리불안 아동 자유화〉　　〈5세-공격성 아동 자유화〉　　〈6세-유치원부적응 아동 자유화〉

[그림 4-13] 전도식기의 그림 특징

자세한 표현은 이 시기의 말에 나타난다.

3) 도식기(schematic stage: 형태개념의 습득 7~9세)의 그림 특징

사물의 개념을 습득하는 시기로 객관적 표현이 드러나기 시작하며 인물을 중심으로 동물, 집, 차량, 나무, 꽃, 기물 등을 그린다. 자기의 생각을 나타내려는 상징적이며 개념적인 표현이 많고, 도식화된 그림을 그린다. 아동은 몇 번이고 반복한 결과 표준적이고 정형적인 그림을 그리게 된다.

이 시기에는 자기중심성을 드러내는 그림과 기저선이 나타나며, 공간(空間)관계에 일정한 질서가 있다는 것을 발견하게 된다. 이전 단계에서는 사물과 사물의 관계를 '나무가 있다.' '사람이 있다.' 정도로만 표현했으나 이 단계에서는 '나는 땅 위에 있다.' '풀이 땅 위에 나와 있다.' 등의 생각을 표현하기 위해 화면에 긴 가로선을 긋게 된다. 한편, 이렇게 공간과 시간 등을 표현할 때는 주관적으로 표현하여 자신에게 중요한 부분을 과장·생략한다. 색채 표현은 객관적 색채의 단계로 색과 사물의 관계를 발견함으로써 사실적인 색을 사용하게 된다.

〈7세-틱장애아동 자유화〉　　　〈8세-불안 아동 자유화〉　　　〈9세-틱장애아동 자유화〉

[그림 4-14] 도식기의 그림 특징

4) 또래집단기(gang age: 사실표현의 시작 9~12세)의 그림 특징

이 시기는 자신에 대해 자각하는 시기로 자신이 동료사회인 또래집단의 일원임을 알게 된다는 것이 큰 특징이다. 바로 이 시기의 생활에서 어른과 협력하고 다른 사람과 함께 일할 수 있는 능력을 기르게 된다. 서로 비슷한 관심을 가지고 같은 비밀을 공유하며 함께 일하는 즐거움을 발견하는 것 등은 이 시기 아동에게 중요한 것이다.

혼자보다는 무리지어 놀기를 좋아하고, 여자아이의 경우는 자기 옷에 더 관심을 갖게 되며, 아동끼리의 암호나 은어를 만듦으로써 어른의 욕구와 때때로 대립하기도 하는데 이러한 것이 창작활동에도 반영된다. 또한 또래집단의 의사를 존중하고 도식에서 벗어나기 시작하여 점차 객관적이고 사실적인 표현 및 세부 표현이 나타난다. 더불어 중첩과 기저선 사이의 공간을 인식하기 시작하며 위에서 본 모습을 표현한다. 사실적 표현에 미숙한 아동들은 미술에 대한 대담성이나 자신감을 상실하게 되는 시기다.

〈11세-위축 아동 자유화〉

〈12세-불안 아동 자유화〉

[그림 4-15] 또래집단기의 그림 특징

5) 의사실기(pseudo-naturalistic stage: 합리적 표현 12~14세)의 그림 특징

이 시기의 아동은 초등학교 고학년과 중학교에 해당하며 많은 아동에게 그들이 받는 마지막 미술교육인 경우가 많기 때문에 미술교육에서는 가장 노력을 요하는 시기이자 중요한 단계다. 이 연령은 사춘기나 사춘기에 접어드는 시기로 성인의 간섭에서 벗어나고자 하고 유행을 따르며 개인차가 크게 나타난다. 개인차는 신체적 차이가 가장 두드러지지만 정신적·정서적·사회적 영역에서도 마찬가지다.

자기중심에서 외계 인식이나 미래에 대한 관심이 커지며 사실적 표현 경향이 증진되어 관찰 묘사에 의존하게 된다. 원근법을 습득하고 배경과 비례의 표현이 나타나며, 빛과 그림자가 환경의 변화에 따라 변화한다는 사실을 알게 된다. 삼차원적 공간을 표현하고 명암, 음영 등을 표현하며, 작품의 평가 기준을 사실적 표현에 두고 완성된 작품에 중요성을 부과한다.

아동의 창작활동을 분석해 보면 시각 자극에 민감한 반응을 보이는 아동이 있는가 하면 주관적 경험에 관심을 두는 아동이 있다. 대부분의 아동은 이 양자의 특징을 뒤섞어 표현한다. 시각적 경향의 아동은 공간을 원근법적으로 나타

〈13세-일반아동 자유화〉

〈13세-학습무기력 아동 자유화〉

[그림 4-16] 의사실기의 그림 특징

내려는 데 관심을 가지며, 색채, 빛과 그림자 등 모든 변화에 관심을 갖는다. 주로 주위환경이 주제가 되며, 실제와 일치하는 색을 사용한다. 주관적 경향의 아이는 자기와 외계와의 정서적 관계를 강조하며, 그림에 자신의 감정을 나타내고 자신이 좋아하는 색채를 사용한다.

6) 사춘기(adolescent art in the high school / period of decision: 창의적 활동의 시기 14~17세)의 그림 특징

창의력이 왕성하여 창의적인 그림을 그릴 수 있는 시기지만 대부분 그림에 대한 흥미를 잃어버리게 된다. 신체와 언어발달이 왕성해지지만 이에 따른 표현이 따라가지 못하는 데 갈등을 느껴 미술표현이 침체되는 시기다. 환경을 창의적으로 받아들여 표현 유형을 세 가지로 나타내는데, 시각형은 환경과 자신의 눈을 통해 알고 느낀 것을 표현하며, 객관적인 표현으로 비례, 명암, 배경, 원근을 중시한다. 또한 촉각형은 신체 감각이나 내면의 정서, 주관적인 경험을 감정적으로 표현하며 색채나 공간 표현이 주관적이다. 마지막으로 중간형은 두 가지 표현 양식이 복합적으로 나타난다.

〈16세-일반아동 자유화〉

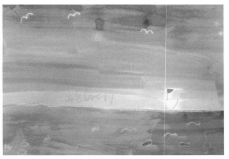
〈17세-학교부적응 아동 자유화〉

[그림 4-17] 사춘기의 그림 특징

미술치료자는 아동의 발달단계에 따른 그림 표현 양상을 아동의 내면 심리를 상징하는 것으로 잘못 받아들여 문제시하는 오류를 범할 수 있기 때문에 아동의 발달단계에 따른 표현 특징을 알고 있는 것은 매우 중요하다. 어린 아동에게 미술 활동은 학습이나 놀이 이상으로 인격을 기르는 바탕이 된다. 아동은 그림을 그리고 특정한 사물의 모양을 만듦으로써 욕구를 만족시키고 지적 · 정서적 · 사회적 · 신체적으로 원만한 인격을 형성하는 것이다.

그러므로 아동에게 미술을 지도할 때는 아동 스스로 자발적으로 미술 활동에 참여하여 즐거운 마음으로 느낀 대로 표현할 수 있게 하려는 목표를 가지고 지도하는 것이 필요하다. 그들의 내적 세계를 억압하거나 지나치게 성인의 의지대로 그리기를 강요해서는 안 된다. 억압은 정신적으로나 신체적으로 운동신경의 조정을 불가능하게 하므로 정서적으로 조절 욕구를 상실하게 하고 심리적으로는 표현력을 결여시키며, 신체적으로는 운동신경을 지배할 수 있는 능력이 저하되므로 결과적으로 아동의 전인적 발달에 방해 요인이 된다.

Lowenfeld는 발달장애아동의 미술표현 특성을 다음과 같이 제시하였다.

- 성장 발달단계의 속도는 느리지만 일반아동과 같은 성장 패턴을 보여 준다.
- 단조롭고 원시적인 형태지만 손의 운동기능은 뒤지지 않는다.
- 촉각적 형태의 경험에 치우치는 경향이 있다.
- 형태나 주제를 반복적으로 표현하며 실험적 태도를 보여 주지 못한다.
- 지각 활동의 연상 영역에까지 확대된 에너지의 결여를 보여 주는 빈약한 공간적 형태를 보인다.

또한 정신지체아동은 인지 능력의 미흡함으로 인해 화면 구성이 변칙적이다. 더구나 공간과 위치의 개념 등이 잘 발달되지 못한 특징과 신체 각 부위에 대한 인지 · 개념 형성이 부족한 특징을 지니므로 인물화 표현에 있어 과대 · 과소 탈락 표현이 많이 나타나고 있다. 그러므로 대상을 관찰하고 개념화시키는 학습이 이루어지는 인지발달치료를 통해 여러 가지 미술재료를 이용하여 촉각 훈련과 소근육운동을 유도하고, 여러 사물을 보고 그리면서 대상에 대한 지각 능력을 기를 수 있도록 도와주어야 한다.

 제**5**장

장애아동 미술치료
지도방법

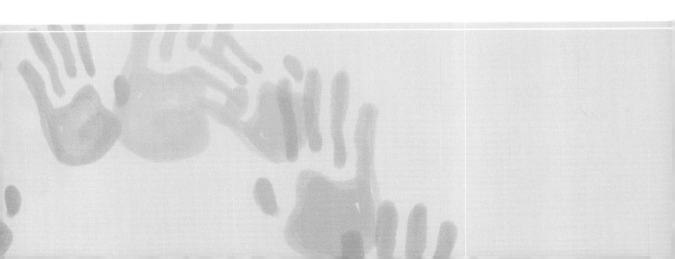

제 **5** 장
장애아동 미술치료 지도방법

　장애아동의 미술치료를 실시하는 목적은 발달을 촉진하기 위해서, 그리고
다양한 문제행동을 소거시키기 위해서다. 이 장에서는 장애아동의 미술 활동을
촉진하기 위한 기법과 미술치료 시 발생하는 문제행동을 경감시키고 소거시키
는 방법을 소개한다.

1. 미술 활동 촉진을 위한 기법

1) 행동형성법

　새로운 행동을 형성하는 절차를 행동형성(shaping)이라고 한다. 즉, 아동이
현재 할 수 있는 행동(행동목록) 속에 들어 있지 않은 행동을 강화를 통하여 점
진적으로 목표행동에 접근시켜 가는 방법이다. 행동형성법은 행동이 형성될

때까지 표적행동과 단계적 유사행동에 대해 체계적이고 즉각적으로 강화를 하는 것이다. 이것은 개인의 행동 레퍼토리에서 이전에 분명하지 않았던 행동을 형성하는 데 우선적으로 사용된다. 또한 행동형성법은 가끔씩 나타나는 행동을 증가시키는 데 사용할 수 있으며, 행동문제와 교과문제 모두에 적용할 수 있다.

행동형성은 다음과 같은 순서로 진행해 나간다.

① 형성해야 할 행동이 무엇인지 명확하게 한다(목표행동의 정의).
② 출발시점에서 행동수준을 선정한다(기초선의 선정).
③ 기초선 행동패턴에서부터 목표행동 수준의 행동패턴을 작은 단계로 나눈다(소단계화). 그리고 각 단계를 점진적으로 접근해 나간다(점진적 접근의 절차). 이때 각 단계의 행동을 강화할 강력한 강화 인자도 아울러 선정한다.
④ 기초선 행동의 반복을 통해 자발적으로 다음 단계의 행동이 출현하면 그 행동에만 강화자극을 제시하고 그때까지의 기준행동에는 강화 자극을 제시하지 않는다(분화강화의 절차).
⑤ 앞 단계의 기준에 달하는 행동을 실행시키기 위해서는 어느 정도의 보조 또는 지도가 필요하게 된다. 이것을 촉구(prompt)라 한다. 과잉으로 촉구해 주면 자발성을 방해하므로 항상 최소한의 원조를 실시하도록 유의해야 한다.

행동형성법의 효과에 영향을 주는 요인

행동형성법의 효과를 극대화하기 위해 고려해야 하는 몇 가지 요인을 살펴보면 다음과 같다.

첫째, 바람직한 최종 행동을 구체화해야 한다.
행동형성법의 첫 번째 단계는 바람직한 최종 행동인 도달 행동(terminal be-

havior)을 분명하게 확인하는 것이다. 최종 행동의 정밀한 진술은 도달 행동에의 연속적 접근행동을 일관되게 강화할 수 있는 기회를 증가시킨다. 바람직한 최종 행동은 행동의 모든 특성(형태, 양, 강도)을 확인할 수 있는 방법으로 진술해야 한다.

둘째, 출발 행동을 선택해야 한다.

바람직한 최종 또는 도달 행동은 처음에는 발생하지 않으므로 그것에 어느 정도 근접한 행동을 강화하는 것이 필요하기 때문에 치료자는 출발점을 반드시 확인해야 한다. 이것은 허용된 회기 시간 내에 강화할 수 있을 정도로 충분히 발생하는 행동이어야 하며, 치료자가 목표한 행동(도달 행동)뿐만 아니라 아동의 현재 수행 수준까지도 아는 것이 결정적이다. 행동형성의 목적은 출발점은 도달 행동과 아주 다르지만 출발점에서 최종 행동으로 갈 수 있도록 강화하는 것, 그리고 연속적 근접행동을 강화하는 것의 두 가지를 함께하는 데 있다.

셋째, 행동형성 단계를 선택해야 한다.

행동형성을 시작하기 전에 최종 행동에 근접하도록 이동하는 데 필요한 연속적 근접행동의 윤곽을 구성하는 것이 유용하다. 연속적 근접행동의 단계를 결정하기 위해서는 합리적 단계의 크기와 다음 단계로 넘어가기 전에 각 단계에서 강화받아야 하는 시행 횟수를 결정해야 한다.

넷째, 정확한 속도로 이동해야 한다.

최종 행동의 연속적 근접행동을 강화하는 데 따라야 하는 경험적 규칙은 다음과 같다.

① 하나의 근접행동에서 다른 근접행동으로 곧바로 이동하지 않는다. 이전 근접행동이 잘 형성되기 전에 새로운 단계로 이동하려는 것은 새로운 근접행동을 성취하지 못하고 소거에 의해 이전 근접행동을 상실하는 결과를 가져올 수 있다.

② 충분히 작은 단계부터 진행한다. 그렇지 않으면 현재의 근접행동이 성취되기 전에 소거를 통해 이전 근접행동이 상실될 것이다. 그렇다고 불필요하

게 작은 단계를 구성할 필요는 없다.

③ 만약 단계가 너무 빠르거나 커서 행동을 상실한다면 다시 행동을 익힐 수 있도록 이전의 근접행동으로 되돌아가야 한다.

④ 진행이 너무 느려서도 안 된다. 하나의 근접행동이 강력해질 때까지 강화하면 새로운 근접행동이 나타날 가능성이 줄어들기 때문이다.

＊①과 ②는 빠른 진행에 대한 주의이고, ③은 빠른 진행에 따른 부정적 효과를 수정하는 방법이다.

2) 강화

바람직한 행동을 증가시키고 부적절한 행동을 감소시키는 후속자극을 강화(reinforcement)라고 한다. 그리고 행동이 일어난 후 그 행동의 강도나 그 행동이 일어날 가능성을 높이는 후속자극을 모두 강화 인자(reinforcer)라 부른다. 미술치료의 도입부에서 아동에게 적절한 강화 인자를 발견하는 것은 아주 중요하다. 아동에게 적절한 강화 인자를 활용하는 것은 치료자와의 친화관계 형성에 도움을 줄 뿐 아니라 학습효과를 촉진할 수도 있기 때문이다.

일반적인 강화 인자로 1차 강화 인자와 2차 강화 인자, 즉 음식물, 칭찬, 안아주기, 스티커 붙이기 등을 활용하고 있는데 미술치료에서는 이처럼 아동이 좋아하는 사물이나 미술과제, 가령 한지 찢기, 핑거페인팅, 데칼코마니, 스티커 붙이기, 도장 찍기 등을 좋은 강화 인자로 활용할 수 있다.

앞서 제시한 강화의 원리를 바탕으로 정적 강화를 효과적으로 적용하기 위해서는 두 가지 필수 규칙을 따라야 한다. 첫째, 아동이 새롭고 적절한 행동을 나타낼 때마다 정적으로 강화해야 한다. 둘째, 표적행동이 만족스러운 비율로 나타나면 아동을 즉시 강화해 주어야 한다.

정적 강화 실시 단계

- 단계1: 표적행동을 주의 깊게 선택한다(정적 강화는 아동이 나타내는 모든 긍정적 행동을 강화하려고 시도하는 것이 아니다).
- 단계2: 아동이 표적행동에 관계되는 때를 조사하기 위해 아동의 행동을 관찰한다.
- 단계3: 초기 단계에서는 행동이 나타난 후 즉시 그 행동을 강화한다.
- 단계4: 강화되는 행동을 구체화한다('나는 ○○를 좋아한다.').
- 단계5: 강화를 할 때는 아동의 행동에 흥미를 보여 주고 그것에 대해 열정적으로 말해 준다.
- 단계6: 치료자는 아동에게 도움을 주기 위해 적절할 때 아동의 행동에 참여해야 한다.
- 단계7: 강화 인자를 점차 바꾸어야 한다.

한편, 강화를 제공할 때 선택하는 강화계획(schedule of reinforcement)은 행동에 큰 영향을 미치는 것으로 계속강화계획(continuous reinforcement)과 간헐강화계획(intermittent reinforcement)이 있다. 우선, 적응행동을 할 때마다 강화를 주는 체제를 계속강화 혹은 연속강화라고 한다. 계속강화계획은 행동을 처음으로 강화하거나 새로운 행동을 습득시킬 때 가장 좋은 강화계획이다. 반면에 목표행동의 일부만을 해내었을 때, 즉 오직 정해진 특정 행동에만 강화를 주는 체제는 간헐강화 또는 부분강화계획이라고 한다.

간헐강화계획은 완전히 정착된 행동을 유지하는 데 가장 효과적인 강화계획이다. 강화계획을 명시하기 위해서는 특정 행동이 강화되어야 할 반응행동의 빈도나 시간의 양을 제시해야 한다. 이러한 간헐강화계획에는 간격강화와 비율강화가 있다. 계속강화계획보다는 간헐강화계획이 목표행동이나 적응행동을 유발하는 데 보다 바람직하다. 일단 행동이 일관성 있게 나타나면 행동은 간헐적인 강화계획 위에서 유지될 수 있다.

강화의 효과에 영향을 주는 요인

강화의 효과를 극대화하기 위해서는 몇 가지 요소를 고려해야 하는데, 그 영향 요인을 간략하게 살펴보면 다음과 같다.

첫째, 강화를 해야 하는 행동을 선정한다.

가장 먼저 강화가 되는 행동이 구체적으로 정의되어야 한다. 만약 행동치료자가 일반적 행동범주(예: 더 친절하게 하기)를 가지고 시작하면, 그 범주에 해당될 수 있는 구체적 행동(예: 미소 짓기)을 확인해야 한다. 행동을 구체화함으로써 치료자가 강화 인자의 효과를 판단하기 위한 준거로서 행동빈도의 변화와 행동사례를 파악하는 것의 신뢰도를 보장할 수 있고, 강화 프로그램을 일관되게 적용할 가능성을 증가시킬 수 있다.

둘째, 강화 인자를 선택한다.

어떤 자극은 모든 사람에게 긍정적 강화 인자가 된다. 음식은 거의 모든 사람들에게 정적 강화 인자가 되며, 사탕은 대다수 아동에게 강화 인자가 된다. 그렇지만 사람에 따라 강화가 되는 것이 다를 수 있다. 효과적 강화 인자를 선택하기 위해서는 다른 치료자들이 사용한 강화 인자 목록을 조사하거나 강화 인자 조사지를 사용하는 것, 아동이 자주 하게 되는 활동에 주목하고 일상 활동에서 아동을 관찰하는 것이 도움이 된다.

셋째, 박탈과 포만을 이용한다.

대다수 강화 인자는 그것을 사용하기 전에 일정 기간 박탈을 하지 않으면 효과적이지 못하다. 일반적으로 박탈 기간이 길수록 보다 효과적인 강화 인자가 될 것이다. 단맛이 강한 과자는 이미 사탕을 많이 먹은 아동에게 강화가 되지 못한다. 따라서 훈련 회기 이전이나 훈련 동안에 강화 인자를 경험하지 못하도록 하는 것을 박탈(deprivation)이라 하고, 포만(satiation)은 더 이상 강화 인자가 되지 않을 정도로 그 강화 인자를 경험하도록 하는 상태를 말한다.

넷째, 즉시성을 이용한다.

강화 인자는 효과를 극대화하기 위해서 바람직한 행동을 한 후에 즉시 주어져야 하며, 30분 이상 지연되면 직접적 효과를 가지기 어렵다. 이러한 사실을 아는 것이 행동변화의 원인을 잘못 해석하는 것을 예방하는 데 유용하다.

다섯째, 지시규칙을 구성하여 사용한다.

이는 몇 가지 측면에서 행동변화를 촉진할 수 있다. ① 구체적 지시는 이미 그것을 알고 있는 아동에게 학습과정을 촉진할 수 있다. ② 지시는 지연된 강화를 받게 되는 활동을 하는 아동에게 영향을 준다. 예를 들어, 아동이 하나의 율동을 배우고 나서 아동 스스로 율동을 했을 때 강화를 받게 한다고 정했다고 하자. 이때 그 내용을 "지금 배우는 율동을 여러 번 반복 연습한 후에 스스로 하게 되면 사탕(강화 인자)을 받을 것이다."라고 지시하는 것이 행동의 변화를 이끌어 낼 것이다. ③ 강화 프로그램에 지시를 덧붙이는 것은 특정 아동(영유아 또는 정신지체아동)에게 지시 따르기를 지도하는 데 유용하다.

여섯째, 프로그램에서 아동을 분리하고 자연적 강화 인자로 변경한다.

앞서 언급한 정적 강화의 효과에 영향을 주는 요인들은 프로그램에 적용되는 것이다. 그러나 강화 프로그램이 종결되고 아동이 일상 환경으로 되돌아왔을 때도 정적 강화를 적절하게 사용하여 그 행동이 유지될 수 있으려면 자연적 환경에서 강화 인자를 찾아야 한다. 따라서 치료자는 훈련 프로그램에서 형성된 행동이 자연적 환경에서 강화되고 유지되도록 해야 한다.

3) 촉구법

특정의 적절한 행동을 수행하도록 아동에게 실마리로 제시되는 보조변별자극을 촉구(prompt)라고 하며, 이 변별자극을 사용하는 것을 촉구법이라고 한다. 촉구의 중요성은 행동이 일어날 가능성을 크게 증대시킬 수 있다는 것이다. 따라서 훈련 프로그램에 사용함으로써 대상 아동의 적절한 행동과 복잡한 계열

행동을 증가시킬 수 있다.

촉구는 선행자극이 제시된 후와 행동이 출현하지 않은 시점에 주어진다. 즉, 아동이 선행자극에 반응하지 못할 때 촉구가 주어지는데, 이러한 촉구는 언어적 · 시각적 · 신체적으로 제시된다.

촉구는 언어적 힌트나 단서를 제공하는 언어적 촉구(verbal prompts), 치료자가 아동과 접촉을 하지 않고 동작을 보여 주는 제스처 촉구(gestural prompts), 바람직한 행동을 유발하도록 환경을 수정하는 환경적 촉구(environmental prompts), 아동을 돕기 위해 아동과 신체 접촉을 하는 신체적 촉구(physical prompts)로 구분된다.

촉구를 사용할 때 지켜야 할 규칙으로는 다음과 같은 것이 있다.

① 타이밍이 중요하다.

촉구는 치료자가 원하는 행동이 발생하기 전 정확한 순간에 주어져야 한다. 특정 상황에서 다른 방법으로 반응하도록 지도하기 위해서는 현재 발생하고 있는 행동을 바람직한 행동으로 유도하는 상황에서 구체적인 자극을 고려해야 한다.

② 좋은 타이밍을 촉진시키는 장소를 선택한다.

이것은 첫 번째 규칙의 당연한 결과로 여기서의 장소는 타이밍을 지시하게 된다. 예를 들어, 아침에 중요한 전화를 해야 하고, 아침에 처음 하는 일이 커피포트에 물을 끓이는 것이라면 전화해야 한다는 것을 잊지 않기 위해 커피포트 옆에 그것을 메모해 둘 것이다. 그리고 이렇게 커피포트 옆에 메모지를 두는 것은 행동하기 원하는 시간에 그 행동을 기억하도록 할 것이다.

③ 촉구는 구체적이어야 한다.

촉구가 직접적이고 구체적이지 못하면 아동이 학습하고자 하는 행동을 추측하게 만든다. 따라서 일반적 규칙보다 구체적 촉구가 보다 효과적이다.

④ 촉구는 행동을 유도해야 한다.

촉구 사용의 노력이 행동을 유도할 가능성이 있을 때 치료자는 그것을 설정하고 실시해야 하며, 이는 아동이 스스로 해야 할 것이 무엇인지를 보다 쉽게 알게 해 준다.

⑤ 촉구는 사람들에게 결과를 생각나게 해야 한다.

촉구는 아동이 가장 잘 행동하도록 동기를 부여할 수 있을 때 보다 효과적일 수 있다. 일반적으로 촉구는 칭찬과 다른 강화 인자를 포함하여 정적 강화 프로그램의 일부로 사용된다.

⑥ 강화는 촉구에 대한 반응이다.

아동이 치료자의 촉구에 반응할 때 칭찬과 다른 강화 인자를 제공하는 것이 매우 중요하다. 촉구의 목적은 강화를 받을 수 있도록 행동을 발생시키는 것이다. 만약 치료자가 행동을 강화하지 않으면 그 행동은 반복될 가능성이 없어진다.

촉구 사용에 대한 규칙과 함께 촉구를 사용하는 방법은 다음과 같다.

• 복잡한 행동 계열을 가르치는 경우나 기능 수준이 낮은 아동인 경우 많은 촉구의 사용이 필요하다.
• 촉구가 분명할수록 아동은 치료자에게 의존하며, 촉구가 분명하지 않을수록 아동은 자신의 행동의 시작을 책임져야 한다.
• 촉구가 바람직한 행동을 증가시킬 것이라는 확신을 갖고 시작해야 한다.
• 초기 단계는 치료자의 적극적인 참여로 분명하게 제시하며 점차 촉구를 쇠퇴시켜 나아가야 한다.

촉구의 효과에 영향을 주는 요인

행동 증가를 위한 촉구의 효과를 극대화하기 위해 고려해야 할 몇 가지 요인을 살펴보면 다음과 같다.

① 선행자극에 주의를 집중시키는 것이어야 한다.

자극과 관련이 없는 촉구의 사용은 시행착오학습이나 촉구가 없는 것보다 효과적이지 않다.

② 촉구는 가능한 한 약해야 한다.

강한 촉구는 약한 촉구보다 비효율적이고, 자극통제의 발달을 지연시킨다. 강한 촉구는 오히려 방해가 된다.

③ 촉구는 가능한 한 빨리 제거해야 한다.

필요 이상으로 오래 촉구를 하는 것은 선행자극이 행동을 통제하지 못하도록 한다. 유능한 치료자는 촉구를 필요한 기간만큼 사용하고 빨리 제거하는데, 이는 아동이 선행자극보다 촉구에 의존하는 것을 방지한다.

④ 계획되지 않은 촉구는 피해야 한다.

치료자들은 자신의 표정이나 음성에 의해 아동이 촉구된다는 것을 잘 알지 못한다. 따라서 부적절한 촉구가 무의도적으로 사용되지 않도록 유의해야 한다.

⑤ 필요하다면 촉구는 결합해야 한다.

필요할 때는 한 가지 촉구보다 여러 가지 촉구를 사용할 수 있다. 여러 유형의 촉구를 동시에 수행하는 것이 더 효과적일 때가 있다.

4) 용암법

행동형성법은 아동이 현재 할 수 없거나 거의 하지 않는 어떤 행동을 새로 가르칠 때 사용하는 것이다. 그러나 아동이 특정 행동을 할 수는 있지만 해야 할 상황에서 하지 않을 경우에 용암법(fading)을 적용한다. 용암법이란 한 행동이 다른 상황에서도 발생할 수 있도록 그 조건을 점차적으로 바꾸어 주는 과정을 말한다. 다시 말하면, 촉구를 점차적으로 제거하는 것을 용암법이라고 한다. 즉, 아동에게 주어졌던 촉구를 감소시키거나 제거시켜서 스스로 바람직한 행동을 할 수 있게 하며 나아가서 독립심을 키우게 한다.

촉구를 제거시켜 나가는 방법에 관하여 살펴보면 다음과 같다.

① 언어적 촉구의 제거
지시하는 단어의 수를 감소시키거나 치료자의 말에 관심을 갖도록 부드럽게 말한다.

② 신체적 촉구의 제거
- 접촉 양을 점차적으로 줄여 나간다.
- 접촉의 압력을 줄여 나간다.
- 점진적으로 행동의 중심점에서 위치를 바꾼다.
- 훈련의 시초에는 촉구의 세 가지 종류를 모두 사용하지만 언어적 촉구는 그대로 유지하면서 신체적 촉구를 맨 먼저 쇠퇴시킨다.
- 몸짓과 언어적 촉구는 마지막에 쇠퇴시킨다.

지금까지 설명한 촉구법과 용암법을 바람직하게 사용하기 위해서는 많은 임상경험이 필요하며, 가능한 한 자주 사용하여 이 방법에 익숙해져야 한다. 이와 같이 학습된 행동을 다른 생활환경으로 일반화시켜 나가는 것이 행동치료에 있어서의 최종 목표라고 말할 수 있으며 미술치료에서도 마찬가지다. 그러기 위해서는 목표행동을 명백하게 정의해야 하며, 아동의 현재 수준과 목표행동을 객관적으로 사정해야 한다. 이처럼 바람직한 목표행동에 따라 시행되는 적절한 치료기법들은 행동을 변화시킬 것이다.

5) 유관계약

ADHD나 학습장애, 학습부진, 교육가능급 정신지체아동 등의 경우에는 미술치료를 통해 정서가 안정된 후 학습이나 집단에 적응하기 위한 행동주의 중재 방법이 필요하다. 다음의 유관계약(contingency contract) 방법을 효과적으로 활용할 수 있다.

계약(contract)은 둘 이상의 모임이나 개인, 집단 간의 특정 문항 또는 활동에 관한 당사자들의 책임을 규정하는 언어적 · 문어적 동의다. 행동수정에서 유관계약은 Becker가 잘 정의하고 있는데, "당신이 원하는 아동의 행동과 아동이 원하는 특정한 조건을 조정하는 것이다."라고 하였다. 즉, 유관계약이란 치료자나 부모가 원하는 것을 아동이 완성한 다음에 아동이 원하는 것을 제공하기 위한 계약 과정을 말한다.

행동수정 기법으로서 우발계약의 사용은 Premack이 개발한 원리에 근거하고 있다. Premack의 원리는 "높은 발생률을 가진 행동은 낮은 발생률을 가진 행동을 증가시키는 데 사용될 수 있다."라는 것이다. Premack이 진술한 이 원리는 수세기에 걸쳐 아이를 깨우는 데, 아이를 가르치는 데, 피고용인을 감독하는 데 적용되어 왔다. 이 원리에 따르면, 당신은 X를 할 때 Y를 하거나 얻을 수 있다. 따라서 이 원리는 종종 '할머니 법칙(Grandma's law)'으로도 언급된다. 대부분의 사람은 아동기에 적용된 이 법칙의 힘을 기억하고 있다. 예를 들면 다음과 같다.

- "시금치를 먹으면 아이스크림을 먹을 수 있다."
- "네 방을 깨끗이 해라. 그러면 영화를 보러 갈 수 있다."
- "숙제를 해라. 그러면 컴퓨터 게임을 할 수 있다."

아동이 다음과 같은 유관계약을 적용하는 과정에 적극적으로 참여하면 그 효과는 증대된다.

• 유관계약을 적용하는 과정
- 단계1: 표적행동을 선정한다.
- 단계2: 치료자와의 토의, 주어진 예와 설명, 행동의 정의에 의해 변화되는
  구체적 행동이 무엇인지 이해한다.
- 단계3: 강화 인자를 선택한다.
- 단계4: 계약서를 작성하고 내용을 검토한다.
- 단계5: 아동의 관점에서 체제를 평가한다.

Homme 등은 계약을 작성하는 데 필요한 10가지 기본규칙을 제안하였다. 이 규칙은 다음과 같다.

① 계약 지불(강화 인자)은 즉시 이루어져야 한다.
② 처음의 계약은 표적행동이 필요하고, 표적행동과 유사한 행동이 강화되어야 한다.
③ 계약은 적은 양의 강화를 자주 제공해야 한다.
④ 계약은 아동의 복종보다도 성취와 강화가 필요하다.
⑤ 수행은 발생된 후 강화되어야 한다.
⑥ 계약은 양 집단에 공평해야 한다(치료자나 부모, 아동).
⑦ 계약에 사용되는 용어는 분명해야 한다.
⑧ 계약은 정직해야 한다.
⑨ 계약은 긍정적이어야 한다.
⑩ 계약은 진행되는 학급활동의 일부로서 체계적으로 사용되어야 한다.

전술된 규칙에 덧붙여 행동수정가는 계약을 개발하고 이행할 때 다음의 요

인들을 고려해야 한다.

① 계약은 치료자와 아동이 자유롭게 동의하고 협력한 것이어야 한다.
② 계약은 표적의 성취 또는 산출수준을 포함해야 한다.
③ 강화 인자는 계약된 내용에 따라 일관되게 전달되어야 한다.
④ 계약은 검토와 재협상을 위한 날짜를 포함해야 한다.

유관계약의 중요한 기능 가운데 한 가지는 치료자의 제안을 기다리는 대신 아동이 계약을 주도하도록 하는 것이다. 성공적인 계약은 ① 계약체제를 설명 및 토의하며, ② 계약 내용을 쓰고, ③ 아동과 치료자가 계약을 승인하는 협상 과정이 핵심이다. 이때의 협상은 체계적이고 정확해야 한다. 관리자로서 치료자는 협상 과정이 생산적이 되도록 보장해야 할 의무가 있다.

유관계약 협상 절차

① 치료자는 아동과 라포를 형성하고 유지한다.
② 치료자는 "나는 네가 학업(읽기, 받아쓰기, 수학)에서 어려움이 있다는 것을 안다. 그래서 나는 너를 돕고 싶다."와 같은 말을 해서 회합의 목적을 설명한다.
③ 치료자는 계약의 간단한 정의를 알고, 계약은 두 사람 간의 동의라고 설명한다.
   ㉠ 치료자는 "네 어머니가 텔레비전을 수리 센터에 맡겼을 때 점원은 어머니에게 보관증을 준다. 이 보관증은 어머니와 수리공 간의 계약이다. 그는 텔레비전을 수리해서 돌려줄 것이며, 그러면 네 어머니는 수리비를 지불할 것이다."라고 설명한다.
   ㉡ 아동에게 계약의 예를 들어 보라고 요청한다.
   ㉢ 아동이 반응이 없으면 치료자는 다른 예를 주고 ㉡을 반복한다.
④ 치료자는 계약을 쓸 예정이라는 것을 아동에게 설명한다.
⑤ 치료자와 아동은 과제를 토의한다.

    ㉠ 아동은 계약과제를 제시한다.

    ㉡ 치료자도 계약과제를 제시한다.

    ㉢ 아동과 치료자는 특정 과제에 대해 토의하고 동의한다.

⑥ 치료자와 아동은 강화 인자에 대해 토의한다.

    ㉠ 치료자는 아동이 좋아하는 물건이나 아동이 즐겁게 하는 활동을 아동에게 물어본다.

    ㉡ 치료자는 아동이 제안한 강화 인자의 강화 인자 메뉴를 쓴다.

    ㉢ 아동은 자신이 좋아하는 강화 인자를 선택한다.

    ㉣ 치료자와 아동은 아동의 선호 순서에 따라 강화 인자의 순위를 결정한다.

⑦ 치료자와 아동은 강화 인자에 대한 비율을 협상한다.

⑧ 치료자와 아동은 아동에게 과제를 수행하도록 할당된 시간에 대해 토의한다. 예를 들어, 아동은 15분 이내에 10개의 덧셈 문제를 하면 강화 인자를 받는다.

⑨ 치료자와 아동은 성취준거를 확인한다. 예를 들어, 아동은 15분 이내에 10개의 덧셈 문제를 80%의 비율로 정확하게 할 것이다.

⑩ 치료자와 아동은 평가 절차를 토의한다.

    ㉠ 치료자는 아동과 함께 다양한 유형의 평가를 토의한다.

    ㉡ 치료자와 아동은 한 가지 평가 방법에 동의한다.

    ㉢ 치료자는 평가 방법을 설명하도록 아동에게 요청한다. 만약 아동이 혼란을 보이면 치료자는 평가 절차를 명확하게 한다.

⑪ 치료자와 아동은 강화 인자의 전달을 협상한다.

⑫ 치료자와 아동은 계약 재협상 일자에 동의한다.

⑬ 치료자 또는 아동은 계약서를 쓴다. 만약 가능하면 아동이 그것을 쓸 수 있도록 한다. 치료자는 아동에게 계약서 사본을 준다.

⑭ 치료자는 아동과 함께 계약서를 읽는다.

⑮ 치료자는 계약에 대해 아동의 언어적 확인을 유도하고 확인해 준다.

⑯ 치료자와 아동은 계약에 서명한다.

⑰ 치료자는 계약을 맺은 것에 대해 축하하고, 아동이 성공하기를 기원한다.

6) 토큰강화

원래 강화하는 힘은 없지만 다른 강화물과 적절하게 짝이 되면 강화력을 얻는 자극을 조건강화자극이라고 한다. 칭찬과 같은 것이 그러한 예인데, 칭찬은 금방 사라지고 없지만 돈은 음식과 바꿀 수 있으므로 효과가 한동안 지속된다. 이러한 종류의 조건강화자극을 토큰이라고 한다. 또한 토큰을 사용하여 바람직한 행동을 증가시키는 방법을 토큰강화(token economy)라고 한다.

토큰강화의 기본적 단계

• 단계1: 표적행동을 선정한다.

• 단계2: 아동이나 집단에게 표적행동을 개념화하고 제시한다.
"당신은 할 수 있다."라고 강조하는 것이 "당신은 할 수 없다."라고 강조하는 것보다 더 적절하다는 것은 잘 알려진 사실이다. 성공적이지 못한 많은 행동수정가들이 "지금 너는 여기서 소음과 어리석은 짓을 멈추어야 한다. 나는 지금부터 새로운 ……을 실시하겠다."라고 문제를 제시함으로써 아동에게 그들 자신의 실패를 결정하게 한다. 아동은 즉시 도전을 하게 되고 치료자를 쳐부수고 자신의 개인적 완전함을 방어하기 위해 준비한다.

• 단계3: 규칙을 자주 알리고 그것을 검토한다.

• 단계4: 적당한 토큰을 선정한다.

• 단계5: 토큰으로 교환할 수 있는 강화 인자를 확정한다.

• 단계6: 보상 메뉴를 개발하고 그것을 학급에 알린다.
아동이 메뉴에 있는 항목을 철저하게 고려하고 토의하도록 허용해야 한다. 아동이 가격을 확정한 후 다양한 보상의 비용(토큰의 수)을 토의하도록 허용해서는 안 된다.

• 단계7: 토큰강화를 수행한다.

처음에는 제한된 기준을 기초로 하여 토큰강화를 시작한다. 이때 초기의 복잡하고 정교한 체제는 아동을 혼란하게 하고 좌절하게 한다. 따라서 치료자는 작게 출발하고 단단한 이해를 쌓으며, 체제를 설명할 때는 아주 분명하고 정확하게 해야 한다. 아동의 모든 질문에 인내를 가지고 대답해야 한다. 토큰강화는 혼란과 좌절을 주어서는 안 되며, 수행을 지연하는 것이 더 좋다는 의의를 지녀야 한다.

• 단계8: 수용할 만한 행동에 대해서는 즉시 강화를 제공한다.

만약 노력에 비해 보상이 작다면 아동은 프로그램에 흥미를 잃을 것이다. 따라서 체제에 대한 지나친 걱정과 좌절을 즉시 줄이도록 아동에게 보상해야 한다. 아동이 적절한 시기에 토큰을 받을 것으로 믿게 된다면 전달체제를 무시하고 자신의 작업이나 행동에 집중할 수 있을 것이다.

• 단계9: 일반적으로 연속강화계획에서 변동강화계획으로 변경한다.

• 단계10: 아동이 토큰과 보상을 교환할 수 있는 시간을 준다.

만약 토큰체제가 학급 프로그램을 정당화한다면 학교에서의 시간은 교환을 위해 이용할 수 있도록 구성되어야 한다. 시간이 아동의 휴식시간, 점심시간, 자유시간을 빼앗아서는 안 된다.

• 단계11: 보상 메뉴는 자주 바꾼다.

아동은 성인과 마찬가지로 하루가 지나면 같은 것을 지겨워한다.

7) 모델링

인간의 공통적인 학습 형식 가운데 한 가지가 관찰과 모방의 과정을 통해 성취하는 것이다. Bandura가 주장한 것과 같이 인간은 학습자 자신에 의한 직접 체험뿐만 아니라 다른 사람의 경험을 관찰하고 이야기를 듣고 글을 읽는 것 등을 통해서 새로운 행동 양식의 습득이나 반응패턴의 변용이 가능하다. 이러한 학습유형은 다양한 시점과 다양한 이론가 및 실천가에 의해 모델링(modeling), 관찰학습(observational learning), 동일시(identification), 대처(copying), 역할놀이(role playing) 등으로 명명되었다. 여기서 모델링이란 관찰과 모방에 의한 학습을 지칭하는 것이다.

모델링법(modeling therapy)에는 직접 관찰하는 경우뿐만 아니라 필름으로 보는 방법과 이미지로 실시하는 방법이 있다. 아울러 처음으로 완성된 행동 모델을 나타내는 경우와 서서히 목표행동에 근접해 가는 경우도 있다.

모델링법은 기본적으로 학습자에게 구체적인 강화조작을 제시하지 않지만 모델에게 주어진 강화는 학습자의 동기유발에 효과가 있다고 일반적으로 알려져 있다.

모델의 효과

모델링에서 사용하는 모델은 다음의 세 가지 효과를 갖는다.

첫째, 모델링 효과 또는 관찰학습이다.
다른 사람의 행동을 관찰하여 그대로 따라서 학습하게 된다.

둘째, 억제효과 또는 비억제효과다.
아동은 행동을 나타낼 때 정적으로 강화된 또래를 관찰하고 모방하게 된다. 혹은 벌을 받거나 무시된 또래를 관찰하고 모방하지 않기도 한다. 이러한 상황에서 아동은 다른 아동의 행동을 경험하거나 대리로 그 결과를 경험할 수 있다.

셋째, 제거 또는 반응촉진효과다.
아동은 간식시간에 과자를 받았을 때 "고맙습니다."라고 말하는 것이 적절하다는 것을 알고 있다. 그러나 장애아동은 일반적 실행의 문제로서 "고맙습니다."라고 말하지 않는다. 과자를 받은 모든 아동이 적절한 사회적 반응을 받으면 장애아동도 "고맙습니다."라고 말하는 것을 촉진한다.

모델링 중재 시 고려요소 및 사용지침

모델링 중재를 수행하기 전에 다음 요소들을 고려해야 한다.

- 한 아동이 발달적 · 인지적으로 모델을 모방할 수 있는가? 행동수정가는 어떤 아동은 모델링을 사용할 준비가 되어 있지 않고 단순하다는 사실을 알고 있어야 한다.
- 아동이 모델을 모방함으로써 보상받을 것인가? 어떤 아동은 행동을 수행하는 것에 의해 본질적으로 보상받지 않고 단순하다.
- '좋은' 모델인가? 아동을 위해 모델을 선정할 때 주의해야 하는 점이다. 과학 시간에 필요한 모델과 국어 시간, 운동장, 가정, 창고 뒤에서의 모델은 다르다.
- 모델이 아동에게 수용될 수 있는가? 불쾌한 모델은 아동이 거부할 것이다.

행동을 변화시키려는 전문가들이 이러한 요소들을 고려할 때 모델링 치료기법은 효과적으로 적용될 수 있으며, 일반적으로 다른 행동치료법인 강화, 촉진, 행동형성법 등과 같은 방법과 함께 사용된다. 모델링을 효과적으로 사용하기 위한 다음과 같은 일반적인 지침이 있다(이임순, 이은영, 임선아 역, 2003).

- 가능하면 아동의 친구나 동료 중 능력 있는 아동을 모델로 선택하라.

- 가능하면 모델은 한 명보다 여러 명을 사용하라.
- 시범을 보이는 행동의 복잡성은 아동의 행동 수준에 맞게 하라.
- 모델링과 규칙을 결합하라.
- 아동에게 모델이 행동을 수행하고 강화받는 것을 보게 하라.
- 가능하다면 시범으로 보인 행동을 아동이 정확하게 모방할 경우 자연적 강화물을 주어라. 이것이 가능하지 않다면 강화를 제공하라.
- 행동이 아주 복잡한 경우에는 아동이 매우 쉬운 것부터 어려운 것으로 접근할 수 있도록 모델링 순서를 배열하라.
- 자극일반화를 높이기 위하여 모델링 장면을 되도록 현실적으로 구성하라.
- 모델을 사용하지 않고 다른 자극이 목표행동을 통제하도록 하려면 필요한 만큼 용암법을 사용하라.

2. 문제행동의 지도

잠시도 의자에 앉아 있지 못하고 계속 주위를 돌아다니는 아동, 양손을 아래위로 반복해서 흔드는 아동, 아니면 손뼉을 반복해서 치는 아동, 자기 머리를 때리거나 손을 무는 아동, 사물을 집어던지는 아동, 우는 아동, 괴성을 지르는 아동 등을 우리는 흔히 만나게 되며, 어떻게 다루어야 할지 당황할 때가 많다.

특히 미술지도에 있어서 치료자와 아동은 바람직한 인간관계, 적절한 교육관계, 신뢰감을 동반한 접근적인 관계, 즉 서로 상대의 행동에 강화 인자를 주고받는 관계가 되어야 함은 말할 것도 없다. 이러한 인간관계를 유지하면서 부적절한 행동을 수정하고 나아가서 효과적인 미술지도를 하기 위해서는 치료기법의 적절한 선택이 필요하며 혐오자극이 동반되어서는 안 된다.

혐오자극을 사용하면 그 행동 자체는 억제되지만 벌을 받는 행동 이외의 행동까지도 위축되어 전체적으로 자발성이 저하될 뿐만 아니라 대인회피 경향이 일어날 수 있다. 그러므로 아동의 생명에 관계되거나 큰 사고를 동반하는 경우가 아닐 때는 기본적으로 벌의 사용을 피하고 가능한 한 적절한 행동에 강화 인자를 주도록 해야 한다. 즉, 치료자와 아동의 친화관계도 유지하면서 부적절한 행동도 소거시킬 수 있는 하나의 방법으로 강화 절차를 활용할 수 있다.

일반적으로 강화는 행동비율을 증가시키기 위한 방법으로 사용되지만, 부적응행동의 빈도를 줄이거나 부적응행동을 못 하도록 조건을 만들기 위한 행동을 하는 데 보상을 줌으로써 간접적으로 행동을 감소시킬 수도 있다.

따라서 지금부터는 미술치료 시 부적절한 행동의 감소에 효과적으로 활용할 수 있는 강화절차, 즉 행동감소절차의 원리, 차별강화, 소거 등에 관하여 설명하고자 한다.

1) 행동감소절차의 원리

행동을 감소시키기 위한 절차를 선택하는 데 특정 원리를 적용해야 한다. 첫째는 최소로 강압적인 대안의 원리다. 이 원리는 중재를 결정할 때 중요하게 고려해야 하는 것이 중재의 강압성 수준을 고려하는 것이며, 치료자는 이용할 수 있는 선택의 긍정적 범위에서 최소로 강압적인 것부터 가장 강압적인 것까지 절차의 위계에 근거하여 결정해야 한다는 것을 보여 준다.

예를 들어, 〈표 5-1〉에서 보는 것과 같이 수준 I의 절차가 행동을 변화시킨다면 수준 IV의 절차는 사용할 필요가 없으며, 그것을 사용하는 것은 윤리적이지도 않다. 또한 Gast와 Wolery(1987)는 "만약 동일한 효과를 가진 절차 가운데 처치를 선택한다면 최소로 혐오적인 것을 선택해야 한다. 만약 선택한 처치가 최소로 혐오적이지만 비효과적이고, 가장 혐오적인 방법이 가장 효과적이라면 효과적인 방법을 선택해야 한다."라고 제안하였다.

둘째 원리는 중재의 선택은 변화되는 행동의 확인된 기능에 근거해야 한다는 것이다. 절차를 개발하기 전에 기능을 확인하게 되면 중재를 선택하는 것은

〈표 5-1〉 **행동감소를 위한 전략의 수준**

수준 Ⅰ	강화에 근거한 전략
	a. 낮은 비율 행동의 차별강화(DRL)
	b. 다른 행동의 차별강화(DRO)
	c. 상반행동의 차별강화(DRI)
	d. 대안행동의 차별강화(DRA)
	e. 비유관 강화
수준 Ⅱ	소거
수준 Ⅲ	바람직한 자극의 제거
	a. 반응대가
	b. 타임아웃
수준 Ⅳ	혐오자극의 제시
	a. 조건화되지 않은 혐오자극
	b. 조건화된 혐오자극
	c. 과잉교정

순전히 운이다. 하나의 중재가 많은 아동에게 효과적이지만 모든 아동에게 효과적인 것은 아니며, 몇몇 행동은 감소시키지만 모든 행동을 감소시키는 것은 아니다. 행동은 언젠가는 회복되거나 그 행동과 똑같이 나쁜 것으로 대체된다. 이러한 불규칙적인 성공은 행동의 기능을 고려하지 않고 중재를 선택했기 때문에 발생하는 것이다(Carr, 1977). 또한 이 원리가 의미 있게 구성되려면 기능적으로 동등한 대안 행동에 대한 교수가 동시에 있어야 한다. 아동은 부적응행동을 제거한 것과 같은 강화를 하는 적절한 대체행동을 학습해야 한다.

행동을 감소시키기 위한 절차를 수행하는 데 있어서는 몇 가지 조건이 부합해야 한다. 첫째 조건은 자료에 근거해서 위계를 이동해야 한다는 것이다. 현재 채택한 절차가 효과가 없다는 것을 결정하기 전에, 그리고 보다 강압적인 절차를 사용해야 한다고 결정하기 전에 중재 동안에 수집된 자료가 절차의 비효과성을 실증해야 한다. 둘째 조건은 자문과 허용 시점을 확립해야 한다는 것이다. 어떤 시점에 치료자는 현재 중재의 진전을 검토하고 앞으로의 수행 계획을 동의하는 자신의 감독자, 아동의 부모, 행동관리위원에게 자문을 해야 한다. 그러한 계획에는 기능적 사정과 기능적 분석을 수행하고, 행동지원계획을 개발하는 것이 포함된다.

〈표 5-1〉에 제시된 위계는 부적응행동을 감소시키기 위해 선택할 수 있는 네 가지 수준의 대안적 방법이다. 수준 I이 선택에서 가장 먼저 고려되어야 하고, 수준 IV가 가장 나중에 선택할 수 있는 것이다.

수준 I은 5가지 차별강화방법을 제시하고 있다. 치료자는 이것들을 가장 먼저 선택해야 하며 행동을 감소시키기 위해 긍정적 접근(강화)을 사용해야 한다.

수준 II는 소거를 제시하고 있다. 소거를 사용하는 것은 행동을 유지하기 위해 강화 인자를 보류하거나 더 이상 제공하지 않는 것을 의미한다.

수준 III은 벌이 되는 자극을 사용하기 위한 방법들을 제시하고 있다. 그러나 반응대가와 타임아웃은 혐오자극의 적용을 요구하지는 않는다. 이 방법의 실시는 부적 강화와 대비되는 것으로 부적 강화에서 행동을 증가시키기 위해 혐오자극이 부수적으로 제거된다. 수준 III에서는 행동을 감소시키기 위해 바람직한 자극의 제거나 거부가 필요하다.

수준 IV는 앞의 3가지 수준의 결과가 성공적이지 못하거나 행동이 계속되어 아동이 타인에게 즉각적 위험이 될 때 선택하는 것이다. 이 방법의 실시는 강화와 대비되는 것으로 볼 수 있다. 즉, 정적 강화는 행동을 증가시키기 위해 자극이 우연히 제시된 것이고, 혐오자극은 행동을 감소시키기 위해 제시된 것이다.

2) 차별강화

정적 강화와 부적 강화는 바람직한 행동을 증가시키거나 유지하기 위한 방법이지만, 차별강화(differential reinforcement)는 바람직하지 않은 행동을 감소시키는 방법이다. 따라서 차별강화를 정적 강화와 부적 강화와는 구분하여 다르게 다루어야 한다.

차별강화는 아동이 바람직하지 않은 행동을 일정한 시간 동안 하지 않을 때 강화하는 방법을 말한다. 이러한 차별강화에는 ① 낮은 비율 행동의 차별강화(Differential Reinforcement of Low rates: DRL), ② 다른 행동의 차별강화(Differential Reinforcement of Other behavior: DRO), ③ 상반 행동의 차별강화(Differential Reinforcement of Incompatible behavior: DRI), ④ 대안행동의 차별강화(Differential Reinforcement of Appropriate behavior: DRA)가 있다.

(1) 낮은 비율 행동의 차별강화

차별강화의 또 다른 유형이 낮은 비율 행동의 차별강화(DRL)다. DRL은 ① 습관, ② 빠르게 감소될 필요가 없는 행동, ③ 0까지 감소될 필요가 없는 행동에 적용할 수 있다. DRL은 낮은 비율의 행동을 점진적으로 강화함으로써 행동을 서서히 감소시키고자 할 때 적용할 수 있다.

DRL이 성공적이려면 다음과 같은 것들을 고려해야 한다. 첫째, 교육적 또는 사회적 환경은 높은 비율의 부적절한 행동을 묵인할 수 있어야 한다. 둘째, 구체적 수행기준에 부합되도록 시간에 따라 점진적으로 적용해 가면서 DRL은 시간소모적일 수 있는데, 이처럼 목표비율을 달성하는 데 시간이 필요하다. 셋째, DRL에서 사용하는 강화 인자는 현재의 다른 강화자극에 대응할 정도로 충분히 강력해야 한다. 넷째, 감소되는 행동은 사회적 환경에 의해 수용할 수 있거나 묵인할 수 있는 형태 또는 상태를 가져야 한다.

DRL은 관심 찾기 행동(attention-seeking), 숙제 완성하기, 치료자나 부모의 질문에 응답하기, 손들기와 같은 다양한 행동에 적용된다.

DRL의 적용 과정은 다음과 같다.

- 중재 장면을 확인한다.
- 표적행동을 정의한다.
- 표적 또는 목표비율을 결정한다.

- 첫 번째 준거비율을 구체화한다.
- 변화준거를 위한 자료결정 규칙을 구체화한다.
- 적합한 강화 인자와 강화계획을 확인한다.

(2) 다른 행동의 차별강화

다른 행동의 차별강화(DRO)는 미리 정해 놓은 잘못된 행위가 일정 기간 동안 일어나지 않으면 그 기간의 마지막에 강화 인자를 제공하는 강화절차다. 즉, 아동이 일정한 기간 동안 특정 행동을 하지 않는 것에 대하여 강화하는 방법이다. 예를 들면, 엄지손가락을 빠는 아동의 버릇을 없애려고 다른 행동의 차별강화와 10분 계획을 채택했을 경우, 아동이 10분 동안 손가락을 빨지 않으면 치료자가 강화를 주고, 다시 새로운 10분 주기가 시작되는 방법이다. 그런데 10분이 경과하기 전에 손가락을 빨면 강화제를 받을 수 없다.

① DRO 적용 과정

DRO는 아동이 특정 기간 동안 표적행동을 하지 않게 하기 위해 강화하며, 표적행동의 발생은 무시한다. 물론 아동은 다른 상황에서는 적절한 행동을 하도록 강화된다. DRO의 적용은 정적 강화를 강조하는 것이다.

그러나 다음과 같은 조건 가운데 한 가지 이상을 가진 아동은 다른 방법이 필요하다. 첫째, 사회적 환경에 의해 무시되거나 용인될 수 없는 많은 부적절한 행동을 나타내는 아동, 둘째, 강화받을 수 있는 다른 부적절한 행동을 나타내는 아동, 셋째, 치료자가 통제하거나 제거할 수 없는 표적행동을 유지하는 강화 인자, 넷째, 치료자가 통제하는 강화 인자가 통제할 수 없는 강화 인자보다 강력하지 않을 때 등이다. 이러한 조건에서는 보다 강제적인 방법과 DRO를 결합하는 것이 권장된다.

DRO는 많은 이유로 유용한 행동감소 방법이다. 우선 DRO는 정적 강화의 사용을 강조하고 혐오자극은 사용하지 않는다. 따라서 많은 부적절한 영향을 줄일 수 있다. 또한 구체적인 교체반응이 강화된다면 표적행동을 신속하고 올바르게 감소시킬 수 있다. DRO가 효과적으로 적용되는 행동에는 싸우기, 욕설하기, 이름 부르기, 위협하기, 뒤에서 이야기하기, 소유물 파괴하기 등이다. 만약 행동이 자신과 타인에게 위험하고, 심각한 파괴의 원인이 되며, 교수-학습 과정을 지나치게 방해하는 행동인 경우에는 DRO보다도 다른 중재를 적용해야한다. DRO의 적용 과정은 다음과 같다.

- 중재 장면을 확인한다.
- 표적행동을 정의한다.
- 기능적 분석을 수행한다.
- 기초선 자료를 수집한다.
- 반응 간 간격을 결정한다.
- 적합한 강화 인자와 강화계획을 결정한다.

② DRO의 사례
다음은 DRO 과정을 사용하여 부적절한 행동을 치료한 사례다.

- 사례 1
-대상 아동: 자해행동을 하는 10세 중도 정신지체아동
-목표행동: (기초선 기록을 통하여) 학교 공부 시간 내내 평균 30초마다 한 번씩 손목으로 자신의 머리를 때린다는 사실을 알게 되었다.
-치료원칙: 치료 실시에 앞서 다음과 같은 원칙을 정하였다.
  ◦ 15초 간격의 DRO 사태를 설정한다.
  ◦ 매일 30분 동안만 DRO 절차를 사용한다.
  ◦ 1:1 개별 치료기간을 구성한다.
  ◦ 치료기간에는 다양한 장난감이나 놀이기구로 흥미를 끈다.

○ 아동이 가장 좋아하는 과자를 때리지 않는 행동에 대한 강화 인자로 선
   택한다.
− 치료절차: 치료기간에 치료자는 아동과 책상을 사이에 두고 마주 앉는다.
   아동이 자신을 때리지 않는 15초가 경과할 때마다 치료자는 "네 자신을 치
   지 않았구나. 참 잘했다."라고 말하면서 과자를 한 조각 준다. DRO 15초
   계획이 진행된 후 며칠(2~3일) 동안 아동이 자신을 때리지 않으면 치료자
   는 DRO 간격을 30초로 연장한다. 점차 간격을 1분으로 연장시킨 뒤 나아
   가서 자신을 15분간 때리지 않을 때까지 DRO 과정을 사용한다.

• 사례 2
− 대상 아동: 우는 습관이 있는 5세 정신지체아동
− 문제행동: 임신 중에는 별다른 이상이 없었으나(18개월에 걷기 시작하는 등)
   전반적으로 신체발달이 늦었다. 자신의 의사를 말로 잘 표현하지 못하고
   전부 울음으로 나타내었을 뿐 아니라 4세가 되어도 친구들과 잘 어울리지
   못하여 유치원에 입학시켰다. 그런데 유치원에 다니는 동안에도 적응하지
   못하고 계속 우는 바람에 3개월 만에 그만두게 되었다. 모자분리에는 큰 거
   부가 없었으나 치료실에 입실하면서 울었다. 2초 정도 멈추었다가 계속 우
   는 행동이 50분 동안 지속되었으나 처음 20분간이 심하며 점차 울음소리도
   약하고 간격이 길어졌다.
− 치료원칙: 치료 실시에 앞서 다음과 같은 원칙을 정하였다.
   ○ 잠깐이라도 울음을 멈추는 시점부터 1초 간격의 DRO 사태를 설정한다.
   ○ 매회 20분 동안만 DRO 절차를 사용한다.
   ○ 1:1 개별치료 기간을 구성한다.
   ○ 치료기간에 원기둥 끼우기, 퍼즐, 장난감 등으로 아동의 흥미를 이끈다.
   ○ 아동이 울음을 그쳤을 때는 스티커를 강화 인자로 선택한다.
− 치료절차: 아동은 울면서 입실하여 착석하였다. 치료자가 원기둥을 하나씩

빼 놓기 시작하자 아동은 처음 1분 정도는 그냥 울었으나 점차 울면서 치료
자의 행동을 주시하였다. 치료자가 아동의 반응을 보면서 원기둥 하나를
끼우고 멈추자 아동이 다른 하나를 들고 원기둥에 끼웠다. 이 과제를 실시
하는 중 아동이 잠시 울음을 멈추는 시점에 "안 우는구나. 참 착하다." 라는
말과 함께 스티커를 제시하고 종이에 붙이게 했다(연속 5회). 이러한 과정이
되풀이되면서 3회기 때는 DRO 5분이 가능하게 되었으며 5분이 지나면서
울려고 하다가 치료자의 얼굴을 보고 멈출 수 있게 되었다. 5회기에는 50분
간 2~3회 잠깐 울먹이다가 좋아하는 과제가 제시되면 멈추는 등 우는 행동
이 소거되었다.

(3) 상반행동의 차별강화

상반행동의 차별강화(DRI)는 부적절한 표적행동과 신체적으로나 기능적으
로 상반되는 미리 정해 둔 행동을 한 후 강화 인자를 주는 과정이다.

① DRI 적용 과정

DRI는 특정 행동과 반대되거나 상반되는 행동을 체계적으로 강화함으로써
행동을 감소시키는 방법이다. DRI 역시 DRO와 마찬가지로 매우 효과적인 방
법이다. 그러나 적합한 대체행동이 있을 때만 효과적으로 적용할 수 있다. 적합
하다는 것은 대체행동이 표적행동과 물리적으로 상반되거나 바람직하지 않은
행동에 대한 구체적 대안을 제시할 수 있는 것이어야 한다는 것을 말한다. 또한
표적행동과 대체행동을 동시에 관련짓는 것이 불가능해야 한다.

DRI가 성공적으로 적용되는 행동의 예는 ① 지시 따르기 대 복종, ② 이름 부
르기 대 적절하고 적당한 이름 사용하기, ③ 부적당한 횟수로 말하기 대 적당한
횟수로 조용히 하기, ④ 과제이탈 대 과제 집중, ⑤ 착석 대 좌석이탈, ⑥ 학급에
서 잠자기 대 학급에서 잠자지 않기, ⑦ 우물쭈물하기 대 계획대로 하기, ⑧ 과제
를 완성하지 않기 대 과제를 완성하기 등이다. DRI의 적용 과정은 다음과 같다.

- 중재 장면을 확인한다.
- 표적행동을 정의한다.
- 대안행동 또는 상반행동을 선택하고 정의한다.
- 적합한 강화 인자와 강화계획을 확인한다.

DRI 과정을 사용하여 부적절한 행동의 빈도가 줄어들게 하는 것은 상반되는 적절한 행동의 증가를 보장한다. 즉, 적절한 행동이 자주 일어나면 부적절한 행동이 일어날 기회가 없어진다는 것이다. 이는 DRI 과정의 주된 장점이라고 말할 수 있다.

또한 DRI 절차를 실시할 때 부적절한 행동을 통제할 가능성이 가장 큰 강화 인자를 제공해야만 부적절한 행동을 하고 싶은 동기유발이 거의 일어나지 않으므로 강화 인자 설정에 유의해야 한다. 아울러 부적절한 행동과 상반되는 행동뿐만 아니라 사회적·교육적으로 적당한 행동을 선정하는 것도 중요하다.

② DRI의 사례

- 사례 1
- 대상 아동: 손뼉을 치는 상동행동이 있는 6세 자폐성장애아동
- 문제행동: 상황에 상관없이 반복하여 지속적으로 손뼉을 치는 상동행동
- 상반행동: 손을 책상 위에 두기
- 치료원칙
  ○ 손은 의미 있게 사용하며, 쉴 때는 책상 위에 올려놓게 한다.
  ○ 강화 인자로 손뼉치기를 활용한다.
- 치료절차: 아동의 흥미를 끌 수 있는 원기둥 끼우기, 사물 퍼즐, 구슬을 병에 넣기 등을 과제로 준비한다. 치료자는 아동과 책상을 가운데 두고 마주 앉는다. 치료자가 아동과 함께 손뼉치기를 하다가 "악수" 하고 말하면서

아동의 한 손을 잡고 흔든다. 다음에 "자, 손 책상 위에." 하고 말하면서 아동의 손을 잡고 책상 위에 놓게 한다. 1초라도 두게 되면 "참 잘했어요."라고 말하고, 박수를 쳐 준다. 재차 '악수, 손, 책상 위, 박수'를 반복하다가 점차 2~3초 라도 책상 위에 손을 두게 되면 원기둥 끼우기, 사물 퍼즐 등의 과제를 함께 실시하면서 손을 책상 위에 두고 활용하는 시간을 늘려 나간다. 이러한 치료절차를 통하여 적어도 치료기간(40분) 중 과제가 제시되기까지 1~2분 정도는 책상 위에 손을 두고 기다릴 수 있었으며 사물을 조작하고 있는 동안에도 손뼉을 치는 행동이 일어나지 않았다.

• 사례 2
−대상 아동: 공격행동이 있는 6세 아동
−문제행동: 친구를 때리거나 밀어서 넘어뜨린다. 동생을 이유 없이 때린다.
−상반행동: 친구나 동생에게 다가가면 뺨을 어루만지게 하고 악수를 시킨다.
−치료원칙
  ◦ 친구나 동생을 때리거나 밀기 전에 아동의 손을 잡고 상반행동을 실시하게 한다.
  ◦ 치료자의 보조에 의해서라도 상반행동을 실시하게 되면 바로 강화 인자를 제시한다.
  ◦ 안아 주는 등 접촉성 강화 인자를 활용한다.
−치료절차: 공격행동이 치료실보다 가정이나 일상생활 장면에서 많이 발생하였으므로 부모상담을 통하여 문제행동을 소거시켰다. 그 절차는 다음과 같다. 아동은 엄마가 조금이라도 떨어진 장소에 있으면 동생에게 다가가 예외 없이 때리거나 밀어서 넘어뜨렸으며 다른 아동에게도 다가가 느닷없이 밀거나 때린다. 따라서 아동이 동생이나 다른 아동에게 다가가면 엄마는 바로 아동의 양손을 두 손으로 잡고 "예쁘다." 하고 뺨을 어루만지게 하거나 악수를 시킨다. 그리고 비록 엄마의 보조에 의해서 이루어진 행위지

만 이 행위에 대해 칭찬을 해 준다. 점차 아동이 스스로 할 수 있도록 지도해 나간다. 이러한 절차에 의해 2주 후부터는 다른 아동에게 다가가서 손을 먼저 내밀었다가 머뭇거리는 행동이 보였으며, 엄마가 "예쁘다 해야지." 하면 볼을 쓰다듬거나 악수를 하기도 하였다.

• 사례 3
–대상 아동: 과잉행동이 있는 3세 6개월 정신지체아동
–문제행동: 한자리에 잠시도 가만히 있지 못하고 돌아다닌다.
–상반행동: 착석행동
–치료원칙
  ○ 착석 시 병에 구슬을 넣기, 고리 끼우기 등의 과제를 활용하여 아동의 흥미를 끈다.
  ○ 트램펄린을 강화 인자로 활용한다.
–치료절차: 아동은 전혀 착석하지 못할 뿐만 아니라 사물에도 관심이 없었으며 트램펄린이나 타이어 뛰기 등만 좋아하였다. 따라서 트램펄린을 뛰게 하거나 "그만." 하는 말과 동시에 아동의 손을 잡고 의자에 유도하여 착석시킨다. 이와 동시에 아동의 손을 보조하여 병에 구슬 넣기 한 번을 실시한 다음 "○○야, 잘했다." 하면서 바로 트램펄린을 뛰게 한다. 점차 구슬 넣기 2회 실시, 3회 실시 뒤 강화를 제시하는 등의 방법으로 20회 쯤에는 20분 지속하여 착석하는 것이 가능하였다.

(4) 대안행동의 차별강화

대안행동의 차별강화(DRA)는 적절한 표적행동의 성취에 뒤이어 강화 인자가 주어지는 과정이다. 부적절한 행동을 감소시키는 데 DRA 과정을 사용하는 이유는 적절한 행동이 증가되는 동시에 부적절한 행동이 감소되기 때문이다. DRO의 단점, 즉 적절한 행동이 증가하지 않을 가능성과 부적절한 행동이 증가

할 가능성을 최소한으로 약화시킬 수 있다.

DRA는 부적절한 행동의 발생 여부에 관계없이 행동을 증가시키고 싶을 때 사용하는 과정이다. DRA 절차를 사용하는 동안에는 적절한 행동, 부적절한 행동에 관계없이 강화받은 행동의 빈도가 증가하기 때문에 상대적으로 다른 행동은 감소한다. 그러나 DRA 절차에는 부적절한 행동에 직접적인 영향을 주지 못한다는 점과 잘못된 행동이 여전히 발생할 수 있다는 점 등의 단점이 있다.

① DRA의 사례
다음은 DRA 과정을 사용하여 문제행동을 치료한 예다.

• 사례 1
-대상 아동: 7세 자폐성장애아동
-문제행동: 틈만 나면 손을 위아래로 흔드는 상동행동
-적절한 행동: 치료자의 동작을 모방한다.
-강화: '만세' 상태에서 팔 흔들어 주기, 악수
-치료절차: 치료자와 아동이 마주 앉는다. 치료자가 "만세."라는 말과 함께 팔을 들어 준다. 팔을 높이 든 상태로 "야, 잘했다." 하고 팔을 흔들어 준다. 점차 보조를 제거하면서 아동 스스로 동작을 모방하게 한다. 팔 옆으로, 북 치기, 실로폰 치기 등 장난감의 동작모방을 실시하게 한다. 그 결과 치료기간 중 아동의 팔을 옆으로 흔드는 행동이 감소하고 장난감을 가지고 노는 행동이나 동작 모방행동이 향상되면서 무의미하게 손을 흔드는 상동행동은 소거되었다.

차별강화의 적용 단계

차별강화 중재를 수행할 때 행동변화 과정에는 다음과 같은 단계가 필요하다.

-단계1: 변화되어야 하는 표적행동을 선택한다.
-단계2: 표적행동에 대한 긍정적 대안행동을 선택한다.
-단계3: 적절한 차별강화전략(DRO, DRI, DRL)을 선택한다.
-단계4: 중재에서 사용되는 강화 인자를 결정한다.
-단계5: 성공 준거를 결정한다.
-단계6: 중재를 수행한다.
-단계7: 중재 결과를 평가한다.

효과적 차별강화 사용지침

　표적행동을 감소시키는 데 사용할 수 있는 강화계획의 유형을 결정한다. 표적행동을 어느 정도 묵인할 수 있거나, 빨리 또는 자주 발생하지는 않지만 한번 발생하면 바람직한 행동인 경우 DRL을 사용한다. 행동이 제거되어야 하고, 바람직하지 않은 대안행동을 강화해도 위험하지 않다면 DRO를 사용할 수 있다. 행동이 제거되어야 하지만 DRO가 바람직하지 않은 행동을 강화할 위험이 있으면 DRI를 사용한다. 가능하면 치료자가 사용하게 될 방법을 아동에게 알리고 이해시킨다.

3) 소거

미술치료에서 부적절한 행동이 발생했을 때 그 행동에 초점을 맞추다 보면 관심 끌기가 되어 부적절한 행동이 강화되는 경우가 있다. 이때는 전혀 반응하지 않는 소거법이 효과적이다.

이전에 강화되던 행동에 대해 강화 인자를 중지하거나 보류하는 것을 소거 (extinction)라 한다. 이 과정은 체계적 무시로도 알려져 있다. 즉, 바람직하지 못한 행동의 발생률을 감소시키기 위해 사용할 수 있는 방법으로 그 행동이 더 이상 강화될 수 없도록 이제까지 주어지던 강화를 차단하는 것이다. 그 결과 그 행동의 발생률이 낮아지다가 결국 없어지는데, 이를 소거라 한다.

소거는 중재수행에서 치료자나 부모가 일관되고 지속적으로 그것을 사용할 때 효과적이다. 행동을 소거하는 데 가장 효과적인 접근은 이전에 강화된 행동을 무시하는 것이다. 이것은 말은 쉽지만 막상 수행하기는 어려운 것으로, 우리 대부분은 부적절한 행동을 무시하기가 어렵다. 그러나 행동을 정확하게 무시하는 방법은 표적행동을 일관되고 완전하게 무시하는 것이다. 우리는 무시할 수 없을 정도로 심각한 행동도 있다는 것을 알지만, 개인이 자신이나 타인에게 고통을 주지 않거나 학급 프로그램의 진행을 방해하지 않는 범위의 행동이라면 소거를 선택할 수 있다.

문제행동의 대처방안은 [그림 5-1]과 같으며 부적응행동 소거를 위한 치료계획은 [그림 5-2]와 같다.

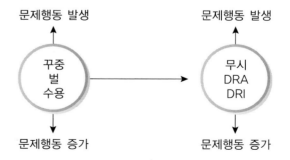

[그림 5-1] 문제행동 대처방안

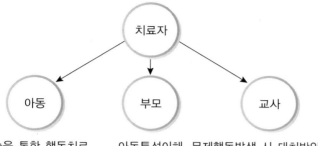

미술을 통한 행동치료　　아동특성이해, 문제행동발생 시 대처방안 교육

[그림 5-2] 부적응행동 소거를 위한 치료계획

소거의 적용단계

　치료자는 소거를 적용할 때 ① 표적행동이 나타나도 무관심하게 태연함을 유지하고, ② 현재 수행하고 있는 활동을 계속하며, ③ 행동이 지속될 경우 무시하고 떠나 버리는 등의 지침을 고려해야 한다.

　이러한 지침에 근거하여 소거를 적용하는 단계를 살펴보면 다음과 같다.

- 단계1: 중재 장면을 확인한다.
- 단계2: 표적행동과 대체행동을 정의한다.
- 단계3: 행동의 기능적 분석을 수행한다.
- 단계4: 강화 인자를 확인한다.

소거의 효과에 영향을 주는 요인

첫째, 정적 강화와 결합되어야 한다.

소거는 정적 강화와 결합될 때 가장 효과적이다. 그래서 아동의 문제행동을 무시할 뿐만 아니라(소거), 바람직한 행동에 대한 정적 강화가 동시에 수행되어야 한다. 소거가 단독으로 적용될 때보다 소거와 정적 강화가 결합되어 적용될 때 바람직하지 않은 행동의 빈도를 가장 빨리 감소시킬 수 있다.

둘째, 바람직하지 않은 행동을 유발하는 강화 인자를 통제해야 한다.

타인이나 물리적 환경에 의해 제시되는 강화 인자는 소거의 효과를 없앨 수 있다. 소거를 적용할 때 바람직하지 않은 행동을 유지하는 강화 인자를 치료자가 압도해야 한다. 이것이 보장되지 않으면 소거 프로그램은 실패할 것이다.

셋째, 소거가 수행되는 장면을 변경해야 한다.

소거가 수행되는 장면을 변경하면 치료자가 감소시키려는 행동을 다른 사람들이 강화할 가능성을 최소화시킬 수 있으며, 행동치료자들이 프로그램을 지속할 기회를 극대화할 수 있다.

넷째, 지시 규칙을 구성해야 한다.

소거에 대해 말하거나 이해시킬 필요는 없지만, 시작할 때 "네가 X를 할 때는 더 이상 Y가 주어지지 않을 것이다."라고 말하는 것이 더 빨리 행동을 감소시키는 데 도움이 된다.

다섯째, 소거는 연속강화 후에 빨라져야 한다.

행동을 유지하기 위해 간헐강화를 하였다면 행동은 아주 느리게 소멸될 것이다. 이때 행동이 느리게 소멸된다는 것은 소거에 저항한다는 것을 의미한다.

 제**6**장

장애아동 부모상담

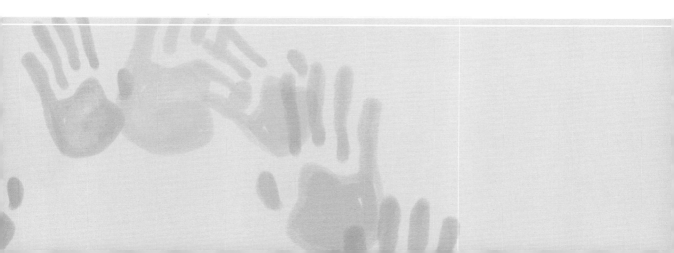

제 **6** 장
장애아동 부모상담

대부분의 부모는 아동이 장애가 있다는 사실을 아는 순간부터 심한 심리적 갈등을 겪게 될 뿐 아니라 양육에 있어서도 많은 어려움에 봉착하게 된다. 실제로 재정적 자원, 가족 예산, 아동이 학교를 다니고 직업을 갖게 될 기회, 그리고 아동이 성인이 되었을 때 부딪치게 될 갖가지 문제뿐만 아니라 장애아동이 가족 구성원에게 가져다 주는 정서적 긴장, 아동을 돌보는 데 걸리는 시간, 다른 가족 구성원에 대한 욕구뿐만 아니라 아동의 욕구에 대처하기 위한 그들의 능력 등에 대해 걱정하며 많은 신체적·심리적 부담을 안게 된다.

그리하여 장애아동 교육 및 심리치료에 있어서 부모상담은 우선되어야 할 중요한 과제라고 말할 수 있다. 이는 아동의 최초의 치료자인 동시에 가장 중요한 치료자는 부모이며, 부모가 바람직한 태도로 교육 결정 및 교육 수행에 적극적으로 참여하는 것은 자녀 양육에 결정적인 영향을 주기 때문이다. 따라서 부모상담을 통해 장애아동에게 보다 신속하고 적절하게 심리적으로 적응하도록 돕는 것이 중요하다.

다음에서는 장애아동 부모의 권리와 심리적 특성을 살펴보고 치료자의 태도 및 내용을 소개해 보기로 한다.

1. 장애아동 부모의 권리

장애아동의 부모는 일반아동의 부모와는 다른 욕구와 관심을 가지고 있으며, 이러한 특성은 장애 유형보다 장애 정도에 따라 차이가 난다. 아동의 장애를 발견하고 아동을 조정하고 돕는 과정은 일반아동의 부모는 알지 못하는 일이다. 아동의 교육 역시 아동의 개별적 특성에 맞추어 조정된다. 그래서 장애아동의 부모에게는 다른 부모보다 더 많은 참여와 훈련이 요구된다. 장애아동의 양육과 아동의 미래를 계획하는 것에 대한 긴장은 다른 부모의 요구를 넘어서는 상담을 필요로 한다. 장애아동의 부모는 보다 긴장된 생활로 여유 없는 생활을 보내기 일쑤이며, 자신을 위한 시간을 보낼 때 죄책감을 갖는 부모도 있다. 장애아동 부모상담 시 먼저 부모의 권리를 잘 인식시켜 일상생활에서 부모가 심리적으로 안정을 찾고 현 상황에서 더 신속하고 적절하게 적응하도록 하는 것이 중요하다.

장애아동 부모의 자유

- 부모가 스스로 할 수 있는 최선의 노력을 다했다는 생각을 가질 자유
- 비록 부모가 장애아동을 가졌지만, 가능한 한 정열적으로 생을 즐길 자유
- 장애아동이 자신의 사생활을 갖게 할 자유
- 가끔 죄의식 없이 다른 사람들이나 아동에게 적대감을 가질 자유
- 때때로 고독을 즐길 자유
- 아동의 진전과 성취에 대해 실제적으로 자부심을 갖고 다른 사람에게 말할 자유

- 자신의 취미와 흥미를 가질 자유
- 자신의 의견을 존중해 줄 것을 요구하고 전문가가 수행하는 활동에 관해 자신이 실제적으로 느끼는 것을 치료자와 다른 전문가에게 말할 자유
- 자신의 아이가 장애를 가졌을지라도 만약 아동이 불쾌하게 한다면 그것을 아동에게 말할 자유
- 아동이 많은 칭찬을 요구할지라도 이유 없이 칭찬을 하지 않을 자유
- 모든 것을 좋다고 말하고, 곧바로 거짓말이라고 말할 자유
- 아동을 동반하지 않고 연중휴가, 즉 데이트, 경축연, 주말 나들이, 결혼기념일 등을 가질 자유
- 비록 여유는 없지만 자신을 위해 약간의 여윳돈을 사용할 자유

2. 장애아동 부모의 심리적 특성

일반적으로 부모는 아이가 태어나기 훨씬 전부터 많은 희망을 걸며 이 아이가 자라서 결혼하고 자식을 낳을 먼 장래까지도 즐겁게 상상한다. 그러나 자기 아이가 장애를 가졌다는 사실을 알게 되면 대부분의 부모는 큰 충격을 받게 된다. 처음에는 자신감을 잃고 열등감과 좌절에 빠져들며 장애아동을 가진 것에 대한 자책과 원망, 나아가서 부정적인 자세를 갖게 된다. 이것이 일반적인 부모의 태도다. 이러한 갈등을 거쳐서 다소 오랜 시간이 지나면 장애아동의 부모라는 사실에 차츰 익숙해져 간다.

선천적 장애를 지닌 아동은 갑자기 장애를 갖게 된 아동보다 훨씬 적은 상처를 받는 반면, 장애를 가지고 태어났거나 아주 어린 시절에 장애를 갖게 된 아동의 부모는 훨씬 많은 고통을 받는다. 이러한 예에서 부모는 자신의 잃어버린 완전한 아동에 대한 슬픔으로 부정, 충격, 비탄, 죄의식, 우울증과 같은 그 과정의 가장 고통스러운 측면을 변함없이 경험한다. 부모의 사랑과 지원의 유대는

이 초기 단계에 깨어질 수 있기 때문에 거부나 과잉보호가 일어날 가능성이 보다 많다. 청소년기에 아동이 장애를 갖게 되면 부모는 자신의 상실을 보다 쉽게 수용할 수 있으며, 아동이 상처에 대처하도록 돕는 데 집중할 수 있다.

부모가 자신의 자녀가 장애아동이라는 사실을 받아들이고 적응하는 과정에는 일반적인 단계가 있으며, 시기나 정도는 다르지만 그러한 단계를 따라 수용과 적응이 이루어진다. 부모는 초기에는 부정적인 태도를 지니다가 시간이 경과할수록 수용하고 적응하게 된다.

많은 학자가 장애아동 부모의 정서 변화에 대해 5단계, 7단계, 10단계로 설명하고 있다. 자식이 장애를 가졌다는 사실을 인정하기까지 부모의 감정 변화는 죽음을 통보받은 환자의 감정 변화와 별반 다르지 않다. 장애아동 부모의 감정 변화를 살펴보면 다음과 같다.

(1) 초기 단계

① 충격 단계
자녀가 장애를 지녔다는 사실을 알았을 때 부모는 충격을 받게 되며 '나는 이제 죽었구나!' 하는 심리적·상징적 죽음을 경험하게 된다. 이는 심리적 마비상태를 말한다.

② 거부 및 부정의 단계
충격 단계를 거쳐 그다음에는 자기 자녀가 장애아동이라는 사실을 그대로 받아들이려 하지 않는다. 장애로 인해 발생하는 고통스러운 현실을 회피하기 위해 사용하는 심리적 방어수단으로서 '내 아이가 장애라니! 설마, 그럴 리 없을 거야……' 등의 자녀의 장애 자체를 거부하려는 마음을 지닌다. 특히 교육 수준이 높은 부모일수록 이 단계에 머무는 기간이 길다.

③ 불안의 단계

장애라는 사실을 인식한 초기 단계에서 발생하는데, 이 단계에서는 자기 자녀가 장애아동이라는 것을 대단한 수치와 모욕으로 느낀다. 그래서 주위에서 알까 봐 두려워하고 심지어는 자녀를 가두어 키우거나 손님이 올 경우 방에 숨기기까지 하게 된다.

(2) 중기 단계

① 책임과 죄책감의 단계

죄책감과 자기 비난에 동반된 자기를 향한 분노감을 갖는다. 정신지체 자녀가 있다는 사실을 부끄럽게 여기다가 점차 자기의 잘못 때문이라거나 자기가 죄가 있어서 벌을 받는 것이라고 생각하게 된다. 자녀의 장애를 인정하면서 장애아동 부모는 우울한 심리적 상태에 머물게 된다. '내 자식이 장애를 지녔다는 것을 인정해야 한다.'는 만성적 슬픔과 무력감 등에 시달린다.

② 고통의 단계

이 단계에 들어서면 장애 자녀를 가진 것을 무척 괴로워하면서 정상 자녀를 가진 부모에게 질투심을 갖게 된다. 특히 자기 자녀를 다른 아동들과 비교하며 속상해하거나 고통스럽게 생각한다. 이는 장애 자녀에게 느끼는 분노감을 다른 사람을 상대로 표출하려는 일종의 공격적 행동 반응을 말한다.

③ 과잉보호 혹은 배척의 단계

지나친 동정심을 가지고 자녀를 과잉보호하거나 이들의 뒷바라지가 어렵다고 아예 배척하여 시설에 수용하고, 혹은 자녀를 버리게 된다. 이 단계에서는 자녀가 스스로 할 수 있는 일도 지나친 과잉보호로 전부 해 주려고 하면서 자립심을 키워 주지 못하며, 심지어는 발달에 지장을 주게 된다.

(3) 후기 단계

인정과 적응의 단계다. 대부분의 장애아동 부모는 이러한 심리적 과정을 거쳐서 차츰 바람직한 태도를 갖게 된다. 실현 가능한 현실적인 해결 방법을 모색하고 자녀의 생애주기에 알맞은 부모 역할을 정립하며 새로운 의미를 부여하게 된다.

장애와 장애로 인한 결과를 인정하고, 그 장애와 결과가 영구적으로 유지된다는 것을 심리적으로 수용한다. 아울러 새롭게 주어진 생활 상황에 행동을 적응시키고, 장애로 인한 기능적 불리함을 정서적으로 내면화한다.

이러한 적응 과정은 장애아동을 대상으로 수행되는 상담에 중요한 시사점을 준다. 이는 장애에의 적응 단계에 따라 아동이 보여 주는 심리적 특성과 행동 유형이 매우 달라지기 때문이다. 따라서 이러한 특성에 대한 치료자의 적절한 이해가 선행되지 않으면 장애아동에게 가장 적절한 상담기법을 적용할 수 없게 된다.

이러한 정상적인 적응 단계를 거치지 못하고 특정 단계에 고착되어 있으면 장애아동 부모가 갖는 괴로움은 지속될 뿐만 아니라 장애아동에게 올바른 교육을 시작할 수 없게 된다. 이러한 상태를 부모의 병적 반응이라 하는데, 다음과 같은 특성을 나타낸다.

장애아동 부모의 병적 특성

• 만성부정: 이곳저곳을 전전함, 적절한 교육을 받을 기회를 놓치게 됨.

• 지속적인 분노와 죄의식: 배우자나 다른 자녀에게 신경을 쓰고, 장애 자녀는 돌보지 않는다. 이는 가족불화의 원인이 되기도 한다. 또한 분노를 다른 사람에게 투사(projection)하는 부정적인 방어기제를 보인다. 장애아동은 이러한

과보호나 불화, 부모가 자신의 장애를 바람직하게 수용하지 않는 것을 보면서 자신의 삶을 비관하고 우울감에 빠진다.

• 과잉보호: 맹목적인 과보호를 보이는데, 이는 아동의 장애를 가리려는 마음에서 비롯되며 아동의 정서적·신체적 성숙과 발달을 지연시킬 수 있다. 더불어 아동의 가능성을 약화시키며, 아동이 장애를 바람직하게 수용·극복하지 못하게 한다.

• 방치: 적절한 성장과 발달의 기회를 갖지 못하게 하고, 장애아동의 발달 가능성을 개발하지 못한다.

치료자는 부모가 가능한 한 빨리 심리적 갈등에서 벗어나 자녀를 바르게 이해하고 적절한 지도를 모색할 수 있도록 도와주어야 한다. 장애아동의 부모가 어떤 성격과 특성을 나타내고 있는지 이해하는 것은 부모상담의 기본 과제다.

3. 장애아동 부모의 상담 및 치료자의 태도

아동의 장애를 초기에 적절하게 처치하지 않으면 장애 유형과 정도에 관계없이 가족은 많은 고통을 겪게 된다. 부모상담은 장애아동의 부모가 자신의 독특한 환경을 다루는 데 도움이 되는 적합한 중재 형태다. 이러한 상담은 교육적 상담(educative counseling), 촉진적 상담(facilitative counseling), 개인적 옹호 상담(personal advocacy counseling)의 세 가지 주요 구성으로 나눌 수 있다.

1) 장애아동 부모의 상담

(1) 교육적 상담

부모는 자녀의 장애에 대한 정보를 필요로 한다. 자기 아이의 장애를 처음 알았을 때 완전하고 정확한 정보를 얻은 부모는 아동이 성장하면서 더 많은 정보를 찾는 경향이 있다(Burton, 1975). 전문가는 혼란을 줄이는 데 도움이 되도록 장애, 장애의 예후, 부모에게 미치는 영향을 설명할 수 있게 준비하고 있어야 한다.

부모는 자기 아이의 장애에 직면할 때까지 장애에 대해 거의 알지 못한다. 소수의 부모만이 자기 아이의 장애에 대한 최초의 설명을 완전히 이해한다. 전문가들은 부모들에게 그들이 상황에 관한 정보와 부가적인 정보를 얻을 수 있게 이용 가능한 서비스를 알 수 있도록 도움을 주어야 한다.

(2) 촉진적 상담

실제적인 도움을 제공하는 것에 더하여 치료자는 가족 가운데 장애아동의 존재와 관련된 사건에 관해서 또는 아동에 대한 부모의 감정을 명료화하기 위해서 지원과 도움을 제공해야 한다. 장애아동의 부모는 관계가 전개되면서 자신과 아동에 대한 다양한 감정을 경험한다. 치료자를 비롯한 전문가들은 부모의 감정에 대해 잘 알아야 하고, 특정 적응 단계에 있는 부모가 경험한 부모-아동 관계를 알아야 한다. 따라서 앞서 제시한 부모의 아동에 대한 불신, 죄책감, 거부, 비난, 부정, 절망을 경험하는 단계에 맞추어서 상담을 실시한 후 부모의 심리상태를 수용하여 적응하도록 도와줄 수 있다.

① 불신

부모는 아이의 장애에 관해 처음 들었을 때 자기 아이가 장애아동이라는 것을 믿기 어려워한다. 치료자는 부모가 요구하는 정보를 제공하여 현실적으로 아동을 보도록 하고, 실제적인 위협이 되지 않도록 함으로써 부모를 도울 수 있다. 이 충격의 상태에서 부모는 자기 아이는 완전하고 문제는 일시적이며 시간이 지나면 사라질 것이라고 상상한다. 부모가 자신의 현실에 편안하게 대처할 준비가 되었다는 것을 치료자가 알게 되었을 때 현실적이고 긍정적이며 동정적인 방법으로 아동의 장애 조건에 관한 정보를 제공할 수 있다.

② 죄책감

부모는 아이의 장애에 대해 스스로를 비난한다. 치료자는 아동의 장애가 부모의 실수가 아니라는 것을 이해하도록 부모를 지원할 수 있다. 치료자는 부모와 함께 죄책감을 탐색할 수 있고, 그들의 원천을 이해하도록 도울 수 있으며, 아동이 가능한 한 정상적으로 기능할 수 있도록 지원할 수 있다.

③ 거부

부모는 자신의 아동에게서 물러나려 하고, 아동이 드러내는 불완전함으로부터 스스로를 분리시키려고 노력한다. 몇몇 부모는 아이와 자신을 분리하는 데 도움이 되도록 상담을 적절하게 사용하기도 한다. 일반적으로 치료자는 부모가 자기 아이에 대한 감정과 장애에 대한 화를 분리하도록 지원한다. 부모는 아동의 장애를 고려해야 하는 새로운 삶의 목표를 개발하기 전에 정상적인 아동에게 걸었던 희망과 꿈을 표현할 필요가 있다.

치료자는 부모의 거부감이 언제나 혹은 단 한 번 발생하기도 하고 전혀 발생하지 않기도 한다는 사실을 알아야 한다. 부모는 자신의 아이를 깊이 사랑하지만, 그만큼 아이의 문제를 수용하는 것도 어렵다는 것을 알아야 한다. 또한 다른 정서와 비슷하게 거부감도 시간이 지나면서 순환하는 경향이 있다. 전문가는 화가 난 감정과 제한된 거부감이 정상적이며, 그것의 표출도 마찬가지로 수용 가능한 것이라는 사실을 생생하게 깨닫도록 부모를 도와야 한다.

④ 비난

부모는 자신이 다른 사람들과 다르다는 것을 강조하기 위해 가족, 친구, 이웃으로부터 아주 작은 단서라도 찾아내려고 한다. 부모는 배우자나 조부모와 같은 다른 사람을 미워하는 감정을 가지고 있다. 개인상담에서 부모는 몇몇 기본적인 측면에서 차이가 있다는 것, 특정 사회적 상황에서 그들의 장애아동이 비난받는 것을 수용해야 한다는 것, 그러한 감정에 고통받는 사람이 혼자만이 아니라는 것을 학습할 수 있다. 그래서 부모는 자기가 처한 상황이 자기만의 문제가 아니라는 것을 알아야 한다.

⑤ 부정

부정은 과도한 불안을 피하기 위해 무의식적 수준에서 작동하는 방어기제다. 부정을 극복하는 과정에 부모 중 한쪽만 참여하는 것도 위험하다. 부모 중 한쪽만이 아동의 장애를 인정하기 시작하고 다른 사람들은 계속 그것을 부정하게 되면 가족에게 부가적인 고통이 따르게 된다.

부정 단계는 일반적으로 출생 후 즉시 장애아동에 대한 부모의 반응으로 보여지는데, 아동이 나이가 들면서 보다 현실적인 평가를 하게 된다. 그러한 경우조차 아동이 의미 있는 발달 준거에 도달하게 되면 다시 부정을 나타낸다.

⑥ 절망

무력감과 절망감 단계에 도달한 부모는 전문가에게 도움을 청하거나 연락을 취하게 된다. 부모는 아동이나 자신을 위해 스스로 할 수 있는 것이 거의 없다고 느끼며, 그래서 그들은 다른 사람의 지원을 찾는다. 치료자는 다른 사람의 도움을 찾는 부모를 지원할 수 있으며, 부모에게 잠재되어 있는 강점을 그들이 확인하도록 지원할 수 있다.

(3) 개인적 옹호 상담

개인적 옹호 상담은 필요한 지원과 서비스를 얻음으로써 부모 자신과 아동의 복지를 위해 적극적이고 목적적으로 활동하도록 부모를 지원하는 과정이라 할 수 있다. 이것은 부모가 자기 자신의 사례 관리자가 되도록 도움을 준다. 개인적 옹호 상담의 중요한 목적은 부모가 자신의 삶과 아동의 삶의 문제를 스스로 통제하고 조정할 수 있다는 통제감을 경험하도록 부모를 지원하는 데 있다.

장애아동과 그 가족은 많은 서비스를 이용할 수 있지만, 부모들은 그것을 잘 알지 못한다. 따라서 부모가 그들 자신의 사례 관리자가 될 수 있도록 치료자가 지원할 수 있다.

이러한 역할을 적절하게 수행하기 위해 치료자는 일반적인 의뢰 절차를 잘 알아야 하고, 부모와 아동이 이용할 수 있는 다양한 서비스 체계가 어떻게 작동하고 있는지 알고 있어야 한다. 치료자는 이용할 수 있는 구체적인 서비스 전체에 친숙할 필요는 없지만, 부모들과 함께 활동할 경우 일반적으로 이용할 수 있는 자원에 대해서는 알아야 한다.

2) 치료자의 태도

장애아동 부모상담에 있어서 치료자는 우월의식을 가져서도 안 되고 부모의 문제를 결정해 주어서도 안 된다. 그저 대화를 나눈 문제에 대해서 의견을 교환하고 문제해결을 도와주는 사람이어야 한다. 또한 장애아동의 부모에게 교육 프로그램, 학교교육 문제, 직업, 가정생활 등에 관한 필요한 정보를 제공할 수 있어야 한다. 다음은 장애아동 부모상담에 있어서 치료자가 갖추어야 할 몇 가지 태도다.

부모상담 시 치료자의 태도

• 단정적인 태도를 지양한다.
치료자는 아동의 행동문제에 대해 부모의 자녀 양육방법, 가치기준 등에 대한 확실하게 나쁜 증거가 없는 한 그것을 부모의 탓으로 돌리는 태도를 보이지 않는다.

• 가족이 지니는 문제점을 이해한다.
일반아동이라면 무리 없이 양육할 수 있는 능력을 지닌 부모가 독특한 욕구를 지닌 아동을 양육함으로 인해 그들의 별난 행동의 희생자가 되는 경우가 많다. 따라서 치료자는 부모가 스스로 아동의 장애문제에 대한 일차적 비난을 감수하고 있음을 이해한다.

• 자신이 전문가임을 지나치게 자처하지 않는다.
치료자는 부모 역시 그들의 아이라는 한정된 범위 내에서 그들이 개인적인 독특한 경험과 안목을 지닌 또 다른 전문인임을 인정해 줌으로써 장애아동 부모와 대등한 입장의 공감대를 형성한다.

• 가족단위의 상담을 고려한다.
치료자는 가족 환경이 장애아동에게 미치는 영향을 감안하여 가족단위의 상담을 고려한다.

• 수평적 상호신뢰를 구축한다.
치료자와 장애아동 부모 사이에 원만한 대화나 관계가 성립하기 위해서는 정보의 교환은 물론 각자가 겪는 좌절이나 혼란의 근원에 이르는 개인적인 감정의 기복까지도 이야기할 수 있어야 한다. 이때 치료자가 보이는 기술적인 태도는 상담에 필요한 공감대를 파괴할 수 있으므로 특히 주의해야 한다.

4. 장애아동 부모상담 프로그램

1) 장애아동 어머니 집단 미술치료 프로그램

　이 프로그램은 자녀 양육에 스트레스를 가지고 있는 어머니들을 대상으로 실시할 수 있다. 그들이 장애아동의 어머니로서 그동안 가정으로부터 받은 스트레스를 풀고 내적 욕구를 표출함과 동시에 자기 발견의 기회를 가질 수 있도록 프로그램을 구성하였다. 프로그램의 구체적인 내용은 〈표 6-1〉과 같다.

〈표 6-1〉 **장애아동 어머니 집단 미술치료 프로그램**

회기	활동 내용 및 기법	준비물	진행 방법
1	오리엔테이션 및 자기소개	잡지, 가위, 풀, 4절지, 크레파스, 점토, 색종이, 색지, 수수깡, 스티로폼, 골판지, 물감, 모루 등	-집단의 규칙 및 프로그램의 목적과 내용 설명 -치료실 내에 있는 다양한 매체를 자유롭게 선택하여 자신을 소개할 수 있는 작품을 만든다. 완성 후에는 각자 소개하게 한다.
2	스크래치	도화지, 송곳, 크레파스, 조각칼, 이쑤시개 등	-도화지에 크레파스로 여러 가지 색깔을 칠한 후 그 위에 검은색이나 어두운색을 덧칠하고 송곳 같은 날카로운 물건 등으로 긁어서 자신이 표현하고 싶은 것을 그린다. 완성 후 각자 발표하게 한다.
3	핑거페인팅	도화지, 물감, 밀가루 풀	-종이에 풀, 물감을 짜서 손으로 문지른다. 여러 가지 모양을 손가락으로 그려 보기도 하고 촉감도 느껴 본다. 마지막으로 손가락으로 그림을 그린 후 자신의 느낌과 그림에 대해 발표하게 한다.
4	꽃병 만들기	흙점토, 조각칼	-점토를 이용하여 두드리기, 반죽하기, 주무르기를 한다. -세상에서 하나밖에 없는 자신만의 꽃병을 만들어 보게 한다.
5	프로타주	도화지, 자, 칼, 색연필, 동전, 크레파스, 나뭇잎, 찍기 도형	-식물의 잎이나 베낄 수 있는 물체를 종이 밑에 깔고 색연필 등으로 문질러서 무늬를 나타나게 한다. 완성 후 발표하게 한다.

6	콜라주	4절지, 풀, 잡지, 가위	-잡지에 있는 사진들 중 자신의 마음에 드는 그림을 마음대로 찾아 오려 붙여 보게 한다.
7	자화상	색지, 크레파스, 4/8절지, 잡지, 색연필, 풀, 사인펜, 가위	-자기가 생각하는 자기의 모습을 그려 보거나 다른 매체를 이용하여 꾸며 보게 한다. 완성 후 그것에 대해 이야기하게 한다.
8	동물가족화	잡지, 풀, 가위, 4절지, 크레파스	-여러 가지 동물 그림을 나누어 주고 가족 구성원들의 이미지를 생각하게 하여 어울리는 적절한 동물을 찢거나 오려서 붙이도록 한다. 완성 후 발표하게 한다.
9	풍경구성법	사인펜, 색연필, 크레파스, A4 용지	-풍경 구성 요소인 강, 산, 밭, 길, 집, 나무, 사람, 꽃, 동물, 돌 등 10가지 요소를 차례대로 불러 주고 그리게 한다. 마지막에 더 그려 넣고 싶은 사물이 있으면 그려 넣고 색을 칠하도록 한다. 완성 후 이야기하게 한다.
10	공동작품	치료실 내에 있는 매체 자유 선택	-2명씩 짝을 지어 자유롭게 주제를 정하고 작품을 완성한 후 같이 작업하면서 느낀 점들을 이야기하게 한다.
11	미래의 나의 모습	종이, 풀, 사인펜, 가위, 크레파스, 잡지	-10년, 20년, 30년 후의 자신의 모습을 생각해 보고 어떤 모습일지, 어떤 모습이었으면 하는지를 생각한 후 잡지에서 찾아 붙이거나 그리게 한다. 완성 후 이야기하게 한다.
12	느낌 나누기	-	-각자 자신의 현재 느낌과 어떤 변화가 있었는지에 대해 자유롭게 이야기하게 한다.

(1) 1회기: 오리엔테이션 및 자기소개

① 목적

글 또는 그림으로 자신을 자유롭게 표현한 후 그것을 집단원에게 소개하도록 한다.

② 절차

• 치료자는 집단원에게 프로그램의 목적과 프로그램을 실시하면서 지켜야 할 규칙에 대해 알려 주고 최대한 그것을 지킬 수 있도록 한다.

- 자기 자신을 자유롭게 표현해 보자고 제시한 후 필요한 재료를 나누어 준다.
- 치료자는 집단 구성원에게 도화지에 글로 적거나 그림으로 표현하도록 촉구한다.
- 작품을 다 완성하면 작품에 제목을 붙이도록 한다. 집단원은 번갈아 가며 각자 자신의 작품을 설명하고 앞서의 활동을 실시하는 과정에서 느낀 감정과 실시 후의 느낌, 통찰한 부분 등을 함께 나누도록 한다.

(2) 2회기: 스크래치

① 목적
색칠하고 긁어 내기 등을 통해 긴장 이완, 감정 순화를 시킨다.

② 절차
- 도화지에 크레파스로 여러 가지 색깔을 칠한 후 그 위에 검은색이나 어두운색을 덧칠하고 송곳이나 날카로운 물건 등으로 긁어서 자신이 표현하고 싶은 것을 그리게 한다.
- 완성 후에는 작품에 제목을 정하여 기재하도록 한다.
- 마무리 활동은 이전 회기와 같다.

(3) 3회기: 핑거페인팅

① 목적
활동을 통하여 근육을 이완시키고 다른 집단원들과의 친밀감을 형성시키며 자신의 갈등 상황에 대한 정서를 해소하게 한다.

② 절차

- 도화지에 풀, 물감을 짜서 손으로 문지르게 한다(비눗물로 부드럽게 풀어 준다).
- 여러 가지 모양을 손가락으로 그려 보기도 하고 촉감을 느껴 보게도 한다.
- 마지막으로 손가락으로 그림을 그린 후 작품을 완성하게 한다.
- 완성 후에는 작품에 제목을 정하여 기재하도록 한다.
- 마무리 활동은 이전 회기와 같다.

(4) 4회기: 꽃병 만들기

① 목적

점토로 꽃병을 만들어 봄으로써 자신의 내면을 표출하고, 긴장을 이완하며, 감정을 순화하게 된다.

② 절차

- 점토를 이용하여 두드리기, 반죽하기, 주무르기를 하게 한다.
- 세상에서 하나밖에 없는 자신만의 꽃병을 만들어 보게 한다.
- 마무리 활동은 이전 회기와 같다.

(5) 5회기: 프로타주

① 목적

새로운 경험을 음미하게 하고 감정 순화에 도움을 주어 현실의 갈등 상황을 인식하게 한다.

② 절차

• 식물의 잎이나 베낄 수 있는 물체를 종이 밑에 깔고 색연필 등으로 문질러
  서 무늬가 나타나게 해 보도록 한다.
• 작품에 제목을 정하여 기재하도록 한다.
• 마무리 활동은 이전 회기와 같다.

(6) 6회기: 콜라주

① 목적

자기가 원하는 사진을 골라 붙이면서 자신의 내면을 발견한다.

② 절차

• 잡지에 있는 사진들 중 마음에 드는 것을 마음대로 찾아 오려 붙이게 한다.
• 작품에 제목을 정하여 기재하도록 한다.
• 마무리 활동은 이전 회기와 같다.

(7) 7회기: 자화상

① 목적

자화상을 만들면서 자기에 대한 정확한 느낌을 이해한다.

② 절차

• 자기가 생각하는 자기의 모습을 그리거나 꾸미게 한다.
• 작품에 제목을 정하여 기재하도록 한다.
• 마무리 활동은 이전 회기와 같다.

(8) 8회기: 동물가족화

① 목적

가족 구성원에 대한 지각을 통하여 그들의 현재의 역할과 위치를 이해하고 갈등 상황을 인식한다.

② 절차

- 여러 가지 동물 그림을 나누어 주고 가족 구성원들의 이미지를 생각하게 하여 어울리는 적절한 동물을 찢거나 오려서 붙이도록 한다.
- 마무리 활동은 이전 회기와 같다.

(9) 9회기: 풍경구성법

① 목적

풍경을 그리고 채색하는 활동을 통하여 감정을 발산함으로써 편안함을 얻는다.

② 절차

- 지난 한 주간 경험했던 일들에 대해 서로 간단히 나누도록 한다.
- 집단 구성원들에게 A4 용지와 검은색 사인펜을 나누어 준다. 각자 A4 용지에 검은색 사인펜으로 테두리를 그린 다음 다른 집단 구성원과 교환하도록 한다.
- 치료자는 집단 구성원들에게 풍경을 그려 보라고 말한 후 제시하는 사물을 테두리가 그려진 A4 용지에 순서대로 그리도록 한다. 치료자가 제시하는 사물, 즉 강, 산, 밭, 길, 집, 나무, 사람, 꽃, 동물, 돌의 10가지 요소를 차례대로 그려 넣어서 풍경이 될 수 있도록 한다. 마지막으로 치료자가 제시한

10가지 사물 외에 추가해서 그려 넣고 싶은 사물이 있는지 물어보고 있으면 그려 넣도록 한다.

- 그려진 풍경에 크레파스나 색연필로 색칠하도록 한다.
- 작품을 완성하면 작품에 제목을 붙이도록 한다. '계절은 언제인가?' '하루 중 언제인가?' '사람이나 동물은 무엇을 하고 있는가?' '어떤 장면인가?' 에 관한 것과 그리면서 느낀 점, 통찰한 것을 글로 적고 다른 집단 구성원들과 나누게 한다.
- 마무리 활동은 이전 회기와 같다.

(10) 10회기: 공동작품

① 목적
자신의 대인관계 성향을 이해한다.

② 절차
- 2명씩 짝을 지어 자유롭게 주제를 정하고 작품을 완성하게 한다.
- 작업이 끝나면 모든 참가자가 원으로 둘러앉아 원하는 사람부터 자신의 작품을 이야기하게 한다.
- 작품 완성 후 활동은 이전 회기와 같다.

(11) 11회기: 미래의 나의 모습

① 목적
자신이 꿈꾸는 행복한 세상의 모습과 자신의 모습을 표현하여 미래의 삶에 대한 꿈과 희망을 갖는다.

② 절차
- 10년, 20년, 30년 후의 자신의 모습을 생각해 보고 어떤 모습일지, 어떤 모습이었으면 하는지를 생각한 후 잡지에서 찾아 붙이거나 그리게 한다.
- 작품에 제목을 정하여 기재하도록 한다.
- 작품 완성 후 활동은 이전 회기와 같다.

(12) 12회기: 느낌 나누기

① 목적
미술치료를 경험한 전체적인 느낌을 정리한다.

② 절차
- 각자 자신의 현재 느낌과 어떤 변화가 있었는지를 자유롭게 이야기하게 한다.
- 앞으로 각자 어떻게 지낼지 자유롭게 이야기하게 한다.
- 앞으로 행복하게 잘 지낼 것을 약속하며 마무리한다.

2) 학교부적응 아동 어머니 집단 미술치료 프로그램

이 프로그램 역시 자녀 양육에 어려움을 겪고 있는 어머니를 대상으로 실시할 수 있다. 그들이 자신을 이해하고 자녀에 대한 자신의 양육 태도를 깨달아 올바른 자녀교육을 할 수 있도록 하는 데 목표를 둔다. 구체적인 프로그램은 〈표 6-2〉와 같다.

〈표 6-2〉 **학교부적응 아동 어머니 집단 미술치료 프로그램**

단계	회기	활동 내용 및 기법	준비물	진행 방법
도입	1	자기소개 하기, 별칭 짓기	다양한 잡지, 4절지, 풀, 가위, 연필, 지우개, 사인펜	-잡지에서 마음에 드는 사진이나 그림을 잘라서 도화지 위에 자유롭게 붙여 작업해 보게 한다.
	2	내가 좋아하는 것		
실행	3	풍경구성법	A4 용지, 검은색 사인펜, 크레파스, 색연필	-풍경 구성 요소인 강, 산, 밭, 길, 집, 나무, 사람, 꽃, 동물, 돌 등 10가지 요소를 차례대로 불러 주고 그리게 한다. 마지막에 더 그려 넣고 싶은 사물이 있으면 그려 넣고 색을 칠하도록 한다. 완성 후 이야기하게 한다.
실행	4	가족이 나에게 주는 의미	다양한 잡지, 4절지, 8절지, 풀, 가위, 연필, 지우개, 사인펜	-잡지에서 마음에 드는 사진이나 그림을 잘라서 도화지 위에 자유롭게 붙여 작업해 보게 한다.
	5	자녀가 나에게 주는 의미		
	6	남편이 나에게 주는 의미		
	7	가족에게 주고 싶은 것		
종결	8	10년 후의 나의 모습		-잡지에서 마음에 드는 사진이나 그림을 잘라서 도화지 위에 자유롭게 붙여 작업하게 한다.
	9	선물 콜라주(집단원이 느낀 나의 모습)	다양한 잡지, 4절지, 8절지, 풀, 가위, 연필, 지우개, 사인펜	-사진이나 그림 중 집단원 개개인에게 주고 싶은 선물과 관련된 것을 찾아서 그것을 찾은 이유와 느낀 점을 이야기하고 선물로 준 뒤 자신의 도화지에 재구성하여 마무리하게 한다.
	10	집단 구성원에게 주고 싶은 선물		

(1) 1회기: 자기소개하기, 별칭 짓기

① 목적
콜라주 기법을 통해 집단 구성원과 친밀감 및 신뢰감을 형성한다.

② 절차

- 치료자는 집단 구성원에게 집단의 목적과 집단 내에서 지켜야 할 규칙에 대해 알려 주고 최대한 지킬 수 있도록 확인한다.
- 명찰에 별칭을 적은 후 자유롭게 한 사람씩 자신의 별칭을 소개하고 프로그램에 대한 기대를 발표하도록 한다.
- '자기소개'를 주제로 콜라주 기법 작품을 완성해 보게 한다. 치료자는 집단 구성원에게 자신을 소개할 수 있는 사진이나 그림을 잡지에서 찾은 후 자유롭게 잘라 종이 위에 붙이도록 한다. 이때 사진이나 그림은 원하는 위치에 풀을 이용하여 붙이도록 하고 제한 없이 자유롭게 활동할 수 있도록 촉구한다(자르는 방법은 집단 구성원에 따라 가위를 이용할 수도 있고 손으로 찢을 수도 있다).
- 작품을 완성하면 작품에 제목을 붙이도록 한다. 콜라주를 실시하는 과정에서 느낀 감정과 실시 후의 느낌, 통찰한 부분 등을 글로 작성하게 한다.

(2) 2회기: 내가 좋아하는 것

① 목적

구체적인 자기표현 및 자신의 감정, 욕구 등의 표현을 통해 자기탐색을 한다. 또한 서로에 대하여 구체적으로 알 수 있는 기회를 얻음으로써 집단 구성원과의 친밀감을 형성한다.

② 절차

- 지난 한 주간 경험했던 일들에 대해 서로 간단히 나누도록 한다(상황에 따라 2명씩 짝을 지어 이야기를 나누게 한다).
- 콜라주 기법으로 '내가 좋아하는 것'을 표현해 보게 한다. 잡지 사진으로 표현이 어려운 경우에는 그림을 그려도 좋다고 이야기한다.

• 콜라주 작품 완성 후 활동은 전 회기와 같다.

(3) 3회기: 풍경구성법

① 목적
집단 구성원 서로의 내면을 이해하고 치료적인 효과를 갖는다. 풍경을 그리고 채색하는 활동을 통하여 감정을 발산함으로써 편안함을 얻는다.

② 절차
• 지난 한 주간 경험했던 일들에 대해 서로 간단히 나누도록 한다.
• 집단 구성원들에게 A4 용지와 검은색 사인펜을 나누어 준다. 각자 A4 용지에 검은색 사인펜으로 테두리를 그린 다음 다른 집단 구성원과 교환하도록 한다.
• 치료자는 집단 구성원들에게 풍경을 그려 보라고 말한 후 제시하는 사물을 테두리가 그려진 A4 용지에 순서대로 그리도록 한다. 치료자가 제시하는 사물, 즉 강, 산, 밭, 길, 집, 나무, 사람, 꽃, 동물, 돌의 10가지 요소를 차례대로 그려 넣어서 풍경이 될 수 있도록 한다. 마지막으로 치료자가 제시한 10가지 사물 외에 추가해서 그려 넣고 싶은 사물이 있는지 물어보고 있으면 그려 넣도록 한다.
• 그려진 풍경에 크레파스나 색연필로 색칠하도록 한다.
• 작품을 완성하면 작품에 제목을 붙이도록 한다. '계절은 언제인가?' '하루 중 언제인가?' '사람이나 동물은 무엇을 하고 있는가?' '어떤 장면인가?'에 관한 것과 그리면서 느낀 점, 통찰한 것을 글로 적고 다른 집단 구성원들과 나누게 한다.
• 마무리 활동은 이전 회기와 같다.

(4) 4회기: 가족이 나에게 주는 의미

① 목적
콜라주 기법으로 가족을 표현해 봄으로써 가족과의 관계를 탐색한다. 또한 집단 구성원들끼리 신뢰와 수용, 지지 및 공감 등의 감정을 상호작용함으로써 자기 자신과 가족을 이해하고, 있는 그대로의 모습을 수용한다.

② 절차
- 지난 한 주간 경험했던 일들에 대해 서로 간단히 나누도록 한다.
- 콜라주 기법으로 '가족이 나에게 주는 의미'를 표현해 보게 한다.
- 콜라주 작품 완성 후 활동은 이전 회기와 같다.

(5) 5회기: 자녀가 나에게 주는 의미

① 목적
콜라주 기법으로 자녀가 자신에게 주는 의미를 표현해 봄으로써 자녀와의 관계와 갈등관계를 탐색한다. 또한 집단 구성원들끼리 신뢰와 수용, 지지 및 공감 등의 감정을 상호작용함으로써 자녀를 이해하고, 있는 그대로의 모습을 수용한다.

② 절차
- 지난 한 주간 경험했던 일들에 대해 서로 간단히 나누도록 한다.
- 콜라주 기법으로 '자녀가 나에게 주는 의미'를 표현해 보게 한다.
- 콜라주 작품 완성 후 활동은 이전 회기와 같다.

(6) 6회기: 남편이 나에게 주는 의미

① 목적

콜라주 기법으로 남편이 자신에게 주는 의미를 표현해 봄으로써 남편과의
관계와 갈등관계를 탐색한다. 또한 집단 구성원들끼리 신뢰와 수용, 지지 및 공
감 등의 감정을 상호작용함으로써 남편을 이해하고, 있는 그대로의 모습을 수
용한다.

② 절차

- 지난 한 주간 경험했던 일들에 대해 서로 간단히 나누도록 한다.
- 콜라주 기법으로 '남편이 나에게 주는 의미'를 표현해 보게 한다.
- 콜라주 작품 완성 후 활동은 이전 회기와 같다.

(7) 7회기: 가족에게 주고 싶은 것

① 목적

콜라주 기법으로 가족에게 주고 싶은 것을 표현해 봄으로써 가족을 이해하
고, 있는 그대로의 모습을 수용하는 긍정적인 태도를 통해 올바른 가족관계를
형성한다.

② 절차

- 지난 한 주간 경험했던 일들에 대해 서로 간단히 나누도록 한다.
- 콜라주 기법으로 '가족에게 주고 싶은 것'을 표현해 보게 한다.
- 콜라주 작품 완성 후 활동은 이전 회기와 같다.

(8) 8회기: 10년 후 나의 모습

① 목적
자신의 갈등 상황을 재인식하고 현재 달라진 자신의 모습을 발견한다. 즉, 현재 자신의 모습과 태도를 명확히 알아차린다. 나아가서 미래의 자신의 모습을 통하여 삶의 희망을 가짐으로써 현재의 갈등 상황을 극복할 수 있는 힘을 키운다. 콜라주 기법으로 10년 후 자신의 모습을 표현해 봄으로써 구체적인 삶의 방향을 설정한다.

② 절차
- 지난 한 주간 경험했던 일들에 대해 서로 간단히 나누도록 한다.
- 콜라주 기법으로 '10년 후 나의 모습'을 표현해 보게 한다.
- 콜라주 작품 완성 후 활동은 이전 회기와 같다.

(9) 9회기: 집단 구성원에게 주고 싶은 선물

① 목적
다른 집단 구성원들에게 주고 싶은 선물을 콜라주 기법으로 표현한 후 서로 선물을 주고받는 상호작용을 통해 건강한 자아상을 형성한다.

② 절차
- 지난 한 주간 경험했던 일들에 대해 서로 간단히 나누도록 한다.
- '집단 구성원에게 주고 싶은 선물'을 콜라주 기법으로 표현하게 한다.
- '집단 구성원에게 주고 싶은 선물'을 잡지에서 자유롭게 찾아 오리게 한다.
- 집단 구성원들끼리 자유로운 방식으로 선물을 주고받도록 한 후 각자 받은 선물을 종이 위에 붙이도록 한다. 이때 받은 선물은 원하는 위치에 풀을 이

용하여 붙이도록 하고 제한 없이 자유롭게 활동할 수 있도록 촉구한다.
• 작업 후 활동은 이전 회기와 같다.

(10) 10회기: 가족에게 주고 싶은 선물

① 목적
콜라주 기법으로 가족에게 주고 싶은 선물을 표현해 봄으로써 가족에 대한 소중함과 감사함을 되새기고 긍정적인 가족관계를 유지한다.

② 절차
• 지난 한 주간 경험했던 일들에 대해 서로 간단히 나누도록 한다.
• 콜라주 기법으로 가족에게 주고 싶은 선물을 표현해 보게 한다.
• 치료자는 집단 구성원들에게 가족에게 주고 싶은 선물과 관련된 사진이나 그림을 잡지에서 찾은 후 자유롭게 잘라 종이 위에 붙이도록 한다.
• 작업 후 활동은 이전 회기와 같다.

프로그램을 종결하면서 그동안 집단을 통해 느낀 점과 앞으로의 다짐 등을 간단히 나누고 서로에게 지지와 격려를 줄 수 있도록 촉구한다. 진정한 참만남 속에서 집단 구성원 개개인이 서로에게 든든한 후원자임을 깨닫고 지속적인 관계를 통해 함께 성장할 수 있도록 한다.

 제 **7** 장

장애아동 미술치료 과정

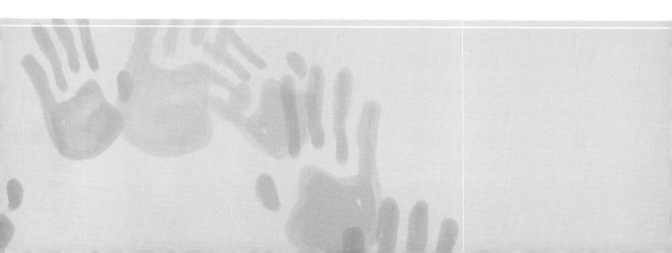

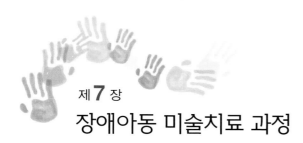

제 **7** 장
장애아동 미술치료 과정

장애아동의 미술치료는 다양한 장애별 특성에 따라 서로 다른 접근 방법이 필요하다. 즉, 그들의 다양한 문제행동과 심리적 특성에 따라 과제를 설정하고 유의사항을 고려하여 프로그램을 구성하는 것이 중요하다. 이 장에서는 장애별로 미술치료 활동을 할 때 고려할 점과 그 과정에 대해 소개하고자 한다.

1. 고려점

장애아동 미술치료에 있어서는 아동의 장애특성을 이해하는 것은 물론, 문제행동의 성격이나 원인 등을 잘 파악하여 미술치료의 방향과 과제를 설정한 후 치료에 임하는 것 역시 중요하다. 지금부터는 각 장애 유형별 특성에 따른 고려할 점을 살펴보고자 한다.

1) 시각장애아동과 미술치료

시각장애는 전맹과 약시로 구분할 수 있으며, 시각장애를 지닌 아동은 주로 청각과 촉각을 활용한다. 창작활동이 시지각에 기반을 두고 있기 때문에 다른 장애에 비해 보다 독특한 미술 활동이 필요하다고 할 수 있다. 특히 전맹(더욱이 시각화가 어려운 선천맹의 경우)은 자신의 작품 제작 과정이나 완성 작품의 감상 기회가 없는 미술매체를 선택할 경우, 혹은 그러한 활동을 할 경우 치료적 의미가 약하기 때문에 그림 · 서예 · 감상 활동 등의 영역에서 특별히 고안된 프로그램이 필요하게 된다.

시각장애아동의 미술을 이해하는 데는 두 가지 견해가 있다. 그 하나는 회화 자체의 범위를 시각적 예술로 한정하여 맹아동의 경우에는 시각적 표현이 무의미하거나 불필요하다고 보는 견해이고, 또 하나는 시각적 표현이라고 하더라도 독특한 방법이나 재료를 활용하여 자기가 표현하고자 하는 것을 나름대로 표현하게 하는 그 자체에 의미를 두는 견해다. 전자는 촉각적 표현에 강조점을 둔 것이고 후자는 아동이 스스로 표현한 내용을 볼 수는 없다고 하더라도 자기의 사상과 감정을 표출하고 있다는 점에서 회화적 표현을 간과해서는 안 된다고 보는 것이다. 사실 시각장애아동이 음악이나 촉각적 표현에서 다른 아동보다 우수하다는 결정적인 증거는 없다. 이는 훈련과 학습을 통해 이루어지는 것이며, 시각장애아동이 시각 이외의 다른 감각에 더 의존한다는 것으로 해석할 수 있다.

시각장애아동에게는 여러 가지 형태의 상상력을 발휘할 수 있는 능력을 개발하게 하는 것이 중요하다. 이것은 구체적으로 제시할 수 없는 개념이나 실제 모델을 이해하는 데 도움이 된다.

미술 활동은 맹아동이나 약시아동에게 중요한 표현활동이다. 삼차원적인 매체나 촉각적인 매체는 프로그램의 중요한 영역이 된다. 맹아의 경우에도 회화 영역에 관심을 가지고 활동을 증대하는 데 새로운 시각을 돌릴 필요가 있다. 그 이유는 일반아동이나 시각장애아동의 흥미나 관심은 근본적으로 다를 바가 없기 때문이다.

시각장애아동의 미술 활동계획에 있어서는 여러 가지 응용이 필요하게 된다. 예를 들면, 작업장의 일관된 선정, 여러 가지 색료를 담은 크기가 다른 용기 또는 점자로 물감의 종류를 표시한 용기, 물감 흘림을 방지하는 소품들, 무게를 다는 저울 등이 준비되어야 한다.

그리기 활동에서는 접시와 같은 매체를 이용하여 위치나 크기, 방향을 알고 작업을 할 수 있도록 하거나 찢어 붙이기로도 활용할 수 있다. 쟁반이나 도화지는 C자 모양의 집게나 테이프로 고정할 수 있게 하고, 크레파스로 그림을 그릴 때는 유도선으로 활용하기 위하여 철망 같은 것을 활용할 수 있다.

특히, 색채를 구별하기 위해서는 색채별로 다른 향료를 사용하여 골라서 사용하도록 한다. 또한 새로운 재료를 사용할 때는 차례로 늘어놓게 하고, 작업시작 이전에 촉각으로 전체적인 개념을 이해하도록 완성된 작품을 견본으로 제시한다. 맹아동의 경우에는 재료 상자를 만들어 자기가 스스로 정리된 재료를 활용하여 작업할 수 있는 환경을 구비해 주는 것이 바람직하다.

2) 청각장애아동과 미술치료

청각장애아동은 시각장애아동과 마찬가지로 감각장애의 하나다. 농과 난청으로 구분되며 주로 시각을 통해 학습한다. 그들은 의사소통 문제 때문에 개념발달이나 언어발달 등에서 어려움을 보인다.

미술 활동에서는 심신장애아동 가운데서 가장 일반아동과 비슷한 활동을 할 수 있는 아동이지만, 이들의 심리적 특성을 항상 고려하여야 한다. 즉, 청각장애아동들은 시각장애아동보다 정서문제가 나타나기 쉬우며 그들의 그림 표현은 때때로 고립감을 많이 나타낸다. 때문에 청각장애아동은 경험을 제공하고 경험한 것을 그림으로 표현하게 하는 기회를 제공해 주는 것이 하나의 중요한 방법이 되기도 한다. 언어로 나타내지 못하는 것을 그림으로 나타냄으로써 그들의 불안감과 긴장감을 발산시킬 수 있다.

수화를 잘 하지 못하는 치료자의 경우에는 몸짓이나 표정, 시각적인 제시 방법, 또는 표현 등을 이용하여 지도할 수 있겠다. 특히, 미술치료 활동의 계획에 있어서 모방학습을 중요하게 다루어야 한다. 그러나 청각장애아동이 다른 급우들의 미술 활동 내용을 그대로 복사하거나 모방하려는 경향이 있을 수 있는데, 이러한 현상은 학습목표를 확실히 이해하지 못했을 때 많이 일어난다.

청각장애아동은 추상적인 개념 학습에 어려움이 있고, 이러한 개념들은 지속적으로 주의 깊게 개발되어져야 한다. 가끔 이들 아동들은 너무 성급하게 한두 경험을 일반화하는 경향이 있다. 예를 들면, 만약 아동들이 쟁반에 그림을 그린 경험이 있으면, 미술시간만 되면 매번 쟁반에 그림을 그리려고 하는 경우다. 이러한 행동을 농아벽(deafism)이라고 할 수 있다. 따라서 아동들이 적절한 일반화를 하도록 하기 위해서는 개념형성을 증진시킬 수 있는 다양한 경험을 제공해야 한다. 가능하면 구체적인 보기가 제시되면 좋을 것이고, 치료자와 밀접한 작업을 수행하는 것이 이미 배운 어휘 등의 개념을 강화하는 미술치료계획에 도움이 될 것이다.

청각장애아동은 감각기관의 손실로 인해 경험의 세계를 제한당하고 심리발달에 필수적으로 필요한 부분들을 박탈당하기 때문에 전반적인 경험이 감소된다. 그로인해 모든 심리과정의 균형과 평정에 어려움이 따르고 심리정서적인 특성과 이상행동을 나타낸다. 청각장애아동의 이상행동으로는 첫째, 상대방이 말하는 것에 대해 표면상으로 이해하는 척하나 지시에 잘 따르지 않으며, 약속을 잘 지키지 않고 무엇이든 잘 잊어버린다. 둘째, 청각장애아동은 수업 중 피로하기 쉽다. 셋째, 주의가 산만하다. 넷째, 사람의 말에 무관심하여 가끔 오해를 일으킨다. 다섯째, 집단적인 활동에 참가하는 것을 싫어하며 때로는 매우 소극적이고 공격적이어서 난폭할 때가 많다.

청각장애아동의 미술 활동 시 고려할 점으로는 다음과 같다.

① 아동의 이름을 부르면서 어깨를 두드리는 등 말하기 전에 아동의 주의를 끈다.
② 아동의 얼굴과 같은 높이로 자세를 낮추고, 30~40센티미터 정도의 거리에서 아이의 눈을 주시하면서 말한다.
③ 말하는 이의 얼굴이 잘 보이도록 밝은 쪽으로 향한 채 말한다.
④ 의미를 전달하기 쉽게 몸짓이나 얼굴 표현을 사용한다.
⑤ 텔레비전과 라디오를 끄거나, 주변 아이들을 조용히 시키는 등 주변 소음을 최대한 줄인다.
⑥ 의사소통을 하는 동안 과도한 신체적 활동을 줄인다.

청각장애아동은 미술 활동에서 일반아동과 비슷한 활동을 요구하는 아동이지만 그들의 심리적 특성이 항상 고려되어야 한다. 즉, 그들은 감정장애가 오기 쉬우며 그들의 그림표현은 때대로 고립감을 많이 나타낸다. 때문에 청각장애아동은 경험을 제공하고 경험한 것을 그림으로 표현하게 하는 기회를 제공해 주는 것이 하나의 중요한 방법이 되기도 한다. 언어로 나타내지 못하는 것을 그림으로 나타냄으로써 그들의 불안감과 긴장감을 발산시킬 수 있다.

3) 정신지체아동과 미술치료

정신지체아동은 정신지체와 적응행동에 결함을 지니고 있으므로 미술치료 프로그램에 있어서 인지적, 발달적, 행동적 접근을 적용함이 바람직하다. 교육가능 정신지체아의 경우는 읽기, 쓰기, 셈하기 등 최소한의 기능을 습득할 수 있도록 배려해야 한다. 또한 환경에 스스로 적응할 수 있도록 사회적 적응력을 강조하는 프로그램과 직업능력 또한 그들이 경제적으로 독립할 수 있도록 개발되어야 한다. 교육가능 정신지체아들도 추상화된 일반화 능력에 문제가 있으므로 각 학습장면에서 주의가 요구되며, 치료자는 이전의 경험으로부터 학습을 이행한다는 가정을 고집하지 않는 것이 좋다. 즉, 미술 활동을 통해 조금씩 성취하는 것이 중요하다고 보는 것이다.

일반아동의 경우에는 3세 6개월에서 7세 6개월에 이르기까지 시지각 발달이 매우 급속하게 이루어지면서 발달하게 된다. 그러나 정신지체아동들은 시지각 발달이 매우 지체되어 있어 사물의 인지와 또 사물 간의 공간관계 지각 등에 어려움이 있고 외부 세계의 현상을 왜곡된 형태로 받아들이기 때문에 언제나 불안정하고 불확실한 세계 속에서 살게 된다. 또한 과업을 수행하는 일도 서툴고 운동과 놀이에도 잘 적응하지 못하는 특징이 있다.

정신지체아동의 경우에는 시지각 발달의 하위영역, 즉 시각-운동협응, 도형-배경지각, 항상성지각, 공간위치지각, 공간관계지각 등 5가지 영역에 장애를 가지고 있으며 이는 아동의 미술 활동뿐만 아니라 발달에 저해요인이 되며 나아가서 학습지체를 유발하게 한다. 따라서 정신지체아동의 미술지도에 있어서는 정신지체아동의 시지각 특성을 반드시 이해하고 아동의 수준에 맞는 프로그램을 계획하여 실천하는 것이 중요하다.

일반아동은 긴 시간 동안 미술 활동에 참여할 수 있지만 정신지체아동은 짧은 시간에 중요한 기능과 개념에 초점을 맞추어 실패감을 맛보지 않게 하는 것이 좋은 방법이다. 아동은 작품을 생산하는 데 있어서 많은 피드백이 요구되며, 이러한 피드백은 아동을 격려하고 긍정적으로 강화를 해야 한다. 또한 새로운 낱말이나 어떤 기능은 미술 활동을 통해 반복 연습하는 것이 중요하다. 아동이 한 번에 한 단계만 집중하도록 작은 단계들로 미술치료 과제가 구성되어야 한다. 여기서 치료자는 과제분석의 기능을 갖추어야 한다. 또한 쉬운 과제로부터 어려운 과제로 계열성이 있는 조직도 필요하게 된다. 여러 가지 미술 활동의 재료나 과정의 선택은 미술치료의 과정과 기능에 대한 아동의 표현 능력에 혼란을 줄 수 있다. 그러나 미술치료 재료나 활동이 다양하게 제공되면 동기를 부여하는 데 크게 도움이 된다. 예를 들면, 신체인식과 신체 부위의 명칭에 대한 활동매체는 아동에 따라 다양화되어야 할 것이다.

훈련가능 정신지체아동의 경우에는 독립된 기능과 사회화 기능 발달에 역점을 둔 교육 프로그램이 요구된다. 치료내용에는 드라마, 노래 부르기, 그림 보고 토론하기, 이야기 듣기 등을 포함한다. 또한 고학년의 경우는 요리나 바느질, 정원 손질 등 직업적 기능을 배운다. 훈련가능 정신지체아동의 문제 중의 하나는 운동 발달지체다. 미술치료 프로그램은 미술치료 매체, 도구, 재료 등의 적절한 사용 방법과 같은 기본적 기능 배양에 역점을 두어야 한다. 일단 이러한 기능을 습득하고 나면, 아동은 표현을 위해 기능들을 사용할 수 있다.

정신지체아동의 미술치료 프로그램은 유치원 미술교육과정과 유사하다고 할 수 있다. 그들이 난화 단계를 넘어서길 가정하면서, 아동들이 미술치료 재료를 이용하여 그들 자신의 표현력을 개발할 시간을 제공해야 한다. 즉, 연필이나 물감을 사용한 활동의 기회를 제공해야 한다. 물론 미술치료 재료 가운데는 너무 단단하거나 액체 상태여서 선택의 제한성이 있지만, 재료의 제한된 선택도 활동의 한 부분으로 이루어져야 한다. 또한 짧은 활동의 반복을 통해 기본적인 개념을 형성시켜야 한다. 왜냐하면 이러한 아동은 짧은 집중력과 제한된 기억력을 지니고 있기 때문이다.

정신지체아동은 정신지체와 적응행동에 결함을 지니고 있으므로 기본적인 기능배양에 역점을 두어야 한다. 프로그램에 있어서 인지적 · 발달적 · 행동적 접근을 적용함이 바람직하다. 미술지도의 구성에 있어서 정신지체아동들은 천천히 학습한다는 사실을 인식해야 한다. 아울러 짧은 시간에 중요한 기능과 개념에 초점을 맞추어 실패감을 맛보지 않게 하는 것이 중요하다. 또한 피드백을 통하여 아동을 격려하고 긍정적으로 강화를 해야 한다.

4) 지체장애아동과 미술치료

지체장애아동의 경우에는 그들의 운동장애 때문에 다른 장애아동들과는 또 다른 작업환경의 준비가 요구된다.

미술치료 프로그램에 있어서도 치료자는 아동과 밀접한 관계를 유지하여 개별화된 치료를 하는 것이 필요하다. 만약 손을 사용하지 못하는 아동이라면 세밀한 작품내용보다는 의욕고취를 불러일으키는 데 중점을 둔다. 지체장애아동의 미술치료에서는 미술 도구의 변형도 필요하다. 예를 들면, 손잡이가 얇아야 되거나 짧아야 하는 경우, 고무줄을 달아 주어야 하는 경우도 있다. 도화지는 작업테이블에 고정시키거나 물통이나 수채화 도구도 엎질러지지 않도록 준비되어야 한다.

의료적 조치가 허용된다면, 휠체어에서 내려 바닥에서 작업하는 것이 편리하다. 손을 이용할 수 없는 아동은 발을 이용할 수 있고, 입으로 미술 도구를 사용하여 작품을 만들 수 있다. 어떤 아동은 도구를 사용하기 위해 헬멧을 머리에 부착시키기도 한다. 뇌성마비아동의 경우에는 다른 아동에 비해 넓은 작업환경을 필요로 하며, 이러한 아동들은 보조적인 자료와 용구 등의 환경이 준비되면 미술치료 활동에 큰 문제가 없다.

일반적으로 미술 활동은 아동의 정서성, 조형성, 창의성을 기르는 데 그 목적이 있다. 그런데 뇌성마비아동의 미술치료는 그들의 특수성과 차이성을 고려하여 재선정해야 할 것이다. 일정한 형태를 이루어 내는 필수 행위인 조형성에서는 그리기 위주에서 탈피하여 자유롭게 근육을 사용할 수 있도록 하여 시운동 조절 능력을 발달시키고, 신체적 기능을 원활하게 해 주어야 한다. 한편, 아름다운 것에 반응하는 미적 감정인 정서성에서는 그들 내면의 억압된 생각을 표출하여 부정적 감정해소, 성취감이 누적되도록 해야 한다.

이상과 같이 뇌성마비아동의 미술치료는 조형성에서는 신체적 재활, 정서성에서는 정신적 재활을 통해 올바른 창의성을 기대할 수 있다. 즉, 뇌성마비아동의 미술치료는 일반적인 미술교육의 목적에서 벗어나지 않는 범위 내에서 재활적인 측면을 고려해야 할 것이다.

5) 정서 · 행동장애아동과 미술치료

　정서 · 행동장애아동의 경우 그들의 행동 특성을 파악하여 부적절한 행동과 긍정적인 행동에 대한 설명을 포함한 체계적인 접근방법이 요구되고 있다. 이것은 개인 치료나 집단 치료 모두에 적용되는 것으로서 심하게 엄격하지 않으면서 흐트러지지 않는 치료 방법이 중요하다. 따라서 일관성 있는 치료계획이 요구되며, 준비단계, 활동, 토론, 정리단계 등을 통해 체계적으로 접근함으로써 아동들이 현재의 자기 위치를 알게 한다.

　또한, 미술치료 활동 중에 게임의 형태를 도입하는 방법을 취할 수 있다. 이것은 아동에게 동기를 부여하고 어떤 한계를 이해시키는 데도 도움을 줄 수 있다. 치료자는 모두가 활동에 참여하도록 하거나 또는 몇 개의 과제 중 하나를 선택할 수 있는 계획을 수립하는 것이 좋다. 치료자가 가만히 앉아서 지켜보는 것 자체도 하나의 선택이 될 수 있다. 좋은 활동 습관이나 노력은 격려해 주고 칭찬해 주고, 특히 과제의 출발점에서 높은 성공요인을 유도해 주는 것이 바람직하다. 나쁜 활동 습관이 유발되지 않도록 강화를 방지하고 잘못된 미술재료의 사용 습관 등은 벌의 기법보다는 정적 강화가 좋을 것이다.

　치료자는 정서 · 행동장애아동이 지닌 좌절감과 짧은 주의집중력을 인식할 필요가 있다. 예를 들면, 주의집중 문제를 해결하기 위해서 표현력을 증가시키는 방법을 이용하여 느낌에 대한 긍정적인 윤곽을 제공하고 격려할 필요가 있다. 또한 재료의 배분과 협동을 강조하는 것이 요구된다. 때문에 집단 미술치료 프로그램을 구성하여 협동심, 상호작용, 의사소통 능력 등을 높이는 것이 바람직하다.

　정서 · 행동장애아동 중에는 특히 위축된 아동이 있다. 이러한 아동들은 미술 활동 초기에 쉽게 당황하거나 거부감을 지니게 되므로 자신감을 심어 주기 위해 과제를 작은 단계로 나누어 실시할 필요가 있다. 지나친 미술 활동의 강요는 아동을 더욱 위축시킨다. 이러한 아동에게는 너무 큰 종이나 활동적인 매체 등을 제시하여 아동을 당황하게 만들 수 있기 때문이다. 경우에 따라서는 화선지를 색종이 크기로 잘라서 건네는 것이 효과적이다. 도입에 있어서는 비눗물 거품 내기나 파스텔 문지르기, 상호색채분할법 등으로 어느 정도 의욕과 흥미가 생긴 뒤 프로그램을 진행하는 것이 좋다. 지나친 미술 활동의 강요와 치료자의 적극적인 행동, 언어적인 질문 등은 아동을 더욱 위축시킬 수 있으므로 삼가는 것이 좋다. 흰색 종이보다는 미색지를 이용하고, 테두리 기법이나 큰 종이에 큰 붓을 사용하는 방법도 사용한다. 또한 핑거페인팅이나 찰흙으로 만들기, 콜라주, 물감 묻혀 찍기 등도 좋은 활동이다.

결벽증을 가진 아동의 경우는 작업복을 입히거나 손이 더러워지지 않는 재료를 먼저 사용하고, 다른 아동들의 미술 활동을 견학하는 것도 좋다. 예를 들면, 찰흙보다는 콜라주가 좋다.

또한 치료자는 가족환경을 조사하여, 부모의 양육태도를 바로잡는 일도 치료에서 필요한 작업이다.

공격성이나 과잉행동아동들을 치료할 때는 그 원인을 먼저 찾아보는 것이 좋다. 공격성이나 과잉행동 아동들은 미술 활동을 하기 전에 재료들을 파괴하는 경우가 많다. 이때는 찰흙과 같은 매체를 통해서 공격성을 표출시키고, 이완해 줄 수 있다. 과잉행동아동들은 주의집중 시간이 짧고, 한 번에 여러 가지 작품을 만들려고 한다. 그래서 조형 활동의 마무리가 다른 아동에 비해 늦어지므로 한 번에 한 가지씩 끝낼 수 있는 단순한 과제를 제공해 주면서 활동을 시킨다. 과잉행동이나 충동성이 강한 아동들은 에너지를 감소시키는 것이 필요하므로 활동성이 많은 작업이나 종이 찢기, 반복적인 활동인 모자이크 활동 등도 좋다.

주의력결핍 과잉행동장애의 경우 짧은 집중력을 보이므로 미술치료 활동을 하는 데는 다음과 같은 기술을 필요로 한다. 우선, 자유로운 형태의 미술치료 활동(핑거페인팅, 드로잉)을 제공하여 흥미를 느낄 수 있도록 한다. 이런 활동은 자신을 표출하는 좋은 방법일 수 있다. 주의력을 높이기 위해서 제한시간을 주거나 활동의 종료를 알리도록 하며, 활동시작 전에는 주변을 항상 청결히 하며,

주의집중에 도움을 주기 위해 자신이 편히 활동할 수 있는 자세를 허락해 준다. 그 외에 최대한 자신이 만족할 수 있는 모든 활동을 선택하게 해 주도록 한다. 바닥에서의 미술 활동은 바닥의 접촉부위의 촉감이 아동들에게 편안함을 제공해 줄 수 있으므로 편안하게 활동할 수 있는 공간을 사용하는 것도 필요하다.

6) 자폐성장애아동과 미술치료

자폐 성향을 지닌 아동의 미술 특성은 인지적 결함과 정서적 장애가 같이 나타난다는 면에서 정서 · 행동장애아동과 마찬가지로 반복적인 그림이 많이 나타난다는 것이다. 모방만 할 뿐 창조적 그림을 그리기 어렵다는 점에서 정신지체아동과 정서 · 행동장애아동의 미술표현과 공통된 점이 많다. 그러나 정신지체아동의 그림과는 달리 자폐성장애아동들의 그림은 자신이 관심 갖는 분야에 대해서는 일반아동보다도 더 세부적이고 정교하게 묘사하는 경향이 있다. 이외에도 숫자나 글씨로 화면을 가득 채운다거나, 본인 외에는 알 수 없는 그림을 자주 그리기도 하며, 사람보다는 사물 표현이 많다는 특징이 있다. 또한, 인지발달을 위해 대상에 대한 관찰과 표현 능력을 갖게 하고, 상호작용을 자극함으로써 사물보다는 사람에게 관심을 갖도록 유도해야 한다.

치료 방법으로서 미술치료가 유리한 점은 무엇보다 다양한 재료를 사용한다는 점일 것이다. 변화에 대한 저항이 심한 자폐성장애아동들에게 미술치료는 다양한 재료를 경험하게 함으로써 변화에 대한 적응력을 습득하게 한다. 예를 들어, 점토를 만지지 못하는 자폐성장애아동은 색종이 조각 뿌리기를 한 후에 마른 점토 조각을 섞어 같이 뿌리기로 발전시킬 수 있다. 이것이 가능해지면 점토를 나무막대로 만져 보게 하고, 다음에는 손가락 하나로 그다음엔 물을 조금 묻혀서 만져 보게 한다. 이것이 점진적이면서도 자연스럽게 진행하여 적응시키는 방법이다. 새로운 재료나 방법을 시도하여 적응한다는 것은 일상생활에서도 변화에 대해 시도할 만한 힘이 생겨나고 있다는 뜻이다. 미술치료는 자폐성장

애아동의 장애에 따른 여러 프로그램을 조금씩 시행함으로써 아동에게 변화에
대한 저항감과 두려움을 줄이면서 치료를 할 수 있어 효과적인 치료가 될 수 있
을 것이다.

특히 인지 능력이 양호한 자폐성장애아동의 경우, 문자는 읽고 쓰는데 그림
을 전혀 그리지 못하는 아동 혹은 부모나 치료자가 지시하는 것을 완전히 무시
하고 자신이 좋아하는 것만 그리는 아동에게는 점토를 이용해서 사물 만들기를
한 뒤 보고 그리기를 통해서 다양한 사물그리기와 그림 그리기로 확장해 나가
는 것이 중요하다.

7) 학습장애아동과 미술치료

학습장애아동들은 정보처리과정이나 의사전달 또는 표현 등에 문제를 지니
고 있다. 이러한 장애특성에 맞는 미술치료 활동은 그들의 문제를 해결하는 데
기본적인 치료 방법이 될 수 있다. 예를 들면, 시각적 또는 청각적 기억이나 계
열성에 문제를 가지고 있는 아동의 경우에도 미술치료 활동이 계열성을 강화
할 수 있는데, 이것은 미술치료 활동이 특정의 순서에 의한 단계적인 작업을 요
구하기 때문이다. 또한 미술치료 활동을 전개하면서 근(筋)감각과 촉각경험을
동시에 갖도록 하는 것이 중요하다. 예를 들면, 기본적인 기하학적 모형을 제시
하면 아동들은 촉각으로 카드 모형을 나타내거나 그들의 신체로 이러한 형태를
만들어 보일 수 있다.

운동 발달이 열악하거나 지체된 위축 증상을 지닌 아동은 미술치료 활동을
하기 전에 먼저 활동적인 내용의 학습이 선행되어야 한다. 이러한 아동 가운데
는 특정의 행동수정 프로그램을 통해 치료 팀의 치료를 받을 필요가 있다. 또한
미술치료적인 활동뿐만 아니라 적절한 미술치료 활동에 보상체계와 같은 방법
을 덧붙일 수 있다. 과잉행동아동은 쉽게 주의가 산만해져서 학습에 문제를 초
래하므로 체계적이고 조화로운 자극을 제공할 수 있는 교실 환경의 미적 구성

이 요구된다.

　사회성 발달에 문제가 있는 아동들은 부정적인 자아개념을 지니고 있어, 그들의 신체개념이 지체되거나 왜곡되는 경우가 많다. 이러한 아동들은 자율적 학습 능력이 부족하기 때문에 미술치료 활동에서 격려와 개인지도가 필요하다. 일측성(laterality)에 문제가 있는 아동은 한 손만을 사용한다. 어느 손을 사용하느냐 하는 것은 치료자의 계속적인 강화에 의해 이루어질 수 있다. 또한 고집성을 지닌 아동들은 지각적, 신체적으로 한 가지 일에만 몰두하는 경향이 있어 치료자의 지도가 부족하면 변화되기 어렵다. 지각은 학습된 행동이고 미술 활동의 많은 부분이 지각 발달에 초점을 두고 있기 때문에 지각장애아동에게는 미술치료 활동이 크게 도움이 된다.

　지각장애아동은 전체적인 배경(윤곽)은 잘 보지만 부분을 잘 놓칠 수 있다. 반면에 도형-배경 지각에 문제가 있거나 배경을 보는 데만 문제를 가지기도 한다. 전체를 잘 보지 못하는 아동들의 경우에는 채색을 할 때 물체의 부분을 강조하여 색을 칠하는 경향을 보인다. 예를 들면, 셔츠의 한쪽 소매는 녹색으로 칠하고, 다른 쪽은 파란색으로 칠 할 수도 있다. 도형-배경 변별에 문제가 있는 아동들은 퍼즐게임을 활용하여 훈련한다. 삼차원적 미술 학습은 공간관계나 환경개념에 문제를 지닌 아동들에게 도움이 된다. 시각적으로 사물을 인식하는 능력과 한 물체와 다른 물체를 변별하는 능력을 길러 주는 내용이 미술 활동에는 많이 포함되어 있기 때문이다.

　기초적인 그림 그리기와 색칠하기 등은 아동들의 시각화(visualization)에 중요한 활동들이다. 시각화는 복잡한 지각적 능력으로서 본 것과 만진 것을 기억하는 능력과 그것을 머릿속에 담아 두는 능력이다. 아동의 시각화에 도움을 줄 수 있고 기초적인 그리기와 색칠하기 학습은 가까운 과거의 일(오늘 아침의 사건)이나 몇 개월 전의 일들(지난 여름의 활동)에 기초하고 있다. 또 미래에 아동이 무엇을 계획하고 있는지에 대한 시각적 표현이 시각화에 도움이 된다.

　학습장애아동들은 과제에 대해 쉽게 불만족을 표시하는데, 이는 아동이 미술 활동을 하는 데 있어서의 선택성과 한계성을 지니고 있음을 시사하는 것이다. 많은 학습장애아동들이 부정적인 신체영상과 자아개념을 가지고 있다. 그래서 미술 학습내용에는 신체개념과 자아개념 발달을 돕는 것들이 포함되어 있다. 예를 들면, 사람의 눈 부위만 그려 둔 종이를 주고 나머지 부위를 완성하게 하는 것이나 종이나 천을 이용하여 포토몽타주를 하는 것 등이 있으며, 종이나 천, 병뚜껑, 인형 등을 활용한 공작 활동이 있을 수 있다.

8) 건강장애아동과 미술치료

건강장애아동은 투병생활로 인해 또래와 잘 어울리지 못하는 등의 일상에서 오는 소외감 및 검사와 치료 등의 병원 처치를 받으면서 오는 정서적 · 심리적인 스트레스를 겪는다. 특히, 소아암과 같은 장기 입원을 요하는 만성질환 아동은 신체적으로 가족에게 많이 의존하게 됨으로 수동적인 양상을 보인다. 또한 잦은 입 · 퇴원과 약물복용, 고통스러운 치료 과정을 거쳐야 한다는 것과 죽음과 직결되는 질환이라는 점에서 오는 정서적 · 심리적 고통이 크다. 신체적인 고통에서 어느정도 회복되었다고 하더라도, 질환이 남긴 신체적 · 심리적 후유증으로 인해 병력이 트라우마로 자리 잡는 등 성장하면서 2차적 고통을 받게 되는 경우가 일반적이다.

건강장애아동에게 미술치료는 신체적 고통에 대한 두려움, 불안과 같은 지속적인 트라우마를 예방할 수 있고 미래에 대한 희망을 주어 긍정적인 정서변화에 도움을 줄 수 있다. 또한 아동의 자연스러운 표현수단이자 의사소통 형식의 하나로 자신의 욕구, 감정, 생각 등을 자연스럽게 인식하고 표현하면서 정서적인 건강을 찾을 수 있다. 미술치료는 질병과 병원치료로 신체정서 발달의 저해와 심리사회적 적응에 어려움이 있는 아동에게 재미있고 친숙하며 표현하기 힘든 감정의 창이 될 뿐 아니라, 이로써 인지 발달의 양상과 대처방식에 대해서도 알게 되므로 효과적이다.

건강장애아동의 미술치료의 종류는 질환과 증상에 따라 다양하게 적용될 수 있다. 따라서 미술치료 적용 시에는 무엇보다 아동의 병적인 특성 및 심리적인 특성, 의료지식을 숙지해야 한다. 또한 아동의 신체적인 상황을 잘 파악하여 회기 날짜를 잡고 진행하며, 진행 시에도 아동들은 길게 지속하여 작업하는 것이 어려울 수 있으므로 짧게 진행한 후 휴식할 수 있도록 해야 한다. 질병의 정도에 따라 활동의 불편함과 고통으로 그림을 그리지 못할 수도 있다. 치료자는 이 점을 유의하고, 건강상태에 따라 작업수준이 달라질 수 있음을 고려해야 한다. 매체 사용 시에도 아동의 병적인 특성을 고려해야 하며, 아동의 건강에 유의하여 가루가 날리거나 유해한 물질이 있는 매체는 사용을 자제하여야 한다. 특히, 면역력이 약한 아동은 감염에도 주의해야 하며, 위험을 줄일 수 있는 매체를 선정해야 한다. 신체적 장애를 가지고 있거나 침대에 누워 있어야 하는 경우 도구를 잡기가 용이하지 않으므로 테이프로 감거나 보조를 해 주는 등의 도움이 필요하다. 의존성이 높아 초기에 수동적이고 소극적인 태도인 경우나 조작에 어려움이 있는 경우 모델링을 할 수 있도록 치료자가 모델 역할을 제공한다. 근골격계 질환을 가진 아동들은 인지에는 문제가 없으나, 신체의 움직임이 원활하지 못한 관계로 딱딱한 재료보다는 부드럽고 가벼운 재료의 사용이 좋으며, 표현에 부담이 없고 자유로운 석고붕대, 천사점토, 물감작업 등이 많은 도움이 될 수 있다. 병실 상황 및 아동 특성에 따라 매체 사용이 제한적이므로 병실 유입 가능 여부를 확인해야 하며, 감염의 위험이 있는 경우는 새 도구를 사용할 수 있도록 하거나 소독하도록 한다. 또한, 의료진과의 협력을 통해 아동상태를 파악하고, 치료전략을 계획하여 개입을 하는 것이 필요하다.

9) 언어발달지체아동과 미술치료

언어발달지체는 사회성 결여를 가져올 수 있으며 나아가서 전반적인 발달에도 영향을 줄 수 있다. 또한 일반적으로 신체 발달과 언어발달은 평행적인 관계를 나타내지만 신체 발달은 아무런 이상이 없는 데도 언어발달만이 지체되는 경우도 있다. 즉, 부적절한 주위 환경과 아동의 정서적인 문제는 아동의 언어발달 지체의 원인이 될 수 있다. 특히, 이러한 경우에는 아동의 언어발달 지체가 사회성 결여를 가져올 수 있으므로 언어발달을 촉진시키는 것이 필요하다.

언어발달지체아동들에게는 기본적으로 언어지도가 이루어져야 하며 동시에 심리적인 면도 고려하여 지도하는 것이 효과적인 것으로 알려져 있다. 즉, 이미 언어발달이 지체되어 있는 경우에는 적절한 환경요인을 구성하는 동시에 직접적인 언어 훈련과 아울러 부적절한 환경 속에서 잠재된 아동의 욕구불만을 발산시켜 줄 수 있는 치료적인 조치가 필요하다는 것이다.

미술치료는 언어 이외의 차원에 대해 접근하므로 언어에 문제가 있는 대상자에게 유용하게 적용될 수 있다. 따라서 미술치료는 장애아동의 심리적·인지적 발달에 도움을 줄 수 있고, 언어발달지체아동의 언어능력 향상 및 문제행동 개선뿐만 아니라 전반적인 발달에도 도움을 준다.

직접적인 언어치료를 통해서 언어발달을 향상시키는 방법도 있으나, 미술치료를 통해서 아동의 욕구불만을 발산시키고 나아가서 자존감을 향상시킴과 동시에 언어치료를 실시하는 것이 효과적이라 생각된다. 언어발달지체아동에게 많이 활용되는 미술치료 기법은 정서·행동장애아동이나 학습장애아동의 자존감 향상을 위한 것과 동일하다.

2. 절차

미술치료는 다양한 대상에 대한 접근이 용이한 장점이 있다. 하지만 다양한 문제행동, 특히 의자에 잠시도 앉아 있지 못하고 돌아다니는 과잉행동, 충동성, 공격성을 수반한 아동의 경우에는 부담을 갖게 된다. 또한 타인의 말을 들은 척도 않고 혼자 떠드는 아동, 이와는 반대로 함묵증 아동, 무기력한 아동, 위축된 아동의 경우에는 어떻게 관계를 해야 할지 참으로 조심스럽다. 미술치료가 아무리 훌륭한 심리치료라고 하더라도 아동과 상호작용이 되어야 하며 아동에게 적절한 미술치료 체제를 구성하지 않으면 전혀 효과를 내지 못한다. 따라서 미술치료를 실시하기 사전에 갖추어야 할 중요한 몇 가지 사항을 살펴보고자 한다.

1) 정확한 사정 실시

장애아동의 미술치료를 실시하기 전에 부모면접, 객관적 검사, 아동의 행동관찰 등을 통하여 아동의 문제행동에 대한 정확한 사정이 이루어져야 한다.

(1) 초기 면접

장애아동에 대한 정확한 진단평가의 하나로 아동 정보를 수집해야 한다. 성인이나 언어표현이 가능한 청소년의 경우에는 직접 면접이 가능하다. 그러나 전혀 언어표현을 하지 않는 아동이나 언어표현이 곤란한 아동의 경우에는 부모 또는 그 아동에게 책임이 있는 사람이 전문기관을 방문하여 조언을 받거나 지도를 받게 된다. 이때 전문가와 부모 사이에 처음으로 관계가 형성되게 된다. 즉, 상담하는 사람은 직접 방문, 전화 등의 방법으로 상담예약을 한 뒤 정해진 날짜에 상담을 받게 된다. 이 최초의 정식 상담을 초기 면접(intake)이라고 말한다. 이 초기 면접 시에 아동의 문제는 주로 부모나 양육자를 통해서 아동의 발달 상태를 평가하게 되는데 그 내용을 다음에 제시해 본다. 구체적인 면담 기록 카드는 [그림 7-1]과 같다.

면담 기록카드

상담일: 년 월 일

성명		생년월일		연령		성별		연락처	
주소									

보호자	부		연령		직업		학력	
	모							

주된 호소	
시기/이유	

• 생육사

출생 전	약복용(유, 무) 건강 상태 기타	질병(유, 무) 심리 · 정서상태
출생 시	분만유형(순산, 조산, 난산, 가사분만, 겸자분만, 제왕절개) 체중 kg 울기(강, 약) 산소흡기 사용(유, 무)	원하는 아이(예, 아니오) 인큐베이터 사용(유, 무) 기타
출생 후	고열: 유, 무(시기: , 체온:) 정기: 유, 무(시기: , 체온:) 젖 빠는 힘(강, 약)	

• 발달사항

섭식 및 수면	영양(모유, 우유, 혼합) 수면유형 수면장애(유, 무)	영양 상태 수면양 기타
신체발달	목가누기 배밀기 무릎서기 낯가리기	앉기 기기 걷기 미소
언어발달	옹알이 언어소실시기	초어 기타
신변처리	옷입기 식사하기 소변가리기	옷벗기 대변가리기 기타

• 건강상태 및 치료교육

질환		현재 상태	
약복용		기타	
교육 여부		기간	

• 행동특징

외모	
시각, 청각	
근육운동	
신체적 장애	
신체활동 수준	
표현행동	
상호작용	
기타	

• 언어력 및 특징

언어력	특징
초어: 언어 상황: 소실 상태: 유 무 기타:	무발어상태: 피성: 반향어: 억양: 이해정도: 표현:

• 면담 중 특기사항

[그림 7-1] 면담 기록카드 예시

자료제공: (사)한국아동발달지원연구소

① 개인 정보

이 영역은 아동의 이름, 생년월일, 별명, 주소, 전화번호, 유치원(학교), 학년, 부모 이름, 부모 직업, 부모 교육수준 등을 포함한다.

② 의뢰 이유(방문 목적)

의뢰 이유나 방문 목적은 의뢰자나 보호자가 문제(problem)라고 지각한 것을 드러낸다는 점에서 중요하다. 실제적으로 그 아동의 환경에 대한 한 측면만이 문제상황으로 보여지기 쉽다. 그러므로 의뢰 이유가 평가결과와는 관련이 없다 하더라도 보고서에 직접 기재해야 한다.

③ 생육사(발달과정)

가능한 한 아동을 잘 이해하기 위해서는 아동 초기부터의 기본적이고 실제적인 정보를 얻어야 한다. 생육사는 임신부터 시작하여 폭넓은 영역을 포함하며, 평가과정의 필수적인 부분이다.

(2) 행동관찰

정보를 수집하는 과정에서 임상가가 부모와의 면접, 객관적인 평가 이외에 그 아동을 직접 접촉(contact)함으로써 보다 객관적이고 명확하게 문제를 파악하는 데 유용한 자료를 얻을 수 있다. 또한 아동이 행동할 때, 놀 때, 타인과 상호작용할 때 및 홀로 있을 때 등 특수행동을 관찰하는 기회는 평가의 검사결과와 전달과정에서 서로 관련시키는 데 도움을 준다. 관찰은 여러 장면에서 일어날 수 있으며 직접적이거나 간접적일 수 있다.

① 직접 관찰

임상가가 실시하는 가장 직접적인 관찰은 면접과 실제 검사 시 일어난다. 이때 아동은 구조화된 형식 혹은 비구조화된 형식으로 반응할 수 있다. 그런 반응과 행동을 관찰함으로써 아동의 현 기능을 잘 통합할 수 있다. 특히 외모, 특징, 걸음걸이, 자세, 버릇, 목소리, 단어사용 등 기타 영역에 주목해야 한다.

② 간접 관찰

대부분의 경우에 임상가가 면접과 검사상황 이외에는 직접 관찰할 수가 없다. 따라서 치료자, 타 전문가, 부모, 행정가 등에 의해 관찰이 이루어질 수 있다. 이러한 관찰은 체계적 관찰계획에 따라 잘 수행될 수 있다. 이러한 관찰계획은 ① 외모와 감각양상, ② 외현행동, ③ 환경과의 상호작용으로 구분된다.

(3) 객관적인 검사 실시

심리 및 교육 검사는 본질적으로 개인의 행동표집을 객관적이고 표준화된 방식으로 측정함으로써 개인 간 및 개인 내 차이를 파악하는 데 이용된다. 달리 말하면 심리 및 교육검사를 통해 개인의 다양한 심리적 속성(예, 지능, 지각, 발달, 적성, 성격, 학업성취도 등)을 측정하여 진단, 분류, 치료, 예후 등에 유용한 정보를 얻을 수 있다.

그러나 한 가지 검사만으로는 폭넓은 행동양상과 아동의 강점과 약점을 분명하게 파악할 수 없으며, 아동의 기능의 모든 측면을 정확하게 반영하는 결론을 유도할 수도 없다. 따라서 심리 및 교육 검사는 여러 유형의 검사들을 종합적으로 실시하여야만 한다. 임상가는 아동의 나이, 수준, 장애 유형에 따라 어떤 검사들을 사용할 것인가를 신중하게 결정해야 하며, 그 검사들에 대한 실시 및 채점, 해석기술 등 전문적인 지식을 가지고 있어야 한다.

일반적으로 아동을 위한 대부분의 심리, 교육, 진단평가는 다음과 같은 영역으로 나눌 수 있는데, 현재 국내에서 표준화되어 임상 현장에서 사용되고 있거나 표준화개발 중에 있는 영역별 검사 및 척도들이 〈표 7-1〉에 제시되어 있다.

① 지능/인지

지능 및 인지 기능은 개인의 적응과정에서 아주 중요한 요소이며, 개인이 그 환경 속에서 지속적이고 안정된 균형상태를 유지하는 데 필요한 상호작용의 수단이 된다. 또한 개인의 성격과 장애를 이해하는 데 유용한 진단 자료를 제공해 준다.

② 지각/감각

눈과 귀 등의 감각기관과 손 등의 운동기관의 협응에 의해 이루어지는 표출 행동을 지각-운동 통합행동, 감각-운동 통합행동이라고 부른다. 지각 혹은 감각 운동 통합능력은 학습 및 기본적인 심리기능(주의, 감각, 사고, 기억 등)과 관련이 있고 대뇌병리증상을 알아보는 데 유용하다.

③ 성격/인성

성격은 우리말로 인성이라고 불리는데, 행동을 정의적(affective) 또는 비지적인 (nonintellectual) 측면을 측정하는 것으로 개인의 정서상태, 대인관계, 동기, 흥미, 태도 등이 이에 해당되며 현재의 심리적 상태를 이해하는 중요한 요소다.

④ 발달

신체, 인지, 언어, 정서, 사회 등 여러 발달영역은 서로 밀접한 관계를 지니고 있다. 아동 발달의 개인차를 고려하더라도 연령 단계에 따라 정상적인가, 어느 연령 수준에 도달하고 있는가 등을 알아보는 것은 장애아동의 치료 및 교육 등 중재 계획을 세우는 데 아주 중요하다.

⑤ 적응행동

적응행동이란 개인이 환경의 요구에 적응하도록 하는 사회, 성숙, 자조 및 의사소통 등 나이와 상황에 적절하게 개인의 독립성과 사회적 책임을 이행하는 능력을 말한다. 교육 및 재활의 초점은 독립심과 적응을 극대화시키는 일이라 할 수 있다. 따라서 자기가 처한 환경 속에서 제기능을 발휘하고 만족스런 삶을 영위하고 있는지를 알아보는 것이 중요하다.

⑥ 학습

아동의 학업수행 준비능력과 학습성취도는 그들의 진로(학교)를 결정하는 중요한 요소다. 초등학교에 들어갈 수 있는 학습준비가 되어 있는지 그리고 학습 교과영역에서 교육과정의 효과가 어느 정도인지 측정하는 것은 진단, 예측, 교육적 조치를 내릴 수 있는 정보를 제공해 준다.

⑦ 사회성 기술

아동의 사회적 유능감, 교우관계, 사회적 상호작용 등 사회성 기술은 아동이 학교생활에 적응하는 중요한 요인이다. 다른 사람 앞에서 매우 수줍어하며 늘 혼자서 노는지, 늘 싸움을 거는지, 사회적으로 위축되어 있는지, 사회적 불안을 느끼는지, 사회적 외로움을 느끼고 있는지 등은 사회적 행동문제를 야기할 수 있는 요인이 될 수 있다.

⑧ 언어

언어는 인간이 동물과 구별되며 인간다운 생활을 영위하는 데 필수적인 요소로, 자신의 생각, 느낌 및 의사를 다른 사람에게 전달하고 이해시키는 주된 기능을 가지고 있다. 언어는 수용과 표현언어로 구분되며, 어휘력과 관계가 깊다. 언어문제가 순수한 언어발달지체에서 기인한 것인지, 정신지체, 자폐 등 다른 장애와 수반한 것인지를 파악하는 것이 교육 및 치료 프로그램을 제공하는 기초 자료가 된다.

⑨ 문제행동

행동평가의 일차 목적은 아동에게 어떤 심리적 혹은 정서적·행동적 측면의 부적응 양상이 나타나는지에 대한 정확한 정보를 수집하는 데 있다. 적응행동과 학습의 효과를 극대화하기 위해서는 아동의 문제행동이 무엇인지, 어떤 상황에서 발생하는지, 학습경과 아동의 문제행동 간에는 어떤 관련이 있는지 등을 파악해야 한다.

⑩ 특정 장애 진단

아동의 장애를 정확하게 진단하는 일은 바람직한 교육과 치료 프로그램을 제공하기 위한 필수적인 요소다. 아동의 문제가 주의력결핍 과잉행동장애, 학습장애, 자폐장애 등으로 인해 나타나는 것인지를 결정하기 위해서는 각종 준거와 정의에 따른 진단이 선행되어야 한다.

⑪ 그림진단검사

아동의 심리상태를 파악할 수 있는 투사법의 일종으로 인물화에 의한 지능검사나 가족의 역동성, 학교생활 등의 심리 및 성격진단을 할 수 있다. 일반 심리검사처럼 타당도와 신뢰도가 충분히 검증되지 않았으나 임상현장에서 많이 활용하고 있으며 많은 연구가 이루어지고 있다. 과제화법과 자유화법이 등이 있다.

〈표 7-1〉 평가 영역에 따른 심리 · 교육 · 진단용 검사 및 척도

평가 영역	심리 · 진단용 검사
지능/인지	한국웩슬러지능검사(K-WPPSI/ K-WISC-IV), 그림지능검사(PTI), 카프만 인지검사(K-ABC), KISE-KIT(한국형 지능검사)
지각/감각	벤더도형검사(BGT), 시지각 발달검사(K-DTVP-II), 지각-운동 발달진단검사(PMDT), 시각-운동통합검사(VMI), 한국판 오세레츠키 운동능력검사
성격/인성	한국아동인성검사(KPI-C), 인물화검사(DAP), 문장완성검사(SCT), 집-나무-사람(HTP)검사, 아동용 주제통각검사(CAT), 유아성격검사, 아동용 자아개념검사
발달	한국판-유아발달선별검사, 카이제 발달척도, 카이제-코스 정신 발달검사, 덴버발달검사(K-DDST-II), 한국 아동발달검사(K-DIP), 한국 영유아발달검사(표준화중)
적응행동	사회성숙도검사(SMS), 적응행동검사(K-ABS), 한국판-적응행동검사(K-ABI)
학습	학습준비도검사(FGST), 기초학습기능검사, 읽기진단검사, 학습기술검사(LST), 기초학습기능 수행평가체제: 읽기검사
사회성 기술	한국 사회성기술 검사(K-SKRSP), 사회성 기능평가 척도, 사회적 상호작용척도, 아동용 사회성 불안 척도
언어	영유아 언어발달검사(SELSI), 한국 표준 어음검사, 언어이해 · 인지력검사, 그림 어휘력검사, 문장이해력 검사, 한국 영유아언어발달검사(표준화 중), 취학전아동의 수용 및 표현언어발달척도(PRES), 한국노스웨스턴구문선별 검사
문제행동	벅스행동평정척도(BBRS), 아동-청소년행동평가척도(K-CBCL), 문제행동검사(ECBI)
특정장애 진단	한국-주의력 결핍 · 과잉행동진단검사(K-ADHDDS), 한국-자폐증진단검사(K-ADS), 아동기 자폐증 평정척도(CARS), 이화-자폐범주성장애아동 행동발달(E-CLAC), 자폐범주성장애아동교육진단검사 (K-ASIEP), 교육진단검사(PEP), 자폐아 행동검목표(ABC)
그림 진단검사	인물화 검사(DAP), 집-나무-사람(HTP)검사, 동적 집-나무-사람(KHTP)검사, 통합적 집-나무-사람(S-HTP)검사, 동적 가족화(KFD)검사, 학교생활화(KSD)검사, 풍경구성법(LMT), 별 · 파도 그림검사(SWT), Wartegg 묘화검사, 바움(나무그림)검사 등

2) 행동분석

효율적인 미술치료를 위하여 장애아동의 문제행동 감소를 위해 다음과 같은
행동분석절차를 통하여 명확히 한다.

첫째, 면담 시기에 어떤 증상이 있는지를 환경요인과 함께 분석한다.

둘째, 그다음 증상이 언제부터 발생되었는지 증상발생기를 분석한다.

셋째, 증상이 지속되고 변화되는 데에 어떤 요인이 작용하는지를 분석한다.

넷째, 왜 많은 문제행동 중 그 증상을 선택했는지를 분석하며 아동 개인차를
고려한다.

3) 치료모델 결정

장애아동의 정확한 사정을 통하여 미술치료의 목적을 명확히 한다. 즉, 발달
촉진을 위한 미술치료인지, 문제행동 감소를 위한 미술치료인지 등을 계획하
여 결정한다. 초심자의 경우에는 기존의 연구 중 성공적인 사례연구를 잘 탐색
하여 자신의 아동에 적절한 치료모델을 결정한다. 나아가서 치료에 경험이 있
는 자는 자신이 경험한 아동에 성공적인 모델과 선행연구를 참고로 하여 치료
모델을 결정한다.

4) 미술치료 유형

미술치료에서는 대상의 구성에 따라 개별 및 집단, 가족 미술치료로 나누어
실시할 수 있다. 즉, 아동의 증상, 요구, 아동의 환경, 특히 가족관계의 영향, 치
료자의 판단 등에 따라 개별, 집단, 가족 등 어떤 유형이 효과적인가를 고려하
여 접근방법을 달리 실시할 필요가 있다.

(1) 개별 미술치료

일반적으로 병리증상이 심하거나 대인관계에 두려움이 있는 아동이나 다루기 힘든 장애아동은 집단으로 진행하기 보다는 개별 미술치료를 실시하는 것이 효과적이다. 문제행동이 심한 정서 · 행동장애아동이나 정신지체 및 자폐성을 포함한 발달장애아동뿐만 아니라 다루기 용이하지 않은 문제행동을 나타내는 아동들은 개별 미술치료로 진행하는 것이 효과적이다.

가능한 초기에는 개별 미술치료를 통하여 치료자와의 라포 형성이 충분히 되고 아동도 어느 정도 정서적으로 안정되어 대인관계에 대한 두려움이 어느 정도 해소된 경우에 집단 미술치료에 참여하게 하는 것이 좋다. 예를 들어, 또래 부적응을 나타내는 아동의 경우 또래에 대한 두려움이 다소 해소된 후 또래관계 개선을 위한 집단 미술치료 참여의 필요성을 느끼고 수락할 때까지 개별 미술치료를 실시하는 것이 바람직하다.

(2) 집단 미술치료

장애아동의 경우 집단 미술치료는 집단 활동을 통해 정서적 유대감과 소속감을 경험하고 의사소통 기술 및 사회적 기술 등을 배울 수 있다.

집단 미술치료에 있어서 집단의 크기는 집단 구성원의 특성과 치료목표에 따라 달라질 수 있다. 장애아동의 경우에는 4명 정도가 적절하다고 집단원을 구성한 연구도 있다(김수향, 이근매, 2002).

(3) 가족 미술치료

가족 미술치료는 장애아동의 문제가 아동 자신의 문제이기보다는 전 가족의 문제라는 전제하에 전 가족을 대상으로 실시하는 것이다. 가족 미술치료는 개인이나 집단의 형태보다 가족이 치료 장면에 오게 되면 더 빠른 변화효과를 가져올 수 있고 변화의 지속시간이 길다는 전제하에서 실시하게 된다. 전 가족이 참여하는 경우도 있지만, 한부모가정 어머니와 아동, 또는 형제, 부자가정 아버지와 아동, 형제 등 부분으로 참여하는 경우도 있다. 특히, 애착문제가 있는 아동의 경우에는 부모가 함께 참여하는 가족 미술치료가 효과적이다.

5) 미술치료 실시 절차

상담 및 심리치료와 마찬가지로 미술치료에 있어서도 아동의 당면한 문제를 도와줄 수 있는 적절한 치료목표의 설정과 아울러 프로그램 구성은 치료의 효과를 결정하는 중요한 영역이다. 아울러 미술치료에 있어 모든 미술매체가 미술치료의 기법으로 활용될 수 있다. 하지만 아동의 상태, 증상, 연령 및 선호도 등 각 아동의 특성에 맞는 미술매체 및 기법의 활용이 무엇보다도 중요하므로 미술매체 및 기법의 선정에 신경을 써야 한다. 특히 초기의 적절한 미술매체의 활용은 치료효과의 성과를 좌우한다고 말할 수 있다.

미술치료 프로그램은 장애아동이 원하는 매체를 선택해서 실시하는 비구조적 미술치료와 사전에 치료회기와 아동에게 적절한 미술매체로 미술치료 프로그램을 구성하는 구조적 미술치료 프로그램이 있다.

연령, 증상, 환경, 가족관계의 영향 또한 개별로 진행할 것인지, 집단 또는 가족단위로 진행할 것인지에 따라 프로그램의 구성은 달라진다. 미술치료의 실시는 미술치료자가 지향하는 상담 및 심리치료의 이론을 배경으로 실시한다.

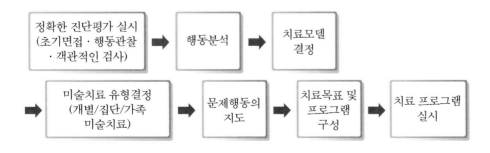

[그림 7-2] 미술치료의 도입 및 실시 절차

 제 **8** 장

장애아동 미술치료 기법

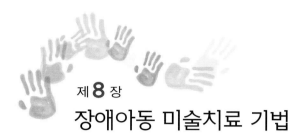

제 **8** 장
장애아동 미술치료 기법

치료자는 장애아동에게 적용할 수 있는 다양한 미술치료 기법 및 매체의 활용법을 숙지하고 실시할 수 있어야 한다. 이때 장애아동의 특성에 따라 단계적으로 접근해야 하는 경우가 있는 반면, 자유롭게 표현하도록 촉진해야 하는 경우도 있다. 이 장에서는 장애아동 미술치료에서 대표적으로 활용하는 미술치료 기법인 그리기, 판화, 콜라주, 조형, 종이접기, 협동표현, 기타 활동 등을 중심으로 구체적인 실시 절차를 소개하고자 한다.

1. 그리기

장애아동에게 미술치료를 실시함에 있어서 시지각 발달은 우선되어야 하는 과제다. 특히 아동이 사물을 표현하는 데 어려움이 있을 경우 그림으로 심리를 표현하는 것은 한계가 있다. 따라서 장애아동의 시지각 발달 촉진을 위해 그리기 지도는 중요하다.

난화의 경우 낙서를 하면서 긴장이 완화되고 흥미가 생기며 치료에 필요한 감정적 퇴행, 카타르시스 등을 경험할 수 있다. 또한 자유로운 점과 선의 표현, 섬세함과 번짐의 효과 등을 통해 소근육운동뿐만 아니라 눈과 손의 협응 능력, 시지각에서의 발달 등의 효과를 얻을 수 있다. 더불어 아동은 그림을 통해 자신의 내면을 자유롭게 표현하고 결과물을 접함으로써 스스로 성취했다는 자신감과 성취감을 갖게 되어 정서적인 안정감을 얻을 수도 있다.

난화 등의 그리기 기법을 통해 긴장 완화와 정서 안정이 이루어지고 나면 연상을 통한 자유화 표현이 가능해진다. 이와 같이 장애아동의 그림이 난화부터 자유화 표현까지 가능하도록 그들의 시지각 발달 촉진을 위한 그리기 지도를 함에 있어 단계적 접근이 필요하다.

여기서는 가장 단순한 동그라미를 스스로 그리게 하는 방법과 사람 얼굴, 탈 것, 단순한 사람의 동작을 그리게 하는 지도 방법을 소개해 본다. 이와 같은 방법으로 아동의 수준에 따라 촉진을 가감하면서 다양한 사물 및 복잡한 동작 표현 등으로 응용할 수 있다.

동그라미를 보고 그리기

① **목표:** 묘사 능력 향상, 자기효능감 형성
② **준비물:** 도화지, 크레파스, 색연필, 그림물감, 사인펜, 연필 등의 필기구, 완성된 작품
③ **활동내용 및 지도방법**
- 치료자는 아동에게 동그라미가 그려진 종이를 제시한 후 "동그라미를 그려 보자."라고 지시한다([그림 8-1]의 그림 1).
- 아동이 동그라미를 보고 그리면 적극적으로 칭찬한다.
- 만약 아동이 동그라미를 보고 그리지 못하면 점선으로 동그라미가 그려

진 종이를 제시하여 점선을 따라 그려 보도록 지도한다([그림 8-1]의 그
림 2). 이때 아동이 동그라미를 그리면 안아 주거나 머리를 쓰다듬어 주
는 등 적극적으로 칭찬한다.

• 아동이 점선을 따라서 동그라미를 그리지 못하면 치료자가 아동의 손을
  함께 잡고 점선을 따라 동그라미를 그리도록 지도한다. 그리고 신체적
  보조와 점선 보조를 점차 줄여 나가면서 반복 실시하여 아동 스스로 동
  그라미를 보고 그릴 수 있도록 지도한다([그림 8-1]의 그림 3). 이때 매번
  "동그라미를 그려 보자."라는 언어 지시도 같이 제시한다.

• 앞서의 과정을 반복 실시하여 마침내 아동이 점선 보조 없이 동그라미
  를 보고 그릴 수 있게 되면 적극적으로 강화한다.

※ 아동이 필기구를 쥐는 힘이 약할 때는 우선 쉽고 진하게 나오는 사인펜을 사용하여 실
  시하고 점차 크레파스, 색연필, 연필 등으로 바꿔 가는 것도 좋다.

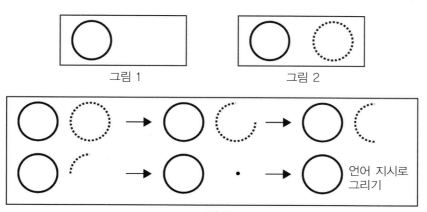

[그림 8-1] 동그라미를 보고 그리기

탈것 그리기

① **목표:** 인지 능력 향상, 분류 개념 형성

② **준비물:** 도화지, 크레파스나 색연필, 모델 그림(종류: 자동차, 자전거, 기차, 배, 비행기, 트럭 등)

③ **활동내용 및 지도방법**

- 치료자는 아동에게 "자동차를 그려 보자."라고 지시하며 점선으로 자동차를 그린 종이를 제시한다([그림 8-3]의 그림 1).

- 아동이 점선을 따라서 자동차 그림을 완성하면 칭찬한다. 만약 수행하지 못하면 아동의 손을 잡고 같이 그려 준다. 점차 보조를 줄여 나간다.

- 치료자는 첫 단계보다 점선 보조를 줄인 그림을 아동에게 제시하며 "자동차를 그려 보자."라고 지시한다.

- 아동이 점선을 따라 수행하면 계속 점선 보조를 줄인 그림을 제시한다([그림 8-3]의 그림 2).

- 치료자는 언어 지시로 "자동차를 그려 보자."라고 지시하며 백지를 제시한다.

- 아동이 언어 지시로 자동차를 그리면 칭찬한다.

- 다른 탈것도 지금까지와 같은 방법으로 지도한다.

- 앞서의 단계가 가능하면 "자동차하고 기차를 그려 보자."라고 지시하는 등 점차 여러 가지 탈것을 그리도록 지도한다.

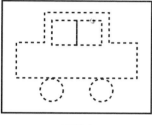

그림 1

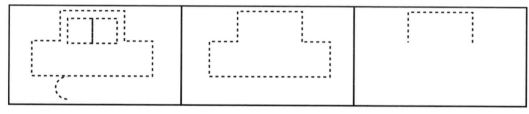

그림 2

[그림 8-3] 탈것 그리기

사람 얼굴 그리기

① **목표**: 인지 능력 향상, 신체개념 인지

② **준비물**: 도화지, 크레파스, 색연필, 그림물감, 사인펜, 연필 등의 필기구, 완성된 작품

③ **활동내용 및 지도방법**

• 치료자는 흥미 유발을 위해 아동과 함께 얼굴 부위를 지적해 보거나(예: "눈 어디 있지?" 하며 눈을 가리키기) 얼굴을 이용한 유희를 해 본다(예: '사과 같은 내 얼굴').

• 치료자가 아동에게 완성된 작품을 보여 주고 "얼굴을 그려 보자."라고 지시한다. 아동이 얼굴을 스스로 정확하게 그리면 적극적으로 칭찬한다.

• 만약 아동이 얼굴을 그리지 못할 경우에는 치료자가 얼굴을 그려 준 후 그것을 보고 그리도록 하며([그림 8-2]의 그림 1), 치료자의 그림을 보고 그리면 적극적으로 칭찬한다.

• 만약 보고 그리기가 되지 않으면 점선으로 얼굴을 다시 그려 주어 아동이 점선을 따라 얼굴을 그리도록 지도하며, 아동이 점선을 따라 얼굴을 그리면 칭찬한다. 점선 보조는 점차 줄여 나간다([그림 8-2]의 그림 2).

• 치료자는 지금까지의 방법을 반복하여 실시한 후에 다시 "얼굴을 그려 보자."라고 지시한다.

• 아동이 언어 지시만으로 얼굴을 그리면 안아 주거나 간지럽히는 등 적극적으로 칭찬한다.

그림 1

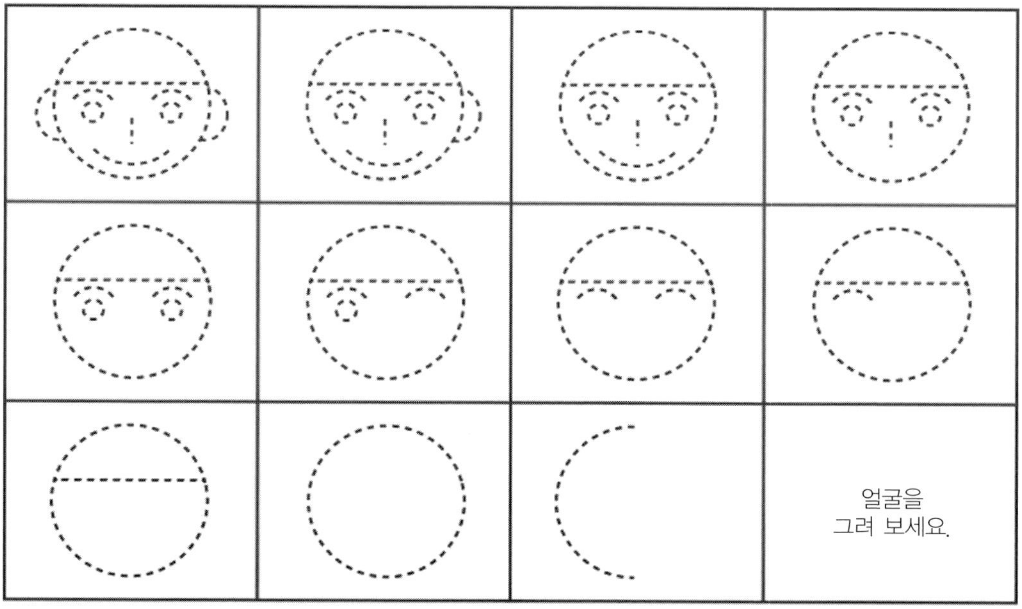

			얼굴을 그려 보세요.

그림 2

[그림 8-2] 사람 얼굴 그리기

사람의 동작 그리기

① **목표**: 묘사 능력 향상, 신체상 형성

② **준비물**: 도화지, 연필, 지우개

③ **활동내용 및 지도방법**

- 치료자는 아동에게 "치료자를 따라 해 보자." 하고 말한 후 특정 동작 (예: 만세 동작)을 취해 보여 준다.
- 아동이 따라 하면 적극적으로 칭찬해 준다. 그리고 그 동작을 그림으로 그리도록 지시한다.
- 아동이 지시한 동작을 그리면 칭찬해 준다. 만약 아동이 그리기 힘들 어한다면 치료자가 모델을 보여 주어서 보고 그리도록 하고 반복 학습 한다.
- 반복 학습 후에 아동이 치료자의 언어 지시만으로 지시한 동작을 그리 면 적극적으로 칭찬해 준다.
- 그 외의 동작도 동일한 방법으로 지도한다(예: 한 팔 들고 있는 모습, 서 있 는 모습, 달리기하는 모습, 밥 먹는 모습, 잠자는 모습 등).

〈치료자〉

〈아동〉

[그림 8-4] 사람의 동작 그리기

2. 판화

판화 기법은 긁기, 깎기, 찍기, 두드리기, 문지르기 등 다양한 표현활동을 통해 장애아동의 감정과 생각의 표현 욕구를 효과적으로 충족시켜 줄 수 있다. 또한 판화에서 사용하는 물감, 도장, 종이, 나무판 등의 다양한 재료를 사용하면서 자연스럽게 그 재료의 성질을 파악할 수 있어 손의 표현 기능 및 촉각 기능을 향상시킬 수 있다.

특히 장애아동의 경우 다양한 판화 활동으로 물건 던지기와 같은 문제 행동이 감소하는 경우를 볼 수 있다. 이는 판화 기법이 아동에게 내면의 분노를 자연스럽게 표출하게 하여 정서 안정에 도움을 주기 때문이다.

따라서 장애아동의 정서 안정 및 신체 기능 발달을 촉진하기 위해서는 다음에서 제시하는 도장찍기, 스텐실 등의 다양한 판화 기법을 사용하는 것이 필요하다.

도장 찍기

① **목표:** 관계 형성, 매체에 대한 흥미 유발
② **준비물:** 다양한 크기의 도화지, 여러 가지 모양의 도장
③ **활동내용 및 지도방법**
- 치료자는 아동에게 "우리 같이 도장 찍기를 해 보자."라고 말한다.
- 치료자는 도화지와 여러 가지 모양의 도장을 제시한 뒤 도화지에 도장 찍는 것을 보여 준다. 그리고 "○○도 치료자처럼 도장을 찍어 보자."라고 지시한다.
- 아동이 도장을 찍으면 칭찬해 주고 계속해서 도화지 전체에 자유롭게 찍도록 한다. 만일 아동이 망설이거나 활발하게 활동하지 못할 때는 치

료자가 모델링을 해서 아동이 적극적으로 활동할 수 있도록 유도한다.

※ 아동의 장애 상태에 따라 종이의 크기를 조절하여 사용한다.

※ 도장을 연결해서 찍어 특정한 형태(예: 집, 꽃, 사과 등)를 만들도록 해도 좋다.

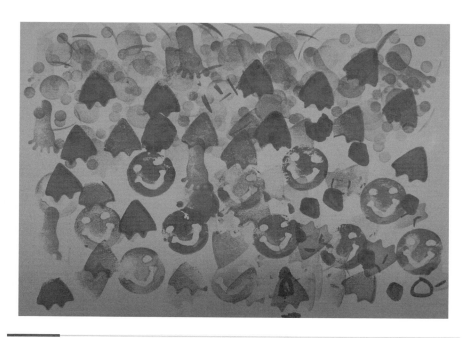

[그림 8-5] 도장 찍기

손 · 발 도장 찍기

① **목표:** 자기 신체개념 인식, 흥미 유발
② **준비물:** 도화지, 물감, 팔레트, 쟁반, 물, 완성된 작품
③ **활동내용 및 지도방법**

- 치료자는 아동에게 완성된 작품을 보여 주며 "오늘은 손도장을 찍어 보자."라고 말한다.
- 아동 앞에 쟁반, 물감, 물을 제시한다. 그리고 "손으로 섞어 보자."라고 지시한다. 이때 아동이 물감을 섞으면 적극적으로 칭찬하고, 만일 수행하지 못하면 언어 지시로 촉구하거나 신체 보조를 하여 지도한다.
- 치료자는 아동에게 도화지를 제시하고 손도장 찍는 것을 보여 준다. 그리고 "○○도 손도장 찍어 보자."라고 지시한다.
- 아동이 지시에 따라 손도장을 찍으면 적극적으로 칭찬한다. 만약 아동이 찍지 못하면 도화지를 탁탁 쳐 주면서 "자, 여기 찍어."라고 언어 지시로 촉구한다. 그래도 안 된다면 아동의 팔을 잡고 보조하여 반복해서 찍도록 한다. 그리고 점차 보조를 줄여 나간다.
- 이전 단계가 수행되면 여러 가지 색깔로 반복 실시하며 아동의 흥미를 유발한다.
- 발도장을 찍는 것도 손동작을 찍는 것과 동일한 절차로 실시한다.
- 아동의 상태에 따라서 종이의 크기를 조절하여 사용하는 것이 유용하다. 또한 아동의 흥미를 유발하기 위해서 나무를 그린 뒤 손발을 잎처럼 찍기, 혹은 발자국을 그려 놓고 그 발자국에 맞춰 찍기 등으로 응용하는 것도 효과적이다.

[그림 8-6] 손 · 발 도장 찍기

물감 스텐실

① **목표:** 흥미 유발, 표현력 향상, 창의성 계발, 성취감 향상

② **준비물:** 두꺼운 도화지, 물감, 접시, 스폰지, 칼, 연필, 지우개, 접착 테이프

③ **활동내용 및 지도방법**

- 치료자는 아동에게 완성된 작품을 보여 주며 "오늘은 물감으로 스텐실을 할 거야."라고 말한다.
- 우선 치료자가 도화지에 밑그림을 그린 후(칼로 잘라야 하므로 간단하게 그린다) 아동이 그것을 따라서 그리면 칭찬한다. 만약 아동이 스스로 그리지 못한다면 아동의 손을 잡고 보조해서 수행하게 하고 점차 보조를 줄여 나간다.
- 다 그린 밑그림을 칼로 자른다. 칼 사용이 용이하지 않은 경우 치료자가 자른다.
- 다 자른 밑그림 밑에 다른 도화지를 대고 테이프로 고정해 준다. 스폰지에 물감을 묻혀 잘라진 곳에 대고 찍어 준다. 아동이 따라서 찍으면 칭찬한다. 만약 아동이 스스로 찍지 못할 때는 아동의 손을 잡고 보조해서 수행하게 하고 점차 보조를 줄여 나간다.
- 다양한 색을 활용하여 완성한다.
- 치료자는 완성된 작품을 보고 "와! 멋있다." "정말 잘했다." 등으로 표현해 준다. 그리고 언어 표현이 되는 아동이라면 "이게 뭐야?" "제목을 무엇이라고 할까?"라고 물어보고, 아동이 표현할 경우 긍정적으로 받아들인다.

※ 칼 사용에 주의하고, 치료자가 자르는 동안 주의가 산만해질 수 있는 경우나 시간이 부족한 경우 미리 잘라 둔 밑그림을 제공한다.

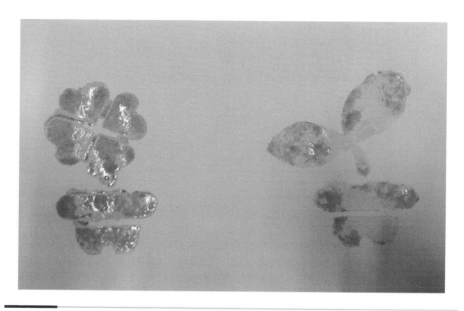

[그림 8-7] 물감 스텐실

3. 콜라주

　　장애아동의 콜라주 활동은 매우 유용하게 활용된다. 콜라주는 사진, 자연물 등 다양한 재료를 붙여 표현하는 방식으로 특히 그리기가 서툴거나 표현력이 부족한 경우에 사용이 용이하다. 다양한 재료를 활용하여 자유롭게 표현할 경우 욕구 해소 및 창의력 발달에 도움이 되며, 붙이고 꾸미는 활동 자체만으로 즐거움과 만족감을 주어 심리적 안정감을 준다. 잡지 콜라주의 경우는 가위질을 통해서 감각기능을 길러 소근육 발달을 촉진하며, 풀칠을 함으로써 주의집중력을 향상시키는 데 효과가 있다. 또한 종이 위에 작품을 구성하면서 통합성을 기르고, 완성된 작품을 보며 만족감을 얻음으로써 자신감이 향상될 수 있다.

　　이처럼 자유로운 표현활동이 가능한 콜라주를 이용하여 장애아동의 심리적 안정, 신체 발달, 집중력 향상을 촉진하는 것이 필요하다.

콜라주

① **목표**: 미술 활동에 대한 거부감 감소, 분노 표출, 자기표현
② **준비물**: 잡지책(그림이 많은 책이나 다양한 그림), 풀, 가위, 도화지(크기 제한하지 않음), 연필
③ **활동내용 및 지도방법**
- 아동에게 잡지책을 주면서 "네가 마음에 드는 그림이 있으면 오려서 이 도화지 위에 붙여 볼까?"라고 지시한다.
- 아동은 책을 보면서 마음에 드는 그림을 찾아 그것을 도화지 위에 붙인다.
- 아동이 다 붙였다고 하면 왜 그 그림을 붙였는지 질문한다. 이때 연필을 사용하여 그 이유를 적게 할 수도 있으며, 만일 '왜'라는 질문에 대답하

지 못한다면 대신 그 그림이 무엇인지 질문한다.

※ 콜라주는 그리는 것보다 표현이 쉽고 정확하게 감정을 전달할 수 있다. 단, 선택할 수 있는 사진 매체가 많아야 한다. 사진 매체가 많아야 자기 감정, 가족이나 친구에게 말하고 싶은 것, 그들과 주고받고 싶은 선물, 타인에 대한 느낌, 희망에 대한 상징, 문제의 예방 및 대책 방법 등을 쉽게 표현할 수 있다. 특히 그림을 잘 그리지 못하거나 그리는 것에 거부감이 있는 아동에게 콜라주는 효과적이다.

[그림 8-8] 콜라주

콜라주 상자

① **목표:** 미술 활동에 대한 거부감 감소, 분노 표출, 자기표현

② **준비물:** 콜라주 상자(다양한 사진을 모아 놓은 박스), 풀, 가위, 도화지

③ **활동내용 및 지도방법**

- 아동에게 콜라주 상자를 주면서 "네가 마음에 드는 그림이 있으면 오려서 이 도화지 위에 붙여 볼까?"라고 지시한다.
- 아동은 책을 보면서 마음에 드는 그림을 찾아 그것을 도화지 위에 붙인다.
- 아동이 다 붙였다고 하면 왜 그 그림을 붙였는지 질문한다. 이때 연필을 사용하여 그 이유를 적게 할 수도 있으며, '왜'라는 질문에 대답을 하지 못하면 그 그림의 의미가 무엇인지 질문한다.

※ 자르기가 용이하지 않은 아동에게는 사진을 미리 오려 놓은 콜라주 상자를 제시한다. 이것은 짧은 시간에 활동해야 할 때도 용이하다.

[그림 8-9] 콜라주 상자와 완성품

성냥개비와 이쑤시개를 이용한 콜라주

① **목표:** 주의집중력 향상, 표현력 향상, 흥미 유발, 성취감 향상

② **준비물:** 목공풀, 성냥개비, 이쑤시개, 크레파스, 도화지

③ **활동내용 및 지도방법**

- 아동에게 성냥개비와 이쑤시개를 보여 주며 "이것을 도화지 위에 붙여 작품을 만들어 볼까?"라고 지시한다.
- 아동에게 성냥개비와 이쑤시개를 도화지에 붙이면서 모양을 내게 한다. 도안을 미리 그린 후 그 위에 붙이게 할 수도 있다.
- 아동이 다 붙인 후에는 크레파스를 이용하여 꾸밀 수 있도록 한다.
- 작품 제목이 무엇인지 질문한다.
- 잘 수행할 경우 칭찬한다.

[그림 8-10] 성냥개비와 이쑤시개를 이용한 콜라주

4. 조형

조형매체를 활용한 활동은 신체적·언어적·정서적 사회적 발달까지도 포괄하여 광범위한 영역에 긍정적인 영향을 미친다. 그러므로 장애아동에게 만들기, 꾸미기 등의 활동이 자유로운 놀이 형태로 조형 활동의 즐거움을 유발할 수 있다. 특히 소조매체는 자유로운 형상과 형태 조작이 가능하므로 장애아동이 두드리고 굴리고 주무르는 등의 활동을 통해 억압된 감정을 매체에 이입함으로써 감정을 발산하고 이완되게 하여 그들의 심리적 안정을 도울 수 있다. 그중 점토의 경우는 부드럽고 유연한 속성 때문에 시지각과 소근육의 발달을 촉진시키며, 특히 색점토는 색이 혼합되어 변화하는 과정과 작품이 완성되어 가는 과정을 경험하면서 표현력과 성취도에 따른 만족감을 키울 수 있다.

이처럼 조형 활동은 장애아동에게 흥미를 유발시켜 여러 가지 감각을 경험하고 즐기는 가운데 심리적 안정감과 신체적 근육 발달, 조형 감각, 표현력 등이 발달할 수 있게 돕는다. 이에 장애아동을 대상으로 한 다양한 조형 활동이 필요하다.

둥글게 만들기

① **목표**: 조형 능력 향상
② **준비물**: 다양한 점토
③ **활동내용 및 지도방법**
   • 점토 덩어리를 아동에게 제시하며 "둥글게 해 보자."라고 지시한 후 치료자가 점토 덩어리를 손바닥에 놓고 굴려 둥글게 만들어 보인다.
   • 아동이 치료자의 동작을 보고 점토를 둥글게 만들면 칭찬한다.
   • 아동에게 "둥글게 해 보세요."라고 지시하여 아동이 스스로 점토를 굴

려 둥글게 만들도록 한다.

- 치료자는 물감을 떨어뜨린 곳 위에 다시 석유나 휘발유를 떨어뜨리는 것을 보여 준다. 만약 아동이 잘 따라서 하면 적극적으로 칭찬하고 만약 수행하지 못할 경우에는 이전 단계와 동일한 절차로 지도해 나간다.

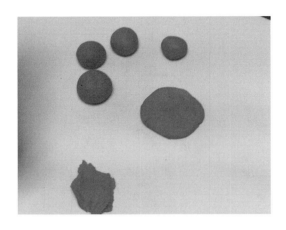

[그림 8-11] 둥글게 만들기

기차 만들기

① **목표:** 조형 능력 향상, 자기효능감 향상

② **준비물:** 다양한 점토

③ **활동내용 및 지도방법**

- 점토 덩어리를 아동에게 제시하며 "기차를 만들자."라고 지시한 후 치료자가 먼저 점토 덩어리를 뜯어 네모난 차체를 만든다.
- 아동이 치료자의 동작을 보고 점토를 뜯어 네모난 차체를 만들면 칭찬한다.
- 다시 치료자가 남은 점토로 2개의 둥근 바퀴를 만들어 차체에 붙여서 기차를 완성한다.
- 아동이 치료자가 만든 바퀴를 보고 점토를 둥글게 하여 2개의 바퀴를 만들어서 차체에 붙여 기차를 완성하게 한다.
- 아동에게 "점토로 기차를 만들어 보자."라고 지시하여 아동 스스로 만들어 볼 수 있도록 한다.

[그림 8-12] 기차 만들기

모델을 보고 사람 만들기

① **목표**: 조형 능력 향상

② **준비물**: 다양한 점토

③ **활동내용 및 지도방법**

- 점토 덩어리를 아동에게 제시하며 "사람을 만들자."라고 지시한 후 치료자가 만들어 놓은 사람 모양 모델을 보고 만들어 보게 한다. 만약 아동이 스스로 만들지 못할 경우에는 치료자가 만드는 과정을 보여 준다.

- 아동이 치료자가 만드는 과정을 보고 따라서 만들어 완성하게 한다. 잘 만들지 못할 경우에는 보조를 해 주어 만들게 하고, 보조는 점차 줄여 나간다.

- 아동에게 "사람을 만들어 보자."라고 지시하여 언어 지시만으로도 스스로 만들 수 있도록 한다.

[그림 8-13] 모델을 보고 사람 만들기

5. 종이접기

종이접기는 장애아동의 학습 태도, 신체 발달, 자아개념을 향상시키는 데 유용한 활동이다. 장애아동은 일반적으로 기억력에 결함을 지니는 경우가 많은데 종이접기 활동은 접는 형태가 반복되어 자연스럽게 반복 학습을 할 수 있다. 또한 여러 단계를 거쳐야 완성되므로 접는 과정을 기억해 내는 노력을 하게 되어 기억력 향상에 도움을 준다. 종이를 접는 과정에서는 치료자의 모델링을 보고 따라해야 하기 때문에 지시 따르기나 집중력 향상 등 올바른 학습 태도 형성에도 도움을 준다. 또한 종이접기는 손목과 팔을 섬세하게 사용하는 활동으로 소근육 발달에 도움을 주며, 눈과 손의 협응이 필요하기 때문에 시지각 발달에도 도움을 준다. 그리고 잘못 접었을 경우 수정할 기회를 주어 다시 도전할 수 있는 동기를 부여할 수 있는데, 이를 통해 스스로에 대한 성취감과 도전적 자세를 얻음으로써 긍정적인 자아개념을 형성할 수 있도록 도와준다.

따라서 장애아동의 다양한 영역에서의 발달 촉진을 위해 단계적인 절차의 종이접기를 활용하는 것이 필요하다.

일정한 방향으로 한 번 접기

① **목표**: 주의집중력 향상, 소근육운동 능력 향상
② **준비물**: 크기와 두께가 다양한 정사각형의 종이
③ **활동내용 및 지도방법**
- 치료자는 얇고 적당한 크기의 종이를 제시하여 아동에게 가로 방향으로 접는 것을 보여 준다.
- "이것과 똑같이 접어 보자."라고 지시한다. 아동이 지시한대로 스스로 잘 접으면 적극적으로 칭찬한다. 이때 일정한 방향으로 접는 것이 목표

이기 때문에 크게 벗어나지 않는 한 끝선 맞추기에는 중점을 두지 않는 것이 좋으며, 아동이 끝선을 맞추지 못할 때는 도와주어도 무방하다.

• 만약 이전 단계를 잘 수행하지 못하면 치료자가 아동을 보조하여 여러 번 수행하고, 아동의 수준에 맞추어 점차 보조를 줄여 나간다.

• 앞서의 과정을 여러 번 실시한 후에 다시 일정한 방향으로 접어 보도록 지시한다. 이때 아동이 지시에 따라서 접으면 적극적으로 강화한다.

• 가로 방향이 끝나면 세로 및 대각선 방향도 같은 방법으로 실시한다. 이 때 종이의 크기와 두께를 다양하게 제시하여 아동의 흥미를 유발할 수 있다.

• 아동이 접은 모양으로 재미있는 것을 만들어 강화하는 것도 효과적이다.

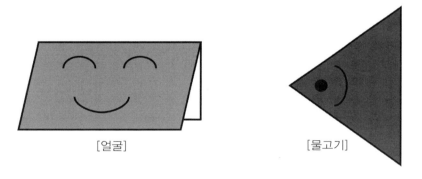

[얼굴]   [물고기]

[그림 8-14] 일정한 방향으로 한 번 접기

모델링에 따라 배 접기

① **목표:** 자기효능감 향상, 구성력 향상

② **준비물:** 색종이

③ **활동내용 및 지도방법**

- 치료자는 먼저 아동에게 배를 접는 과정을 보여 준다.
- 아동에게 "치료자를 따라서 똑같이 접어 보자."라고 언어로 지시한 후 ■접기 1을 한다. 이때 지시한 대로 아동이 스스로 수행하면 적극적으로 강화한다.
- 만약 아동이 따라서 접기를 못하면 치료자가 아동의 손을 보조하여 접기를 여러 번 실시한다. 이때 아동의 수준에 맞추어서 보조를 줄여 나간다. 아동이 ■접기 1을 스스로 하면 칭찬한다.
- 앞의 단계를 반복해서 실시한 후에 ■접기 1을 한 종이에 그대로 ▲접기 2를 실시한다. 그리고 모방하여 ▲접기 2를 하도록 지시한다. 아동이 따라서 접으면 칭찬하고, 만약 접지 못하면 보조를 통해 수행하게 한 후 점차 보조를 줄여 나간다.
- 이 방법으로 아동이 잘 수행하면 접기 1, 접기 2를 연속으로 하도록 지도한다. 아동이 모델을 보고 연속으로 접으면 적극적으로 강화한다.
- 앞서의 방법으로 모두 실시한 후에는 색종이의 색깔이나 크기를 바꾸어 가면서 다양하게 여러 번 실시하여 아동이 충분히 익히도록 지도한다. 그리고 만들어진 배를 이용해서 물놀이를 하거나 파란색 색지에 붙여서 바다에 떠 있는 배를 만들어도 아주 흥미로울 수 있다.

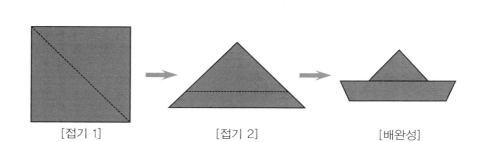

[접기 1]   [접기 2]   [배완성]

[그림 8-15] 모델링에 따라 배 접기

모델링에 따라 강아지 접기

① **목표:** 자기효능감 향상, 구성력 향상
② **준비물:** 색종이
③ **활동내용 및 지도방법**

- 치료자는 먼저 아동에게 강아지 접는 과정을 보여 준다.
- 아동에게 "치료자를 따라서 똑같이 접어 보자."라고 언어로 지시한다. 그리고 나서 ▼ 접기 1을 한다. 이때 지시한 대로 아동이 스스로 수행하면 적극적으로 강화한다.
- 만약 아동이 따라서 접기를 못하면 치료자가 아동의 손을 보조하여 접기를 여러 번 실시한다. 이때 아동의 수준에 맞추어서 보조를 줄여 나간다. 아동이 ▼ 접기 1을 스스로 하면 칭찬한다.
- 앞의 단계를 반복해서 실시한 후에 ▼ 접기 1을 한 종이에 그대로 ◈ 접기 2를 실시한다. 그리고 아동에게 모방하여 ◈ 접기 2를 하도록 지시한다. 아동이 따라서 접으면 칭찬하고, 만약 접지 못하면 보조를 통해 수행하게 한 후 점차 보조를 줄여 나간다.
- 이 방법으로 아동이 잘 수행하면 ▼ 접기 1, ◈ 접기 2를 연속으로 하도록 지도한다. 아동이 모델을 보고 연속으로 접으면 적극적으로 강화한다. ◈ 접기 3의 과정도 같은 방식으로 실시한다.
- 앞서의 방법으로 모두 실시한 후에는 색종이의 색깔이나 크기를 바꾸어 가면서 다양하게 여러 번 실시하여 아동이 충분히 익히도록 지도한다.

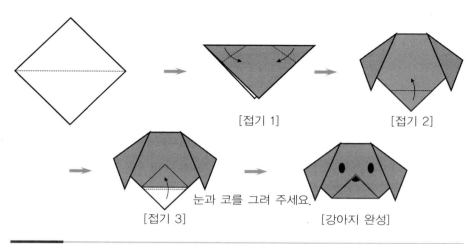

[접기 1]   [접기 2]

[접기 3]   눈과 코를 그려 주세요.   [강아지 완성]

[그림 8-16] 강아지 접기

6. 협동표현

　　장애아동의 문제행동을 개선하고 사회성을 향상시키기 위해서는 또래와의 적절한 활동 기회를 제공하는 것이 필요하다. 장애아동의 경우 타인과의 상호 작용에 어려움을 겪는 경우가 많기 때문에 협동 작업을 통해서 친구들을 배려하는 방법을 익히고 공동체에 대한 의식을 배울 수 있게 하는 것이 좋다. 그러면 아동은 자연스럽게 새로운 환경에 맞추려는 노력으로 사회 적응 능력을 키울 수 있으며, 집단에서의 질서와 사회적 관계를 경험하여 잘못된 행동에 대해 스스로 통제하는 방법을 배우고 사회 질서에 맞는 행동을 익힐 수 있다. 협동 작업은 하나의 작품을 여러 명이 분담하여 비교적 짧은 시간에 완성하고, 각자 자신의 역할을 함으로써 작업에 대해 긍지와 자신감을 갖게 할 수 있다.

　　따라서 사회적응능력 및 사회성 향상, 의사소통 능력 향상을 위해 장애아동을 대상으로 한 다양한 협동 작업이 필요하다.

협동화

① **목표:** 협동심 향상, 사회성 향상, 집단응집력 향상
② **준비물:** 큰 도화지, 크레파스, 파스넷 등의 채색 도구
③ **활동내용 및 지도방법**
- 치료자가 아동들에게 "오늘은 우리가 함께 그림을 그려 보자."라고 한다.
- 아동들이 채색 도구를 사용하여 함께 그림을 그리도록 한다. 주제를 제공할 수도 있고 자유주제로 집단원들이 자유롭게 구성하게 할 수도 있다.
- 치료자는 아동들이 다 같이 활동할 수 있도록 촉진한다. 활동에 어려움이 있는 아동의 경우는 보조하거나 촉진하여 활동할 수 있게 한다.

- 아동들이 완성된 작품에 함께 제목을 정해 보도록 지시한다.
- 제목과 함께 그린 그림의 내용을 나누도록 하고 칭찬한다.

※ 아동들의 특성에 따라 보조자가 필요한 경우에는 보조자를 배치하며, 집단 활동에 어려움이 있는 경우를 잘 살펴 진행한다.

[그림 8-17] 협동화

사포 협동화

① **목표:** 협동심 향상, 사회성 향상, 흥미 유발, 집단응집력 향상
② **준비물:** 흰색으로 도안이 그려진 사포, 크레파스(제공 시 흰색 크레파스 제
   외), 접착 테이프
③ **활동내용 및 지도방법**
   • 치료자가 아동들에게 "사포에 그림을 그리거나 색칠을 해 보자."라고
     지시한다.
   • 아동들이 각자 받은 사포에 그림을 그리거나 색칠을 하도록 한다. 각자
     잘 수행하면 칭찬한다.
   • 아동들이 완성되었다고 하면 그림이 그려진 사포들을 모아 흰색 선을
     연결하여 하나의 그림을 완성하도록 퍼즐 맞추기를 제안한다.
   • 다 완성된 후 크게 칭찬하고, 접착 테이프로 고정하도록 한다.
   • 언어 표현이 가능한 집단일 경우 제목을 정하고 그림에 대한 내용을 나
     누도록 한다.

※ 미리 그려진 도안이 무엇일지 퍼즐이 완성될 때까지 알려 주지 않음으로써 호기심을 자
   극한다.

실물 크기의 자기 신체 본뜨기

① **목표:** 신체상의 형성

② **준비물:** 아동의 전신상이 들어갈 수 있는 종이, 크레파스, 물감, 연필, 색습자지, 색종이, 풀, 꾸미기 재료 등

③ **활동내용 및 지도방법**

- 종이를 벽 또는 바닥에 붙여 두고 아동을 종이 위에 눕거나 서 있게 한다.
- 치료자(또는 다른 아동)가 종이 위에 누워 있는 아동의 신체 본을 그려 준다.
- 종이 위에 신체 본을 다 그린 후 아동들에게 눈, 코, 입, 귀, 머리 등 신체 부분을 채색하도록 하거나 꾸미기 재료, 색습자지, 색종이를 이용하여 종이 위에 신체의 부분을 만들어 붙이도록 한다.
- 치료자는 아동들에게 신체 부위를 하나하나 지적하고 따라 하도록 한다. 작품을 완성하면 칭찬한다.

[그림 8-18] 실물 크기의 자기 신체 본뜨기

7. 기타 활동

　장애아동의 다양한 재료 탐색은 시각적·촉각적·신체적 감각의 경험을 활성화할 수 있고, 주도적인 경험을 통해 자율성과 독립성을 기르게 할 수도 있다. 아동이 흥미를 지니는 다양한 매체와 자유로운 미술표현을 통해 자신의 감정을 비언어적인 미술매체와 행위로 표출하게 함으로써 언어에 대한 불안감과 공포를 감소시키고, 스스로의 잠재 능력을 계발할 수 있게 한다.

　속성이 각각 다른 다양한 미술매체를 사용함으로써 장애아동의 인지적·신체적·정신적 영역에 긍정적인 영향을 주어 대인관계 능력을 향상시키고 사회적 상호작용을 증가시키며, 문제행동을 감소시키고, 주의력을 향상시키는 등의 효과를 낼 수 있다. 따라서 각 매체의 특성과 효과를 이해하고 장애아동 개인의 특성에 맞는 매체를 선정하여 활용하는 것이 필요하다.

종이 찢기

① **목표**: 관계 형성 및 거부감 감소, 흥미 유발, 활동의 촉진, 욕구 표출
② **준비물**: 다양한 크기의 도화지, 다양한 두께의 종이, 풀
③ **활동내용 및 지도방법**
　• 치료자는 아동에게 "치료자하고 같이 종이를 찢어 보자." 하고 말한다.
　• 치료자가 먼저 종이를 찢는 것을 보여 주고 아동에게 "너도 찢어 볼래?" 하고 지시한다. 아동이 종이를 선택하여 찢으면 칭찬해 준다.
　• 치료자와 아동이 같이 마구 찢다가 아동이 적극적으로 활동을 하면 치료자는 아동이 하는 활동을 보며 필요한 것을 보조해 준다.
　• 아동이 다 하고 나면 적극적으로 칭찬해 준다.
　• 다 찢고 나서 뭉치거나 도화지에 풀로 자유롭게 붙이기를 한다.

※ 아동에 따라서 찢는 활동을 거부하면서 안 할 수도 있으나 치료자의 모델링에 의해서 시도하는 경우가 많다. 손에 힘이 잘 안 들어가는 무기력한 아동은 얇은 종이에서 두꺼운 종이로 점차 바꾸어 가면서 에너지를 발산하며 실시하게 할 수 있다. 종이는 다양하게 준비하여 아동이 선택하게 하는 것이 효과적이다(예: 꽃종이, 한지, 신문지, 색종이, 주름지, 골판지, 상자 등)

[그림 8-19] 종이 찢기

스티커 붙이기

① **목표:** 관계 형성 및 거부감 감소, 흥미 유발, 활동의 촉진
② **준비물:** 다양한 크기의 도화지, 다양한 모양의 스티커, 크레파스, 스티커를
　 붙일 밑그림이 있는 용지
③ **활동내용 및 지도방법**

- 치료자는 아동에게 "오늘은 스티커 붙이기를 해 보자." 하고 말한다.
- 치료자는 도화지와 여러 가지 스티커를 제시한 뒤 종이에 붙이는 것을
  보여 준다. 그리고 아동에게 "너도 스티커 붙여 보자." 하고 지시한다.
  아동이 지시에 따르면 칭찬해 준다.
- 아동이 도화지 전체에 자유롭게 붙이도록 촉구해 준다.
- 아동의 장애 상태에 따라 종이의 크기를 조절하여 사용한다.
- 도화지에 미리 동그라미로 사물의 형태를 그려 준 후 동그라미 안에 스
  티커를 붙여 모양을 만들어도 좋으며 아동이 스스로 특정한 모양을 그
  린 후 그 안에 붙이는 것으로 응용하여도 좋다. 아동이 원하는 대로 하
  게 해 주는 것이 의미가 있다.

[그림 8-20] 스티커 붙이기

비눗물과 종이죽 반죽하기

① **목표:** 근육운동 능력 향상, 자발성 향상, 흥미 유발, 감각 발달 촉진
② **준비물:** 쟁반(57cm×43cm), 신문지, 비눗물, 종이죽
③ **활동내용 및 지도방법**

- 치료자가 아동에게 "오늘은 비눗물 놀이를 하자."라며 책상에 신문지를 깔고 그 위에 쟁반을 놓는다.
- 쟁반에 적당량의 비눗물(손바닥으로 문질러서 거품이 날 정도의 양)을 부어 준다.
- 치료자가 두 손으로 비눗방울을 만들어 보이거나 손으로 문지르며 거품을 내는 활동을 하면서 흥미를 유발시킨다.
- 아동이 치료자의 동작을 보고 따라서 비눗물을 불거나 거품을 낼 경우 칭찬한다.

[그림 8-21] 비눗물과 종이죽 반죽하기

- 앞서의 쟁반에 종이죽을 넣고 "종이죽을 반죽해 보자."라며 치료자가 먼저 종이죽을 반죽하는 동작을 시범 보인다.
- 아동이 치료자의 동작을 보고 따라서 종이죽을 반죽할 경우 칭찬한다. 이때 아동이 집중하여 종이죽을 반죽할 수 있도록 언어적 촉구나 신체적 촉구를 해 준다. 그리고 아동의 장애 상태에 따라서 비눗물의 걸쭉한 정도를 조절한다.

 제 **9** 장

장애아동 미술치료 프로그램

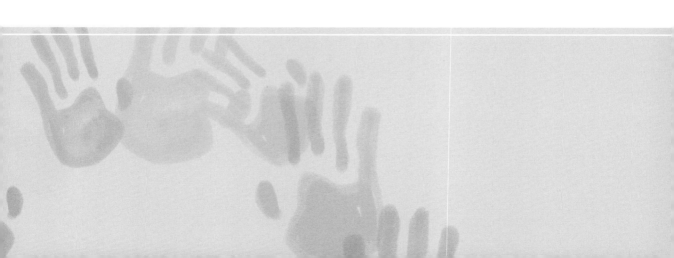

제**9**장
장애아동 미술치료 프로그램

  장애아동에게 활용할 수 있는 미술치료 기법 및 매체는 다양하다. 아동에게
나타나는 증상과 아동의 발달 수준에 따라 미술치료 기법과 프로그램을 고안할
수 있다. 특히 지적 수준과 발달 수준이 낮은 정신지체나 자폐성장애아동의 경
우에는 매체에 적응하는 기간이 필요하므로 2~3회기 반복 실시하는 것이 좋다.
  여기서는 실제 적용하여 활용할 수 있는 다양한 미술치료 프로그램을 제시
한다. 제시하는 프로그램은 아동의 특성 및 안전성, 활동 수준에 따라 재구성하
여 사용할 수 있다.

1. 개별 미술치료 프로그램

  다음은 장애아동에게 적용할 수 있는 다양한 미술 활동을 활용한 미술치료
프로그램이다. 다양한 매체와 기법을 통해 흥미를 유발하고 표현력을 촉진시키

는 데 목적이 있다. 다양한 미술 활동은 아동의 특성 및 상황에 따라 반복 실시
할 수 있으며, 조작에 어려움이 있는 경우 조작 가능한 매체와 기법으로 대체하
여 실시한다.

　표현력이 부족한 장애아동의 경우 점진적으로 표현을 확장시켜 주는 것이
필요하므로 이 점을 참고하여 미술치료 프로그램 수행 절차를 진행한다. 지도
방법은 표현활동 특성 및 행동 특성을 고려하여 행동주의적 방법을 적용한다.
이때 과제 도입시기에는 치료자가 모델링을 해 주고 아동이 스스로 규칙을 수
행하고 인식할 수 있을 때까지 보조해 주며, 보조는 점차 줄여 나간다. 구체적
인 미술치료 프로그램 수행 절차는 〈표 9-1〉과 같다.

〈표 9-1〉 미술치료 프로그램 수행 절차

단계	내용	수행 절차
1단계	모방하여 만들기	① 치료자가 선택된 사물(예: 공)을 점토로 만드는 것을 모델링한다. ② 대상 아동이 ①의 사물을 보고서 점토로 만들기를 실시한다.
2단계	보고 그리기	① 치료자가 지시(예: "'공'을 보고 그려 보세요.")한다. ② 대상 아동이 치료자의 지시에 따라 자신이 만들 사물을 보고서 보고 그리기를 실시한다.
3단계	연상하여 그리기	① 치료자가 찰흙으로 만든 사물을 책상 위에서 제거한다. ② 대상 아동에게 만든 사물을 연상하여 그리도록 언어 지시(예: "'공'을 그려 보세요.")를 한다.

1) 구성력 향상을 위한 개별 미술치료 프로그램

　다음은 자폐성장애아동이나 발달에 어려움이 있어 구성력이 부족한 아동을
대상으로 한 구성력 향상을 위한 미술치료 프로그램이다.

① 사물 구성

사물 구성은 다음과 같이 순서대로 진행하며 지도 방법은 행동형성법에 의해 실시한다.

- 먼저 치료자가 점토로 사물을 만들어 보인다.
- 아동이 그것을 보고 따라 만든다.
- 치료자가 점토로 만든 사물을 보고 그린다.
- 치료자가 보고 그리는 행동을 아동이 그대로 따라한다.
- 언어 지시를 통해 점토로 사물을 만들어 보게 한다.
- 언어 지시를 통해 점토로 만든 사물의 그림을 그려 보게 한다.

② 공간 구성

사물 구성과 실시 절차는 같다. 다만 여기서는 공간의 사진을 찍어서 아동에게 보여 주고 각 공간의 내용물을 점토로 만들어서 배치한 뒤 그것을 보고 그리도록 한다.

③ 인물 구성 I(얼굴)

사물 구성과 실시 절차는 같으나 여기서는 남녀의 다양한 사진과 그림을 사용하여 보고 만들기, 보고 그리기, 언어 지시에 따라 스스로 그리기 순으로 진행한다.

④ 인물 구성 II(몸통 및 전체상)

인물 구성 I(얼굴) 실시 절차와 같으나 인형을 모델로 사용하여 보고 만들기, 보고 그리기, 언어 지시에 따라 스스로 그리기 순으로 진행한다.

⑤ 주제화 구성

사진을 찍어서 아동에게 보여 주고 그림을 그리게 한다. 가정에서 전날 혹은 오기 직전에 있었던 일을 회상해서 그리게 한다.

앞서 제시한 수행 절차에 따른 구성 주제를 구체적으로 살펴보면 다음과 같다.

사물 구성
1. 공, 사과, 수박 등 다양한 사물 2. 이 닦을 때, 밥 먹을 때, 동물, 과일, 탈것 등 사물 분류에 관한 것

공간 구성
1. 부엌 구성(냉장고, 개수대, 식탁, 냄비, 의자 등) 2. 안방 구성(화장대, 옷장, 책상, 의자, 오디오 등) 3. 큰누나 방(피아노, 피아노 의자, 5단 서랍장, 옷장, 책상, 의자 등) 4. 작은누나 방(책상, 의자, 책꽂이 등) 5. 목욕탕 구성(욕조, 세면대, 변기 등) 6. 거실 구성(탁자, 소파, 책꽂이, 텔레비전 등) 7. 교육실 그리기 8. 소장실 그리기

인물 구성 I(얼굴)
1. 남자 얼굴(짧은 머리카락), 여자 얼굴(긴 머리카락) 2. 치료자 얼굴 보고 그리기, 긴 머리카락을 가진 얼굴, 머리카락을 묶은 얼굴, 머리카락을 양갈래로 묶은 얼굴 등을 제시 3. 누나 얼굴 그리기, 아빠 얼굴 그리기, 다른 사람(치료자) 얼굴 그리기, 사람의 상반신 그리기, 사람의 전체상 그리기

인물 구성 II(몸통 및 전체상)

1. 한 손을 들고 있는 모습 만들고 그리기, 두 손을 들고 있는 모습 만들고 그리기, 차렷하고 있는 모습 만들고 그리기 등
2. '서 있다' '앉아 있다' '잠을 잔다(누워 있다)' 등을 나타내는 모습 그리기
3. '세수를 한다' '밥을 먹는다' '머리를 빗는다' 등을 나타내는 모습 그리기
4. '서서 카스테라를 먹는다' '의자에 앉아서 머리를 빗는다' 등을 나타내는 모습 그리기
5. 서 있는 앞모습, 서 있는 뒷모습, 서 있는 옆모습 등을 그리기
6. 앉아 있는 앞모습, 앉아 있는 뒷모습, 앉아 있는 옆모습 등을 그리기

주제화 구성

- 예시 1
1. '철수가 식탁에 앉아 밥을 먹는다.'
2. '철수가 거실에서 떡볶이를 먹는다.'
3. '철수가 책을 들고 있다.'
4. '철수가 오른손에 책을 들고 있다.'
5. '철수가 신문을 보고 있다.'

- 예시 2
1. '경희가 모자를 쓰고 있다.'
2. '가방을 들고 있다.' '가방을 메고 있다.'
3. '탬버린을 서서 친다.' '탬버린을 앉아서 친다.' '탬버린을 머리에 친다.' '탬버린을 배에 친다.' '탬버린을 무릎에 친다.' '탬버린을 어깨에 친다.' '우리 가족이 탬버린을 친다.' '친구들이 탬버린을 친다.'
4. '철이가 손을 맞잡고 있다.' '철이가 엄마하고 손을 잡고 있다.' '엄마하고 아빠가 손을 잡고 있다.' '철이가 친구하고 손을 잡고 있다.'
5. '치료자들이 손을 잡고 있다.'

- 예시 3
1. '우리 가족이 손을 잡고 있다.' '친구들이 손을 잡고 있다.'
2. '우리 식구가 식탁에서 밥을 먹는다.' '친구들과 식탁에서 밥을 먹는다.'
3. '안방에서 가족 / 치료자 / 친구들이 텔레비전을 본다.'
4. '치료실에서 치료자들과 철이가 밥을 먹는다.'
5. 유치원 / 학교 / 운동장 / 설날 / 병원 문병 상황
6. 버스를 탐 / 비오는 날 / 축구 상황

2) 정서 안정을 위한 개별 미술치료 프로그램

〈표 9-2〉는 장애아동의 정서 안정을 위한 미술치료 프로그램이다. 1단계에서는 친밀감 형성 및 흥미 유발을 목표로 손쉽게 표현할 수 있는 활동을 중심으로 구성하고, 2단계에서는 욕구 표출 및 자기표현을 목표로 다양한 미술매체와 기법을 통해 감정을 자유롭게 표현할 수 있도록 다양하게 구성한다. 그리고 3단계에서는 정서 안정을 목표로 구체적인 구성물을 통해 자존감을 향상할 수 있도록 한다.

〈표 9-2〉 정서 안정을 위한 개별 미술치료 프로그램

단계별 목표	회기	활동 내용 및 기법	진행 방법	준비물
1단계 (친밀감 형성 및 흥미 유발)	1	상호색채분할법/ 데칼코마니	서로 번갈아 가며 칸을 나누고 색칠한다. 물감을 활용하여 데칼코마니를 하고 제목을 붙인다.	도화지, 크레파스, 물감
	2	콜라주 (내가 마음에 드는 것)	내가 마음에 드는 것이나 좋아하는 것을 잡지에서 오려 붙인다.	잡지, 도화지, 가위, 풀, 콜라주 상자(필요에 따라 사용)
	3	난화 게임/ 데칼코마니	낙서 속에서 상징을 찾는다. 물감을 활용하여 데칼코마니를 하고 제목을 붙인다.	도화지, 크레파스, 물감, 연필
2단계 (욕구 표출 및 자기표현)	4	색습자지 찢기	색습자지를 활용하여 손으로 만져 보고 느껴 보고 구기기, 찢기를 한다. 찢은 색습자지를 화지에 붙이거나 만들기를 한다.	색습자지(다양한 색), 풀, 도화지, 크레파스
	5	핑거페인팅	밀가루풀이나 물감을 이용하여 핑거페인팅을 한다. 자유롭게 그려 보고 마지막에는 제목을 붙여 본다.	밀가루풀, 물감, 도화지, 쟁반
	6	스크래치	화지에 다양한 색을 갈겨 칠하고 검정색 크레파스로 덮은 후 뾰족한 것으로 스크래치를 자유롭게 한다.	도화지, 크레파스, 이쑤시개, 나무젓가락, 신문지

	7	점토놀이	점토를 두드려 보고 만져 보는 등 다양하게 놀이한 후 만들기를 한다.	점토
	8	난화 이야기 꾸미기	난화를 그린 후 상징을 찾고 이야기를 꾸민다. 이야기 후 연상되는 그림을 그린다.	도화지, 크레파스, A4 용지, 연필
	9	점토 만들기	점토로 다양한 놀이 후 만들고 꾸민다.	점토, 도화지, 점토 도구
3단계 (자존감 향상 및 정서 안정)	10	가면 만들기	가면틀을 활용하여 가면을 만들고 꾸민다.	가면틀, 점토, 아크릴 물감, 붓, 파스넷
	11	손바닥 꾸미기 (장점 찾기)	손바닥 양쪽을 그린 후 손가락에 잘하는 것들을 적고 손을 꾸민다.	도화지, 크레파스, 사인펜, 연필, 스티커
	12	상장 꾸미기	잘하는 것을 함께 이야기 나누고, 받고 싶은 상을 함께 꾸민다.	상장 용지, 사인펜, 스티커, 색연필

2. 소조 활동을 통한 미술치료 프로그램

다음은 장애아동에게 적용할 수 있는 점토를 활용한 미술 활동 프로그램이다.

점토를 좋아하는 아동에게는 다음의 프로그램을 활용한 뒤 점차 다양한 미술 활동 프로그램을 적용하는 것이 좋다. 반면, 손에 묻는 것을 두려워하거나 거부 반응이 있는 경우 손에 묻지 않는 점토를 통해 매체에 대한 적응을 시킨 후 점차 접근하는 것이 용이하다.

1) 구성력 향상을 위한 소조 활동 중심 미술치료 프로그램

〈표 9-3〉은 점토를 통해 표현력 및 인지력을 향상시키기 위한 미술치료 프로그램이다. 프로그램은 치료자가 아동에게 수행 과제를 제시하고 단위시간 목표에 따른 활동을 진행한다. 진행 시 아동의 장애특성 및 행동 특성을 고려해야 하며, 구성에 어려움이 있을 경우 모델링할 수 있도록 치료자가 먼저 모델을 보여 주고 점차 자극을 줄여 나간다.

〈표 9-3〉 소조 활동을 통한 미술치료 프로그램

단계별 목표	회기	활동 내용 및 기법	진행 방법	준비물
1단계 (기초활동 및 사물 만들기)	1	기초 활동, 공	다양한 사물을 보여 주고 점토를 활용하여 만들기를 하도록 한다. 만들지 못할 경우 치료자가 먼저 모델링을 보여 주고 만들 수 있도록 한다.	점토
	2	과일		
	3	그릇		
	4	나무		
	5	꽃		
	6	집		
2단계 (사람 만들기)	7	서 있는 모습	다양한 사람의 행동 모습을 보여 주고 점토를 활용하여 만들기를 하도록 한다. 만들지 못할 경우 치료자가 먼저 모델링을 해 주고 만들 수 있도록 한다.	
	8	만세하는 모습		
	9	달리는 모습		
	10	밥 먹는 모습		
3단계 (사람과 사물 만들기)	11	사람, 그릇, 과일	사람과 다양한 사물을 보여 주고 점토를 활용하여 만들기를 하도록 한다. 만들지 못할 경우 치료자가 먼저 모델링을 보여 주고 만들 수 있도록 한다.	점토
	12	사람, 나무, 꽃		
	13	사람, 집		
4단계 (주제에 맞는 작품 만들기)	14	라면을 먹어요	다양한 장면을 보여 주고 점토를 활용하여 만들기를 하도록 한다. 만들지 못할 경우 치료자가 먼저 모델링을 해 주고 만들 수 있도록 한다.	
	15	텔레비전을 보아요		
	16	놀이터에서 놀아요		

2) 다양한 점토를 활용한 미술치료 프로그램

〈표 9-4〉는 다양한 점토를 활용한 미술치료 프로그램으로 무른 점토부터 딱딱한 점토까지 모두 사용할 수 있으며, 소근육 발달에 어려움이 있는 경우 점차 딱딱한 점토를 제공하여 근육 발달을 촉진시키는 데 활용할 수 있다. 정신지체 아동인 경우 반복적으로 프로그램을 진행하여 발달을 촉진하는 것이 필요하다.

〈표 9-4〉 다양한 점토를 활용한 미술치료 프로그램

단계별 목표	회기	활동 내용 및 기법	진행 방법	준비물
1단계 (친밀감 형성)	1	종이죽 놀이	무른 종이죽과 비눗물을 제공하여 만지고 주무르는 등의 놀이를 할 수 있도록 한다.	종이죽, 쟁반, 비눗물
	2	종이죽 놀이	무른 종이죽과 비눗물을 제공하여 만들기를 하고 도화지 위에 꾸미게 한다.	종이죽, 쟁반, 비눗물, 물감, 도화지
	3	묽은 흙점토 핑거페인팅1	묽은 흙점토를 제공하여 만지고 주무르는 등의 놀이를 할 수 있도록 한다.	묽은 흙점토, 도화지, 쟁반
2단계 (소근육 발달 촉진)	4	묽은 흙점토 핑거페인팅2	묽은 흙점토를 제공하여 다양한 그림을 그릴 수 있도록 한다.	묽은 흙점토, 도화지, 쟁반
	5	밀가루점토 만들기1	밀가루를 제공하여 점토를 만들게 하고 만든 점토를 만지고 주무르는 등의 놀이를 할 수 있도록 한다.	밀가루, 물, 물감, 식용유, 컵, 나무젓가락, 쟁반
	6	밀가루점토 만들기2	밀가루를 제공하여 점토를 만들게 하고 만든 점토를 이용하여 도구로 만들기를 한다.	밀가루, 물, 물감, 식용유, 컵, 나무젓가락, 쟁반, 점토 도구
	7	컬러점토 만들기1	컬러점토를 두드리고 주무르고 길게 만들면서 놀이를 한다.	컬러점토
	8	컬러점토 만들기2	컬러점토와 도구를 활용하여 만들기를 한다.	컬러점토, 점토 도구
	9	흙점토 만들기1	흙점토를 두드리고 주무르고 길게 만들면서 놀이를 한다.	흙점토
3단계 (표현력 향상)	10	흙점토 만들기2	흙점토와 도구를 활용하여 만들기를 한다.	흙점토, 점토 도구
	11	데코레이션점토 만들기1	데코레이션점토를 두드리고 주무르고 길게 만들면서 놀이를 한다.	데코레이션점토
	12	데코레이션점토 만들기2	데코레이션점토와 도구를 활용하여 만들기를 한다.	데코레이션점토, 점토 도구

3) 점토 적응을 위한 미술치료 프로그램

〈표 9-5〉는 손에 묻는 것을 두려워하여 거부 반응을 보이는 장애아동에게 잘 묻지 않는 점토부터 시작하여 점차 저항을 감소시켜 묻는 점토를 활용할 수 있도록 구성한 미술치료 프로그램이다.

〈표 9-5〉 점토 적응을 위한 미술치료 프로그램

단계별 목표	회기	활동 내용 및 기법	진행 방법	준비물
1단계 (친밀감 형성 및 흥미 유발)	1	컬러점토 만들기1	컬러점토를 두드리고 주무르고 길게 만들면서 놀이를 한다.	컬러점토
	2	컬러점토 만들기2	컬러점토를 두드리고 주무르고 길게 만들면서 놀이를 한 후 모양틀로 찍고 만들기를 한다.	컬러점토, 모양틀, 점토 도구
	3	컬러점토 만들기3	컬러점토와 도구를 활용하여 만들기를 한다.	컬러점토, 점토 도구
2단계 (욕구 표출 및 표현력 향상)	4	천사점토 만들기1	천사점토를 두드리고 주무르고 길게 만들면서 놀이를 한다.	천사점토
	5	천사점토 만들기2	천사점토를 두드리고 주무르고 길게 만들면서 놀이를 한 후 만들기를 한다.	천사점토, 점토 도구
	6	천사점토 만들기3	천사점토와 도구를 활용하여 만들기를 한다.	천사점토, 점토 도구
	7	밀가루점토 만들기1	밀가루를 제공하여 점토를 만들고, 만든 점토를 만지고 주무르는 등의 놀이를 한다.	밀가루, 물, 물감, 식용유, 컵, 나무젓가락, 쟁반
	8	밀가루점토 만들기2	밀가루를 제공하여 점토를 만들고, 만든 점토를 만지고 주무르는 등의 놀이를 한 후 만들기를 한다.	밀가루, 물, 물감, 식용유, 컵, 나무젓가락, 쟁반
	9	밀가루점토 만들기3	밀가루를 제공하여 점토를 만들고, 만든 점토를 이용하여 도구로 만들기를 한다.	밀가루, 물, 물감, 식용유, 컵, 나무젓가락, 쟁반, 점토 도구

3단계 (자존감 향상 및 정서 안정)	10	데코레이션점토 만들기1	데코레이션점토를 두드리고 주무르고, 길게 만들면서 놀이를 한다.	데코레이션점토
	11	데코레이션점토 만들기2	데코레이션점토를 두드리고 주무르고, 길게 만들면서 놀이를 한 후 만들기를 한다.	데코레이션점토
	12	데코레이션점토 만들기3	데코레이션점토와 도구를 활용하여 만들 기를 한다.	데코레이션점토, 점토 도구

3. 집단 미술치료 프로그램

다음은 다양한 특성별 집단에 활용할 수 있는 집단 미술치료 프로그램이다. 장애아동은 장애특성에 따라 또래관계에 어려움이 있거나 사회성이 부족한 경우가 많다. 집단 참여에 어려움이 있거나 정서적 문제가 있는 아동은 개별 미술치료를 통해 문제행동을 감소시키고 정서 안정을 도모한 후 집단에 참여하도록 한다. 집단 미술치료 실시 절차로는 장애아동의 경우 프로그램 특성에 따라 회기마다 도입, 활동, 발표, 피드백 등의 진행 절차를 구조적으로 구성하는 것이 필요하다. 하지만 집단 특성에 따라 반구조적·비구조적으로도 실시할 수 있다. 부정적인 피드백은 피하고 긍정적인 피드백을 표현하도록 촉진하고, 표현을 잘 하지 못하는 아동은 모델링을 하여 보여 준다. 또한 참여를 어려워하는 아동은 촉진하고 보조하여 참여할 수 있도록 하고, 보조자가 필요한 경우도 고려하여 배치한다.

1) 또래관계 개선을 위한 집단 미술치료 프로그램

〈표 9-6〉은 또래관계 개선을 위한 집단 미술치료 프로그램이다. 1단계에서는 자신을 소개하고 표현하는 작업을 중심으로 친밀감을 형성한 후 자신에 대

해 인식하고 표현하는 것을 목표로 구성한다. 그리고 2단계에서는 개별로 활동한 후 협동작품으로 표현함으로써 또래관계를 형성하는 것을 목표로, 3단계에서는 서로 긍정적인 표현을 하는 작업을 함으로써 또래관계를 개선하는 것을 목표로 프로그램을 구성한다.

〈표 9-6〉 **또래관계 개선 집단 미술치료 프로그램**

단계별 목표	회기	활동 내용 및 기법	진행 방법	준비물
1단계 (친밀감 형성 및 흥미 유발)	1	오리엔테이션, 나는요(명함 만들기)	앞으로 진행할 프로그램을 소개하고, 지켜야 할 약속을 함께 정한다. 도화지에 자신을 소개할 수 있는 명함을 각자 구성하고 소개한다.	도화지, 크레파스, 사인펜
	2	내가 좋아하는 것(콜라주)	다양한 사진을 이용하여 각자 자신이 좋아하는 것들을 붙이고 소개한다.	잡지, 도화지, 풀, 가위
	3	내가 잘하는 것(나의 장점 찾기)	손바닥을 서로 그려 주고 손가락에 각자 자신이 잘하는 것들을 적은 후 발표한다.	도화지, 사인펜, 색연필, 크레파스
2단계 (또래관계 형성)	4	사포 협동화	각자 선이 그려진 사포에 크레파스로 그림을 그려 본 후 퍼즐을 맞추어 어떤 그림인지 찾아보고, 함께 이야기를 나눈 후 발표한다.	사포, 크레파스, 접착테이프
	5	호일 협동화	각자 선이 그려진 호일과 OHP 필름에 매직펜으로 그림을 그려 본 후 퍼즐을 맞추어, 제목을 정하고 함께 이야기를 나눈 후 발표한다.	호일, OHP 필름, 다양한 색매직, 접착 테이프
	6	종이 찢기, 협동작품	색습자지를 느껴 보고, 구겨 보고, 찢어서 활동해 본 후 찢어진 색습자지를 이용하여 함께 협동작품을 만든다.	색습자지, 풀, 도화지, 크레파스
	7	점토 만들기, 협동작품	각자 점토로 다양한 활동을 한 후 함께 점토로 협동작품을 만든다.	점토, 점토 도구
	8	협동화 그리기	함께 상의하여 전지에 협동화를 그리고 이야기를 꾸민다.	전지, 크레파스, 채색도구

	9	협동작품 만들기 (다양한 매체)	다양한 매체를 이용하여 상의를 통해 작품을 만들고 이야기를 꾸민다.	전지, 채색 도구, 꾸미기 재료 등 다양한 매체
	10	소중한 나의 친구 (신체 본뜨기)	한 명의 친구를 선정하여 신체를 본떠 주고 함께 꾸며 준다.	전지, 매직펜, 크레파스, 색습자지, 꾸미기 매체, 접착제
3단계 (또래관계 개선)	11	칭찬열매 맺기(칭찬나무 꾸며 주기)	집단원 각자의 나무에 집단원을 칭찬하는 말을 적은 열매를 달아 주고, 함께 이야기를 나눈다.	전지, 매직펜, 크레파스, 파스텔, 도화지, 색지, 사인펜, 연필
	12	주고 싶은 선물, 종결 파티	각 집단원에게 주고 싶은 선물을 사진이나 점토, 색종이 등을 이용하여 꾸미고 왜 주고 싶은지 설명한 후 해당 집단원에게 준다. 종결 파티를 하고 돌아가면서 앞으로의 계획 및 소망을 이야기한다.	점토, 색종이, 잡지, 도화지

2) 사회성 향상을 위한 집단 미술치료 프로그램

〈표 9-7〉은 사회성 향상을 위한 집단 미술치료 프로그램이다. 장애아동의 경우 집단 미술치료가 사회성 향상에 효과적이라는 연구를 바탕으로 장애의 특성을 고려하여 단순하고 친밀한 미술 활동을 중심으로 구조화된 프로그램을 구성하였다. 작품을 구성한 후 그것에 대한 표현을 하도록 하여 지지와 수용을 해 주었으며, 작품을 만들 때 잘하지 못하는 경우 완성할 수 있도록 격려하여 성취감을 느낄 수 있도록 하였다. 1단계에서는 친밀감 형성 및 정서적 감정 파악을 목표로 구성하였으며, 2단계에서는 감정 표출 및 사회적 미성숙 극복을 목표로 구성하였다. 마지막으로 3단계에서는 다양한 완성도 있는 작품 활동을 통한 자존감 회복 및 사회성 향상을 목표로 구성하였다.

〈표 9-7〉 **사회성 향상 집단 미술치료 프로그램**

단계별 목표	회기	활동 내용 및 기법	진행 방법	준비물
1단계 (친밀감 형성 및 정서적 감정 파악)	1	난화 색칠하기	도화지에 난화를 그린다. 그려진 난화를 색칠한다.	도화지, 크레파스, 파스넷
	2	콜라주	다양한 사진을 이용하여 각자 자신이 좋아하는 것들을 붙이고 소개한다.	잡지, 도화지, 풀, 가위
	3	컬러점토 놀이	컬러점토를 이용하여 주무르고 두드리는 등의 놀이를 한 후 모양틀로 찍거나 만들기를 한다.	컬러점토, 모양틀
2단계 (억압된 감정 표출 및 사회적 미성숙 극복)	4	도장 찍기	다양한 도장을 찍고 작품을 만든다.	도화지, 각종 도장, 물감
	5	풍선에 그리기	다양한 마커를 활용하여 풍선을 꾸민다.	풍선, 마커
	6	데칼코마니	도화지에 물감을 짠 후 반으로 접어 두드린 다음 펴 본다. 나온 작품에 제목을 붙인다.	도화지, 물감
	7	조형활동	다양한 점토로 자유롭게 만들기를 한다.	지점토, 컬러점토
	8	자유화	도화지에 자유롭게 그리도록 한다.	도화지, 크레파스
3단계 (자존감 회복 및 사회성 향상)	9	사포 협동화	각자 선이 그려진 사포에 크레파스로 그림을 그려 본 후 퍼즐을 맞추어 어떤 그림인지 찾아보고, 함께 이야기를 나눈 후 발표한다.	사포, 크레파스, 파스넷
	10	협동화 그리기	함께 상의하여 전지에 협동화를 그리고 이야기를 꾸민다.	전지, 크레파스, 파스넷
	11	신체 본뜨기	한 명의 친구를 선정하여 신체를 본떠 주고 함께 꾸민다.	색지, 도화지, 물감, 파스넷, 마커
	12	소망나무 꾸미기	집단원 각자의 나무에 달린 열매에 소원을 적어 달아 주고, 함께 이야기를 나눈다.	전지, 매직펜, 크레파스, 파스텔, 도화지, 색지, 사인펜, 연필

 제 **10** 장

장애아동 미술치료 사례

제 **10** 장
장애아동 미술치료 사례

장애아동 대상의 접근은 다양하다. 따라서 다양한 장애아동의 특성별 접근 방법과 개별, 집단, 가족 등 다양한 미술치료 유형에 따라 사례연구 또한 다양하게 구성할 수 있다. 이 장에서는 장애아동의 개별 미술치료, 장애청소년의 집단 미술치료, 장애청소년의 가족 미술치료 등 다양한 미술치료 사례연구를 소개하고자 한다.

1. 정신지체아동의 개별 미술치료 사례

1) 대상 아동의 선정

이 연구의 대상 아동은 경기도 ○○시에 소재한 ○○○장애인재활협회에서 치료를 받고 있는 정신지체아동으로, 기관의 사회복지사에게 상동행동이 있다고 의

뢰받은 아동 5명 중 다음과 같은 조건에 부합하는 아동을 선정하였다. 즉, ① 행동 관찰 결과 부적응행동 중 표적행동이 될 만한 상동행동의 빈도수가 높고, ② 미술 활동에 흥미가 많고 동작 모방에 다소 어려움이 있으며, ③ 부모님의 적극적인 관심으로 연구 참여에 대한 동의를 받은 아동 3명을 최종적으로 선정하였다.

2) 대상 아동의 특성

각 아동의 사전 검사는 연구자와 부모에 의해 인물화에 의한 간편지능검사(김재은, 김동극, 여광응, 1997)와 사회성숙도검사(김승국, 김옥기, 2002)로 평가되었으며, 대상 아동의 특성은 〈표 10-1〉과 같다.

〈표 10-1〉 대상 아동의 특징 및 상동행동

구 분	아동 A	아동 B	아동 C
성 별	여	남	남
연 령	8	11	13
사회연령(SA)	3.00	5.90	검사 불능
사회지수(SQ)	42.9	55.6	검사 불능
인물화 검사에 의한 지능지수	49	63	검사 불능
일반적 특징	• 발음은 부정확하나 원하는 매체는 요구할 수 있다. • 간단한 지시어는 따른다. • 모방하여 그리기와 만들기가 어렵다. • 관심 분야에만 집중력을 보이며 퍼즐놀이와 그림책 보기, 자유그림 그리기를 좋아한다.	• 낯선 상황에서 위축되고, 타인에게 관심이 없다. • 타인에게 먼저 질문을 하지 못한다. • 언어가 부정확하나 간단한 지시어는 잘 따른다. • 모방하여 그리기와 만들기가 일부분 가능하다. • 눈 마주침이 적고 혼잣말을 하며 웃는다.	• 발음이 정확하지 않으나 '싫다/좋다'의 의사표현은 가능하다. • 다소 거친 행동을 보일 때가 있다(도화지를 찢어 바닥에 버리기, 물건 던지기). • 모방하여 그리기와 만들기가 어렵다.

행동 특성 (상동행동)	• 머리 좌우로 흔들기 • 이를 갈며 옹알이를 하듯 흥얼거리기 • 눈동자를 굴리며 허공 응시하기	• 입술 올려 코에 대기 • 노래하듯 흥얼거리고 혼잣말하기 • 주변을 응시하다 바닥을 손으로 만지거나 치기	• 상체 앞뒤로 흔들기 • 머리 좌우로 흔들기 • 손으로 책상 치기

3) 표적행동

이 연구에서는 대상 아동들의 행동을 관찰한 후 부적응행동 중 상동행동을 가장 핵심이 되는 행동이라 규정하고, 그러한 상동행동 중 일상생활에서 학습효과에 방해가 되고, 관계 형성에 나쁜 영향을 끼칠 것으로 생각되는 보다 높은 비율의 행동을 수정하고자 하는 표적행동으로 선택하였다. 각 아동이 나타내보이는 구체적인 표적행동은 〈표 10-2〉와 같다.

〈표 10-2〉 대상 아동의 표적행동

구분	아동 A	아동 B	아동 C
표적행동	• 머리 좌우로 흔들기 • 이를 갈며 특이한 음 독백하기	• 입술 올려 코에 대기 • 노래하듯 특이한 음 독백하기	• 상체 앞뒤로 흔들기 • 손으로 책상 치기

4) 연구 설계

여기서는 DRA에 의한 미술치료 프로그램이 정신지체아동의 상동행동 감소에 미치는 효과와 감소된 행동의 유지 효과를 알아보기 위해 단일대상연구(single subject research)를 실시하였다. 연구대상인 정신지체아동의 표적행동,

즉 상동행동을 소거할 수 있는 연구방법으로, 대상 아동 3명의 표적행동 기초선을 측정한 후 순차적으로 중재를 적용하였다. 그리고 그 밖의 조건은 동일하게 함으로써 표적행동의 변화가 오직 중재에 의한 변화임을 입증하는 대상자간 중다기초선설계(multiple baseline across subjects)를 적용하였다.

5) 장소 및 기간

(1) 장소
이 연구의 실험은 ○○시에 소재하고 있는 ○○○장애인재활협회 미술치료실에서 실시하였다. 실험 장소는 DRA에 의한 미술치료 프로그램을 적용하여 실시할 수 있도록 학습 자료가 잘 갖추어져 있고 대상 아동이 활동하기 편안하게 각종 매체 및 좌석이 정리·배치되어 있다. 또한 따뜻한 분위기로 안정감을 주며 정신지체아동들의 미술 활동 작품으로 벽면이 꾸며져 있다.

(2) 기간
대상 아동별 기간은 아동 A는 기초선 단계 4회, 중재 단계 20회, 유지 단계 5회, 아동 B는 기초선 단계 6회, 중재 단계 18회, 유지 단계 5회, 아동 C는 기초선 단계 8회, 중재 단계 16회, 유지 단계 5회로 이루어졌다.

• 기초선 단계: 3월 7일 ~ 3월 24일
대상 아동의 표적행동에 대한 사전 검사로서 대상 아동의 자유놀이 활동 모습에서 대상 아동 A, B, C에 대하여 각각 4회, 6회, 8회에 걸쳐서 각 아동이 나타내는 표적행동을 20분간 비디오 촬영 후 관찰하여 빈도를 측정하였다.

• 중재 단계: 3월 17일 ~ 5월 9일
실험처치는 DRA에 의한 미술치료 프로그램을 적용하여 실시하였으며, 20분간 대상 아동이 나타내는 표적행동을 관찰하여 빈도를 측정하였다. 중재 실시 중 대상 아동이 적절한 행동을 수행할 경우 적절한 강화 인자(머리 쓰다듬기, 악수하기, 칭찬, 미소, 그 밖의 아동이 좋아하는 활동)를 주어 차별강화를 실시하였다.

• 유지 단계: 5월 26일 ～ 6월 9일

중재 단계가 끝난 후 약 2주의 휴지 기간을 거쳐 DRA에 의한 미술치료 프로그램의 지속 효과를 알아보기 위해 중재 프로그램을 중지한 후, 대상 아동 모두 총 5회기에 걸쳐서 각 회기별 20분간 자유놀이 활동모습을 비디오 촬영한 후 표적행동을 관찰하여 빈도를 측정하였다.

6) 연구 절차

이 연구에서는 정신지체아동의 상동행동 감소 효과를 알아보기 위해 상동행동에 초점을 두는 것보다 대안행동으로 미술 활동을 실시함으로써 상동행동을 감소시키고자 하였다. 미술치료 프로그램의 구성 및 실시 절차는 다음과 같다.

(1) 미술치료 프로그램 구성

이 연구에서 적용한 미술치료 프로그램은 정신지체아동을 대상으로 한 이근매와 박주연(1997)의 연구와 이근매, 김향지, 조진식(2003)의 연구, 그리고 김수향(2004)의 연구 결과 등을 참고하여 활동중심 미술치료 프로그램을 연구자의 연구목적에 맞게 재구성하였다.

이 연구의 대상 아동 3명은 발달단계가 일률적으로 똑같지 않기 때문에 아동에 따라 프로그램 실시 단계의 순서를 바꾸거나 주제를 달리하여 진행하였으며, 각각의 활동은 연구자가 모델링해 주어 실시하였다. 미술치료 프로그램 구성은 전기, 중기, 후기 3단계로 구성하였으며 각 단계별 목표는 다음과 같다.

1단계는 친밀감 형성 및 흥미 유발 단계로 대상 아동이 연구자와 미술매체에

친밀감을 형성하고, 미술 활동에 흥미를 유발하도록 완성하기 쉬운 기초적인
과제와 다양한 미술매체를 준비하여 활동하였다.

2단계는 욕구 표출 및 정서적 안정, 주의집중 지속 단계로 활동중심 미술치
료를 통해 대상 아동이 모델링하기 쉬운 과제를 수행함으로써 성취감을 느끼
고, 부정적인 심리를 해소하고, 충분한 지지를 통해 정서적 안정을 얻으며, 자
존감을 향상하게 하여 자아개념을 형성하고 주의집중할 수 있도록 구성하였다.

3단계는 상동행동 개선 단계로 과제를 완성하고 주의집중하며 이 과정을 통
해 상동행동을 나타낼 수 있는 기회를 주지 않음으로써 상동행동이 개선될 수
있도록 구성하였다.

회기별 구체적인 미술치료 프로그램의 내용은 〈표 10-3〉과 같다.

〈표 10-3〉 **미술치료 프로그램**

단계	회기	치료목표	미술 활동 과제
1 단계	1	친밀감 형성 및 흥미 유발	자유롭게 그리기, 습자지 찢어 표현하기, 비눗방울 불기
	2		색밀가루 반죽놀이, 물감자유화(손도장 찍기)
	3		자유난화 + 물감, 핑거페인팅
	4		그리기(선, 도형), 스티커 붙이기, 물감놀이(크레파스 자유화 후 롤러로 물감 채색)
	5		점토놀이, 도형 안에 색종이로 찢거나 오려 붙이기
	6		종이 구겨서 찍기, 여러 가지 모양틀 찍기
2 단계	7	욕구 표출 및 정서적 안정, 주의집중 지속	가면 만들기, 손·발 본뜨기(색칠하고 꾸미기)
	8		보고 그리기, 스크래치
	9		퍼즐 맞추기(4조각), 색밀가루 반죽놀이, 매직콘을 사용하여 만들기
	10		손·발 본뜨기(색칠, 꾸미기), 물감 불기
	11		색종이로 목걸이 만들기, 사포화

3 단계	상동행동 개선		
	12	퍼즐 맞추기(4조각), 자유롭게 그리기, 데칼코마니	
	13	인주화 그리기, 손도장(손바닥, 손가락) 찍기(오려서 색지에 꾸미기)	
	14	콜라주, 찰흙 작품 만들기	
	15	퍼즐 맞추기(5조각), 천사점토 작품 만들기	
	16	색종이(스티커) 오려 붙이기, 핑거페인팅	
	17	퍼즐 맞추기(5조각), 페이스페인팅, 찰흙판에 손·발 찍기	
	18	찰흙판에 찍은 손·발 색칠하기, 종이 왕관 만들기	
	19	신체 본뜨기(색칠하기, 꾸미기), 전시	
	20	그리기(자유화, 인물화)	

(2) 미술치료 프로그램 실시 절차

DRA에 의한 미술치료 프로그램의 중재 단계 활동은 연구자가 대상 아동의 표현활동 특성 및 행동 특성을 고려하여 행동주의적 방법을 설계하여 적용하였다. 또한 단위 시간 목표에 따라 수행 과제를 제시하고 도입 시기에는 연구자가 모델링해 주었으며, 아동이 과제를 스스로 수행하고 인식할 수 있을 때까지 보조를 해 준 후 점차 보조를 줄여 나갔다. 과제 수행 중 부적응행동, 즉 상동행동 발생 시에는 그 행동을 무시함으로써 소거하는 방법을 적용하였으며, 적절한 행동을 할 수 있도록 단위주제를 빠르게 모델링해 주어 모방하는 과정을 통해 상동행동을 소거할 수 있도록 유도하였다.

또한 적절한 행동(일일 과제)을 수행했을 때는 아동이 미술 활동에 대한 흥미와 자발성을 향상시킬 수 있도록 즉각적이고 일정하게 지지하였다.

(3) 미술매체

이 연구에서 사용한 미술매체는 회기마다 활동주제에 맞추어 사전에 준비하여 아동에게 제시하였다.

이 연구에서 사용한 미술매체를 기본적으로 분류하면 다음과 같다.

① 화지: 8절 도화지, 4절 도화지, 전지, 소포지, 색도화지, A4 용지, 습자지, 한지
② 2차원 건조매체: 4B 연필, 색연필, 사인펜, 크레파스, 파스텔, 파스넷, 유성매직펜
③ 2차원 습식매체: 수채화물감, 페이스페인팅 물감
④ 3차원 건조매체: 색 와이어, 모루, 스팽글, 빨대, 매직콘
⑤ 3차원 습식매체: 지점토, 찰흙, 천사점토
⑥ 기타 매체 및 도구: 밀가루, 스티커, 인주, 붓, 물통, 팔레트, 풀, 가위, 우드락 본드, 접착 테이프, 목공풀, 지우개, 롤러, 어린이용 조각도, 핀, 식용색소, 사포 등

7) 자료 처리

(1) 자료 수집 및 처리

이 연구에서는 연구 대상 아동에게 실시한 DRA에 의한 미술치료 프로그램 진행 과정을 회기별로 상세히 기록하였다. 또한 기초선, 중재 단계, 유지 단계 모두 전 회기에 걸쳐서 비디오로 녹화하여 등간기록법 중 부분간격기록법(15초 간격)을 사용하여 대상 아동의 표적행동을 측정하였다.

기초선 단계와 유지 단계는 수업시간 20분 동안을 자유놀이 활동 모습으로 촬영하여 표적행동을 측정하였으며, 중재 단계는 총 40분 수업 중에서 수업 시작 5분간 준비 시간(아동과 인사 나누기, 주제설명)으로 진행하고, 수업 종료 직전 5분은 아동과 이 날의 수업을 정리하는 시간으로서 수업행동에 영향을 미칠 수 있는 여러 가지 혼동변수가 개입될 우려가 많기 때문에 표적행동 관찰시간에서는 제외하였다. DRA에 의한 미술치료 프로그램을 실시한 30분 수업 중

20분 동안(수업 시작 5분 이후부터 20분 동안 관찰) 대상 아동의 표적행동을 관찰·측정하여 각 회기 평균을 산출하였다. 표적행동이 발생한 경우 '아동행동 관찰기록표'에 ○표시를 하고, 미발생 시 빈칸으로 남겨 두었다. 평균빈도를 계산하면서 소수점 이하는 반올림으로 처리하였으며 그 결과는 그래프로 작성하여 제시하였다.

(2) 관찰자 간 신뢰도

이 연구의 관찰자는 2명으로 관찰자 A인 연구자와 관찰자 B인 연구보조자 1명이 동시에 관찰하였다. 관찰자 간 관찰기록의 신뢰도를 검증하기 위하여 연구자 외의 다른 관찰자 B는 연구와 직접적인 관련이 없는 대학원생 1명으로 정하였다. 관찰자 B에게 실험 시작 전 관찰방법 및 실험절차에 대해 충분한 교육을 실시하였으며, 두 관찰자가 함께 녹화된 비디오테이프를 보면서 관찰자간 신뢰도가 95% 이상이 될 때까지 연습을 한 후 관찰측정에 들어갔다.

8) 연구 결과

이 연구는 상동행동을 보이는 정신지체아동 3명을 대상으로 DRA에 의한 미술치료 프로그램을 실시하여 상동행동 감소에 미치는 효과를 알아보고, 이로 인한 효과가 중재를 종료한 뒤에도 잘 유지되는지 밝혀 보고자 하였다.

이 연구를 통하여 얻은 결과는 연구목적에 따른 연구문제를 중심으로 실험 결과를 분석하였으며, 각 실험단계별로 관찰한 상동행동의 발생빈도 결과는 표와 그래프로 작성하여 그 변화를 시각적으로 제시하였다.

(1) DRA에 의한 미술치료 프로그램이
정신지체아동의 상동행동 감소에 미친 효과

이 연구에서는 정신지체아동의 상동행동 감소 효과와 유지 효과를 살펴보기 위해 DRA에 의한 미술치료 프로그램을 실시하였다. 대상 아동별 상동행동 변화의 평균 빈도수를 중재 단계 전후로 간략히 살펴보면 〈표 10-4〉와 같고, 상동행동 변화의 행동 빈도를 시각적으로 제시하면 [그림 10-1]과 같다.

〈표 10-4〉 DRA에 의한 미술치료 프로그램 적용에 따른 상동행동 변화의 평균 빈도

구 분	기초선 단계		중재 단계		유지 단계	
	a	b	a	b	a	b
아동 A	4.75	22	0.8	8.85	2	10.2
아동 B	3.5	15.2	0.3	5.3	0.6	5.8
아동 C	15.5	3.5	10	1.13	11.2	1.2

이 연구의 대상 아동 A, B, C는 기초선 단계에서 비교적 높은 빈도의 상동행동을 나타냈으나 중재 단계에서 DRA에 의한 미술치료 프로그램이 적용됨에 따라 상동행동 빈도수가 전체적으로 감소 경향을 나타내었다. 그러나 프로그램 철회 후 휴지 기간을 갖고 실시한 유지 단계에서는 중재 단계에 비해 빈도수가 미세하게 증가하는 것으로 파악되었다. 유지 단계의 상동행동 평균 빈도수가 중재 단계에 비해 소폭 상승하였으나 기초선 단계의 평균 빈도수가 매우 높았던 점을 감안하면 DRA에 의한 미술치료 프로그램 적용이 대상 아동의 상동행동 감소에 효과가 있으며 수정된 행동을 유지하는 데도 효과가 있음을 알 수 있다.

이 연구에서는 상동행동을 보이는 정신지체아동에게 간단하면서도 비혐오적인 행동수정 기법인 'DRA'와 '미술치료 프로그램'을 함께 실시하였다. 대상 아동들이 적절한 행동을 하였을 때 강화 인자를 주어 바른 행동이 더욱 촉구될 수 있도록 하였는데, 이는 미술 활동 수행 시 단위 주제를 완성할 때마다 강화 인자를 즉각 제시함으로써 적절한 행동이 더욱 강화되도록 하기 위해서다.

상동행동을 보이는 정신지체아동에게 적절한 행동으로 '활동중심 미술치료

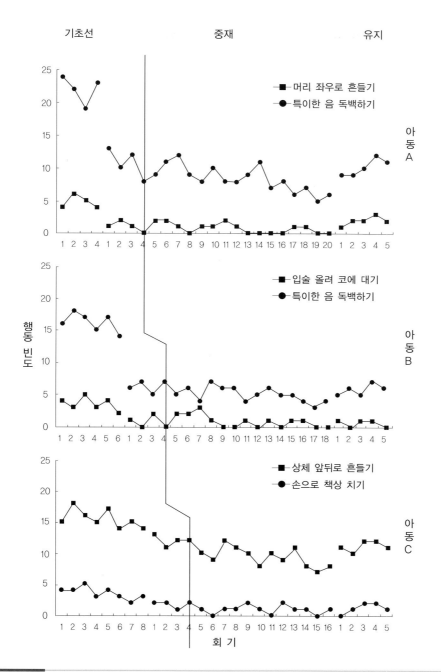

[그림 10-1] 아동 A, B, C의 상동행동 발생 빈도

프로그램'을 적용하여 실시하였는데, 대상 아동이 미술매체를 경험하고 활동하는 과정을 통해 자연스럽게 집중함으로써 상동행동의 감소 효과를 가져오는 것을 관찰할 수 있었다. 이러한 결과는 활동중심 미술치료 프로그램이 이 연구의 '적절한 행동' 선정으로 적합하고 유용하였음을 보여 주는 것이다. 또한 미술 활동이 아동의 동기 유발과 정서 안정 및 사회성 증진을 위해 좋은 수단이 됨을 알 수 있다. 그리고 적절한 행동 수행 시 제시하는 강화 인자가 아동의 상동행동을 감소시키는 데 효과가 있었던 것으로 보인다.

　두 가지 기법을 각각 개별적으로 사용하지 않고 장점만을 병용하여 실시함으로써 정신지체아동의 상동행동 발생 빈도에 의미 있는 변화를 가져왔음을 살펴볼 수 있다. 따라서 미술치료 프로그램이 정신지체아동의 상동행동 감소에 긍정적인 효과를 미쳤음을 알 수 있다.

(2) DRA에 의한 미술치료 프로그램을 적용한 정신지체아동의 상동행동 감소에 대한 유지 효과

① 아동 A의 상동행동 변화

　DRA에 의한 미술치료 프로그램을 총 29회기의 실험 과정인 기초선 단계, 중재 단계, 유지 단계로 나누어 적용하여, 아동 A의 '머리 좌우로 흔들기, 이를 갈며 특이한 음 독백하기' 상동행동 감소에 미치는 효과의 결과를 산출하였다. 그 결과는 〈표 10-5〉와 같다.

　〈표 10-5〉는 아동 A의 '머리 좌우로 흔들기, 이를 갈며 특이한 음 독백하기'에 관한 상동행동의 변화를 나타낸 것이다. 그 변화를 a, b의 순서로 살펴보면 기초선 단계에서 a는 상동행동의 빈도수 4~6회, 평균 4.75회, b는 빈도수 19~24회, 평균 22회로 나타났다. 그러나 DRA에 의한 미술치료 프로그램을 적용한 중재 단계가 끝날 무렵에는 a가 빈도수 0~2회, 평균 0.8회, b가 빈도수 5~13회, 평균 8.85회로 상동행동의 평균 빈도가 감소되었다. 중재 시작 후 완만

대상	구분	기초선 단계		중재 단계		유지 단계	
아동 A	표적 행동	a	b	a	b	a	b
		a. 머리 좌우로 흔들기					
		b. 이를 갈며 특이한 음 독백하기					
	회기수	4		20		5	
	평 균	4.75	22	0.8	8.85	2	10.2
	범 위	4~6	19~24	0~2	5~13	1~3	9~12

〈표 10-5〉 아동 A의 상동행동 실험단계별 평균 발생 빈도

한 감소 추세가 중재 종결까지 나타났으나 유지 단계에서는 a의 빈도수 1~3회, 평균 2회, b의 빈도수 9~12회, 평균 10.2회로 중재 단계의 평균 빈도에 비해 높아진 경향을 보였다.

　유지 단계 3회기에서는 아동 A의 상동행동 빈도가 높아진 경향을 나타내었는데, 이날 아동의 행동 관찰 후 어머님께 센터 도착 전 아동의 심리상태에 대해 확인해 보았다. 그 결과, 아동이 필요 이상의 고집을 부리고 떼를 써서 센터에 도착하기 직전까지 훈육을 받은 터라 심리적으로 불안한 상태였음을 전해 들을 수 있었다. 즉, 아동의 불안한 심리상태로 인하여 상동행동의 빈도수가 높아진 것은 아닌지 추정해 볼 수 있다. 유지 단계의 빈도가 중재 단계에 비해 소폭 상승하였으나 기초선 단계의 평균 빈도가 매우 높았던 점을 감안하면 아동 A의 '머리 좌우로 흔들기, 이를 갈며 특이한 음 독백하기' 상동행동은 그 빈도가 큰 폭으로 감소되었음을 확인할 수 있다.

　따라서 이 연구의 결과를 살펴보면 DRA에 의한 미술치료 프로그램이 정신지체아동의 상동행동을 감소시키는 데 영향을 주며, 감소 효과는 유지 단계의 빈도수가 중재 단계에서보다 미세하게 높아지긴 하였지만 처치 기간이 끝난 후에도 효과가 한동안 유지된다는 것을 알 수 있다.

② 아동 B의 상동행동 변화

DRA에 의한 미술치료 프로그램을 총 29회기의 실험 과정인 기초선 단계, 중재 단계, 유지 단계로 나누어 적용하여, 아동 B의 '입술 올려 코에 대기, 노래하듯 특이한 음 독백하기' 상동행동 감소에 미치는 효과의 결과를 산출하였다. 그 결과는 〈표 10-6〉과 같다.

〈표 10-6〉은 아동 B의 '입술 올려 코에 대기, 노래하듯 특이한 음 독백하기'에 관한 상동행동의 변화를 나타낸 것이다. 그 변화를 a, b의 순서로 살펴보면 기초선 단계에서는 상동행동의 빈도수와 평균이 각각 2~5회, 3.5회, 그리고 14~18회 15.2회로 나타났다. 그러나 DRA에 의한 미술치료 프로그램을 적용한 중재 단계가 끝날 무렵에는 0~3회, 0.3회, 그리고 3~7회, 5.3회로 상동행동의 평균 빈도가 감소되었다. 중재 시작 후 18회기 동안 안정적인 감소 추세가 중재 종결까지 나타났다.

유지 단계에서는 0~1회, 0.6회, 그리고 5~7회, 5.8회로 중재 단계에 비해 모두 소폭 상승하는 경향을 보였다. 하지만 기초선 단계의 평균 빈도가 높았던 점을 감안하면 아동 B의 '입술 올려 코에 대기, 노래하듯 특이한 음 독백하기' 상동행동은 그 빈도가 감소되었음을 관찰할 수 있다.

따라서 이 연구의 결과를 살펴보면 DRA에 의한 미술치료 프로그램이 정신지체아동의 상동행동을 감소시키는 데 영향을 주며, 감소 효과는 유지 단계의

〈표 10-6〉 **아동 B의 상동행동 실험단계별 평균 발생 빈도**

대상	구분	기초선 단계		중재 단계		유지 단계	
아동 A	표적 행동	a	b	a	b	a	b
		a. 입술 올려 코에 대기 b. 노래하듯 특이한 음 독백하기					
	회기수	6		18		5	
	평 균	3.5	15.2	0.3	5.3	0.6	5.8
	범 위	2~5	14~18	0~3	3~7	0~1	5~7

빈도수가 중재 단계에서보다 소폭 상승하였으며 처치 기간이 끝난 후에도 한동안 효과가 유지된다는 것을 알 수 있다.

③ 아동 C의 상동행동 변화

DRA에 의한 미술치료 프로그램을 총 29회기의 실험 과정인 기초선 단계, 중재 단계, 유지 단계로 나누어 적용하여, 아동 C의 '상체 앞뒤로 흔들기, 손으로 책상 치기' 상동행동 감소에 미치는 효과의 결과를 산출하였다. 그 결과는 〈표 10-7〉과 같다.

〈표 10-7〉은 아동 C의 '상체 앞뒤로 흔들기, 손으로 책상 치기'에 관한 상동행동의 변화를 나타낸 것이다. 그 변화를 a, b의 순서로 살펴보면 기초선 단계에서는 상동행동의 빈도수와 평균이 각각 14~18회, 15.5회, 그리고 2~5회 3.5회로 나타났다. 그러나 DRA에 의한 미술치료 프로그램을 적용한 중재 단계 시작 후 16회기 동안은 7~13회, 10회, 그리고 0~2회, 1.13회로 상동행동의 평균빈도가 감소되었다. 아동 C가 상동행동을 나타낼 때 연구자는 그 행동을 무시하고 미술 활동에 몰입할 수 있도록 다양한 매체를 제시하면서 아동의 수준에 맞추어 수업을 진행하였다.

중재 시작 후 아동 C의 상동행동 감소 경향은 종결까지 나타났으나 유지 단계에서는 빈도수와 평균이 a, b 각각 10~12회, 11.2회, 그리고 0~2회, 1.2회로

〈표 10-7〉 **아동 C의 상동행동 실험단계별 평균 발생 빈도**

대상	구분	기초선 단계		중재 단계		유지 단계	
아동 A	표적 행동	a	b	a	b	a	b
		a. 상체 앞뒤로 흔들기 b. 손으로 책상 치기					
	회기수	8		16		5	
	평균	15.5	3.5	10	1.13	11.2	1.2
	범위	14~18	2~5	7~13	0~2	10~12	0~2

중재 단계의 평균 빈도에 비해 높아진 경향을 보였다. 하지만 기초선 단계의 평균 빈도가 중재 단계의 평균빈도보다 높은 점을 감안하면 아동 C의 '상체 앞뒤로 흔들기, 손으로 책상 치기' 상동행동의 빈도수가 감소의 경향을 나타냄을 알 수 있다.

따라서 이 연구의 결과를 살펴보면 DRA에 의한 미술치료 프로그램이 정신지체아동의 상동행동을 감소시키는 데 영향을 주며, 감소 효과는 유지 단계의 빈도수가 중재 단계에서보다 미세하게 높아지긴 하였지만 처치 기간이 끝난 후에도 효과가 한동안 유지된다는 것을 알 수 있다.

9) 결론

이 연구의 목적은 DRA에 의한 미술치료 프로그램이 정신지체아동의 상동행동 감소에 효과가 있는지를 밝히고, 변화된 행동이 프로그램이 끝난 후에도 계속 유지되는지를 알아보는 데 있다.

정신지체아동에게 미술 활동은 자연스러운 방법이고 아동의 약점보다는 장점에 근거하기 때문에 아동이 좌절감을 덜 느끼게 한다. 또한 아동의 근육운동 발달과 공간 지각, 개념 발달, 자아 발달에 매우 유용하다(이근매, 김향지, 조진식, 2003).

이 연구에서는 이러한 장점을 가지고 있는 미술 활동 프로그램을 통해 표적 행동을 교정하고, 보다 적절한 신체 부위의 기능을 강화하도록 지도하는 비험오적 기법인 DRA 기법을 함께 사용하여 정신지체아동을 대상으로 상동행동의 변화를 살펴보고자 하였다.

연구대상은 경기도 ○○시에 소재하고 있는 ○○○장애인재활협회에서 상동행동을 나타내는 정신지체아동 3명을 선정하여 연구를 실시하였으며 연구방법은 단일대상연구로 중다기초선설계를 적용하였다. 기초선 단계는 대상 아동 3명의 표적행동(상동행동)을 각각 4회기, 6회기, 8회기로 측정하고 중재 단계에서는 순차적으로 20회기, 18회기, 16회기의 프로그램을 적용하여 중재의 효과를 관찰하였다. 2주일간의 휴지 기간을 보낸 후 대상 아동 모두 5회기 동안의 유지 단계를 실시하였다.

실험 기간은 3월 7일부터 6월 9일까지 95일간 일주일에 3~4회기로 실시하였으며 매 회기마다 20분씩 비디오로 녹화하여 대상 아동의 표적행동을 15초 간격의 부분간격기록법을 사용하여 관찰·측정하였다. 활동중심 미술치료 프로그램의 실시 과정은 단위 시간 목표에 따라 수행 과제를 제시한 후 도입 시기에는 연구자가 모델링해 주고, 아동이 과제를 스스로 수행하고 인식할 수 있을 때까지 보조를 해주었으며 점차 보조를 줄여 나갔다. 과제 수행 중 상동행동 발생 시에는 그 행동을 무시함으로써 소거하는 방법을 적용하였으며, 적절한 행동을 이끌기 위해 과제를 모델링해 주어 모방하는 과정을 통해 상동행동을 소거할 수 있도록 유도하였다. 적절한 행동 수행 시 즉각적인 강화 인자를 주어 행동이 촉구될 수 있도록 하였다.

이 연구의 목적을 바탕으로 얻어진 연구 결과는 다음과 같다.

첫째, DRA에 의한 미술치료 프로그램이 정신지체아동의 상동행동 감소 효과에 영향을 미치는지 살펴보았는데 실험 결과 효과가 있는 것으로 나타났다.

상동행동 발생률에 대한 중재의 결과를 나타내고 있는 [그림 10-1]을 살펴보면 연구대상 아동 A, B, C는 기초선 단계에서 비교적 높은 빈도의 상동행동을 나타냈으나 중재 단계에서 DRA에 의한 미술치료 프로그램이 적용됨에 따라 상동행동 빈도수가 안정된 감소 경향을 나타내었다. 유지 단계에서는 중재 단계에 비해 빈도수가 미세하게 증가하는 것으로 파악되었지만 기초선 단계에 비해 빈도수가 현저하게 감소되는 결과로 보아 상동행동 감소에 효과가 있는 것으로 살펴볼 수 있다.

둘째, DRA에 의한 미술치료 프로그램이 정신지체아동의 상동행동 감소 효과를 알아보기 위해 처치 기간이 끝난 후에도 그 효과가 유지되는지를 살펴보았는데 효과가 유지되는 것으로 나타났다.

중재 단계 종료 후 휴지 기간을 거친 후 실시한 유지 단계에서 대상 아동 모두 빈도수에서 미세한 상승의 경향을 나타냈으나, 기초선 단계에 비해 현저히 감소된 결과를 나타냄으로써 상동행동 감소의 효과는 처치 기간이 끝난 후에도 한동안 유지되고 있음을 관찰할 수 있다.

이 연구의 이러한 결과는 행동수정 중재 기법 또는 미술치료 프로그램을 적용하여 문제행동을 보이는 장애아동을 대상으로 긍정적인 행동 변화를 살펴본 연구들(이근매, 박주연, 1997; 박선희, 2002; 이근매, 김향지, 조진식, 2003; 이현이, 2003; 김수향, 2004; 김혜진, 2005; 이남식, 2006)의 결과와도 일치한다.

이 연구의 결과를 분석하여 얻어진 결론은 다음과 같다.

첫째, DRA에 의한 미술치료 프로그램은 정신지체아동의 상동행동 감소에 긍정적인 효과를 가져왔다.

둘째, DRA에 의한 미술치료 프로그램을 적용한 정신지체아동의 상동행동 감소 효과는 처치 기간이 끝난 후에도 그 효과가 유지되었다.

이 연구의 결론을 통해 'DRA에 의한 미술치료 프로그램 중재'는 정신지체아동의 상동행동을 감소시키며, 감소 결과는 유지에도 효과가 있음을 알 수 있다. 그러므로 이와 같은 중재 프로그램의 적용은 정신지체아동의 문제행동을 감소시켜 교육 환경에서 학습의 효과를 높이고 일상생활에서 바람직한 행동의 변화를 가져와 사회성을 향상시키는 데 긍정적인 영향을 줄 것으로 기대된다.

• 회기별 작품

2회기: 손도장 찍기

3회기: 핑거페인팅

6회기: 여러 가지 모양틀 찍기

7회기: 가면 만들기

8회기: 스크래치

10회기: 손·발 본뜨기

12회기: 데칼코마니

18회기: 왕관 만들기

[그림 10-2] 정신지체아동 개별 미술치료 회기별 작품

2. 정신지체 청소년의 집단 미술치료 사례

1) 대상 아동의 선정

(1) 대상 아동의 생육사 및 특성
대상 아동의 생육사 및 특성은 〈표 10–8〉과 같다.

〈표 10-8〉 **대상 아동의 생육사 및 특성**

구 분	아동 A	아동 B	아동 C
성 별	남	남	여
연 령	16세	16세	15세
지능지수(IQ) (KEDI–WISC)	49	39	45
일반적 특성	• 부모가 양육할 수 없어 8세에 현재 생활하는 아동양육시설에 입소하였다. • 일상에서 자신의 일을 스스로 결정하고 실행하는 능력이 부족하다. • 주어진 과제는 집중력 있게 끝까지 완성한다.	• 계모의 아동학대로 가정에서 분리되어 3개월 전부터 A와 같은 시설에서 생활하고 있다. • 계모는 정신지체 3급으로 진단받았으며, 가정에서의 경험 부족으로 주변 정리, 옷입기 등 일상의 기초적인 수행에 어려움이 있다.	• 어머니는 사회기술과 인지 부족, 타인에게 의존적인 태도를 보이며, 아동 C의 동생도 비슷한 성향이 관찰되어 어머니로부터 정신지체의 가족력이 있는 것으로 보인다. • 아버지는 비장애이며, 아동 C가 유아기일 때부터 어머니에게 폭력을 행사하는 경우가 많았다.
자기표현의 특성	• 언어발달에는 문제가 없으나 질문에만 간단하게 작은 목소리로 답한다.	• 질문을 받으면 눈 맞춤을 하고 미소로 반응을 보이지만 직접적인 언어 표현은 하지 않을 때가 많다.	• 명랑하고 쾌활한 성격으로 대부분의 활동에 적극적으로 참여한다.

자기표현의 특성	• 고개를 숙이고 어깨를 구부리고 있을 때가 많다. • 말수가 적고 면담 시 시선을 회피한다. • 자신보다 어린 동생들과 어울리며 소극적인 태도로 인해 친구들의 놀림의 대상이 되고 있다.	• 발음이 명확하지 않아 다시 질문하면 말을 하지 않는다. • 말수가 적고 얌전한 편이라 조용하게 생활하고 있다. • 치료자에게 의존적인 태도를 보이며 학교 및 시설 친구들과 소원한 관계로 지내고 있다.	• 다른 사람의 말을 끝까지 듣지 않고 자신의 이야기만 전하는 경향이 있다. • 감정 조절의 어려움이 있을 때는 폭력적인 행동과 자기방어를 위한 거짓말 등 부적절한 자기표현으로 또래관계에 갈등을 빚는다.

2) 연구 기간 및 장소

이 연구에서는 3명의 정신지체청소년을 대상으로 76일간 주 1회, 회기당 60분씩 총 16회기의 만다라 미술치료 프로그램을 실시하였다.

3) 연구 프로그램 및 절차

이 연구의 만다라 미술치료 프로그램은 만다라의 기본 형태인 원의 의미가 치료적 근거가 된다는 이론적 배경(정여주, 2007)을 바탕으로, 만다라 원이 그려진 종이에 크레파스로 그림을 그리도록 한 프로그램(최영주, 김동연, 2003)과 지름 18㎝의 원이 그려진 A4 용지에 색연필, 사인펜, 크레파스 중 선택하여 대상 청소년들이 자유롭게 그림을 그리도록 한 프로그램(박주영, 여광응, 2004)을 참고로 정신지체 2급 청소년의 자기표현에 긍정적인 영향을 미칠 수 있게 프로그램을 수정·보완하여 구성하였다.

1단계에는 문양 만다라를 통하여 내면의 감정 발산과 자기인식을 하도록 하였고, 만다라 문양에 익숙해지면 A4 용지에 지름 18㎝ 원이 그려진 그림을 제시하여 색연필과 사인펜을 이용해 자유롭게 표현하도록 하였다. 이와 같은 두

가지 방법을 16회기 동안 교대로 실시하여 대상자들의 자기표현 변화를 살펴보았다. 프로그램 진행 중 대상자들의 행동 변화를 알아보기 위해 활동 장면을 비디오 촬영하였고, 1인의 관찰자가 진행 과정을 기록하였다. 프로그램 내용은 다음 〈표 10-9〉와 같다.

각 회기별 프로그램 진행 절차는 다음과 같다.

〈표 10-9〉 만다라 미술치료 프로그램 내용

단 계	활동 목적	기대 효과	활동 내용
1단계 (1~3회기)	긴장 완화 흥미 유발	마음을 편안하게 이완하고 만다라에 대한 기대를 갖도록 한다.	1. 음악을 들으며 명상하기 2. 문양 만다라를 선택하여 채색하거나 원형 만다라에 떠오르는 심상을 표현하여 만다라 제작하기 3. 완성된 만다라에 제목을 정하고 연상단어 쓰기 4. 만다라 작업에 대한 대화를 통해 연구자와 집단원이 피드백을 줌으로써 아동의 통찰을 도와주기
2단계 (4~10회기)	자기이해 자율성 향상	자신의 내면과 만나 새로운 자신을 보고 이해하며 스스로 선택하고 실행하는 과정을 통해 자율성의 향상을 기대한다.	
3단계 (11~16회기)	자존감 향상 자기표현력 향상	자신을 신뢰하고 자신이 귀중한 존재임을 통찰하여 자존감을 향상하며, 집단원들과의 상호작용 및 발표 과정을 통해 자기표현력의 향상을 기대한다.	

1단계는 프로그램 시작을 위해 준비하는 과정으로 10분 정도 소요되며, 연구자는 매 회기 시작 전 집단원들에게 친구들 이야기에 귀 기울이기, 적극적으로 활동에 참여하기, 필요한 것이 있을 때는 요구하고 충족되었을 때는 감사의 말을 전하기, 소감 나누기를 할 때는 적절한 소리로 이야기하기 등을 알려 주었다. 가벼운 대화로 긴장을 이완한 후에 눈을 감고 명상을 통해 심상을 떠올리게 한 다음 프로그램에 들어갔다.

2단계는 30분 정도 소요되었으며, 연구자는 집단원들이 자유롭게 활동에 참여할 수 있도록 허용적인 분위기를 조성하였다. 이때는 되도록 말을 하지 않고 만다라 작업에 집중하도록 하였다. 활동이 끝난 집단원들은 완성된 작품을 보고 제목과 떠오르는 단어 등을 글로 표현한 후 다른 집단원이 끝날 때까지 기다리도록 하였다.

3단계는 10분 정도 소요되었으며, 한 사람씩 자신의 작품을 설명하고 집단원들과 자신의 느낌, 생각, 감정 등을 나누게 하였다. 이렇게 집단원들이 소감을 나누는 활동으로 서로에 대해 이해할 수 있는 시간을 가지도록 하였고, 집단 안에서 발표 및 피드백하는 과정을 통해 자기표현력을 향상하도록 하였다. 활동이 마무리된 후에는 성실하게 작업에 참여하고 창의적인 표현을 한 집단원에게 스티커를 제공하여 동기 부여와 촉진이 되도록 하였다. 또한 매체를 직접 정리하게 함으로써 주변 정리 및 책임감을 가질 수 있도록 하였다.

4) 연구 결과

이 연구는 만다라 미술치료 프로그램이 정신지체청소년의 미술적 자기표현과 언어적 자기표현에 미치는 효과를 규명하는 데 그 목적을 두고 있다. 이 연구의 진행 과정 및 결과는 다음과 같다.

(1) 각 단계별 진행 과정에 따른 결과

① 1단계(1~5회기)
A는 고개를 숙이고 어깨를 구부리고 있었으며, 눈 맞춤이 되지 않았다. 작은 목소리로 웅얼거리며 묻는 말에만 대답을 했으며, 발표 시 마지막 순서에 짧은 문장으로 말하였다. 시설 담당치료자는 A와 친구들의 관계가 원만하지 않아 위축되고 곧잘 옷장에 들어가며 타인과의 접촉을 회피한다고 하였다.

B는 질문에 미소만 짓고 대답하는 속도가 늦었으며, 옆 사람의 작품을 모방하였다. 빨간색, 주황색, 노란색, 초록색, 파란색 등 기본색만 인지하고 그림의 경계를 넘어 색이 혼합되게 표현했으며, 완성된 작품에 낙서를 하고 관계없는 단어를 나열하였다. 또한 감정을 표현하는 경우가 없었으며, 시설 담당치료자는 B가 말수가 적고 치료자에게 의존적이며, 원 내에서 친구가 없다고 하였다.

C는 의미 없는 말을 반복했으며, 작품에 대해 말을 하지만 웅얼거리는 듯한 발음과 빠른 말하기로 의미가 제대로 전달되지 않았다. 먼저 발표하려고 하는 경쟁의식을 보였으며, 치료자의 모습을 모방하여 집단원들에게 지시하는 듯한 언어 표현을 하였다. 부모는 C가 동생에게 공격을 당할 때가 많으나 화를 내거나 참는 등 적절한 자기표현을 하지 못한다고 하였다.

② 2단계(6~10회기)

A는 프로그램 진행 중에 웃음을 보이면서 감정을 표출하는 모습을 보였으며, 자신은 가요와 드라마를 좋아한다고 자신을 소개했다. 발표 시 먼저 하겠다고 이야기하며 큰 목소리로 의사를 전달했으며, 종료 시 집단원들에게 "잘 가, 다음 주에 만나."라고 먼저 인사하였다.

B는 자신이 필요한 물건을 요청하거나 집단원에게 매체를 빌려 달라고 이야기 하였다. 다른 집단원이 이야기하는 중에 끼어들어 간섭하는 행동을 할 때 경청하도록 지시하자 수용하는 모습을 보였으며, 작품에서 집단원들과 관계하고자 하는 욕구를 표현하였다.

C는 다른 집단원에게 발표할 기회를 양보하며 자신의 순서가 될 때까지 조용히 기다렸다. 옆자리에 있는 집단원의 행동을 간섭하는 경향이 있었으나 작업할 때는 높은 집중도를 보이며 진지하게 참여하였다.

③ 3단계(11~16회기)

A는 진학하게 되는 고등학교와 전공에 대해 이야기하며 관심 분야에 대한 질

문을 하였다. 다른 집단원의 이야기에 피드백을 하였고, 상대방이 긍정적인 표현을 했을 때는 고맙다는 표현을 하였다. 집단원들에게 노래를 들려 주고 싶다고 하며 준비한 노래를 불렀다. 시설 담당치료자는 A가 목소리가 커지고 성격이 활발해져서 자기표현을 명확하게 하고 명랑해졌다고 하였다.

B는 검은색, 하늘색, 연두색 등을 인지할 수 있게 되었으며, 경계 안에서 채색하는 모습에서 협응력이 향상되었음을 보여 줬다. 완성된 작품에 낙서하는 행동이 감소하여 의미 있는 단어를 기록하는 모습을 보였으며, 프로그램 종료 후 매체와 책상을 정리하는 모습을 보였다. 시설 담당치료자는 B의 언어 표현이 많이 좋아졌고, 친구들과 관계하려는 욕구 표현을 많이 한다고 하였다.

C는 다른 집단원의 표정을 살피며 "기분 나쁜 일 있었어?"라고 묻는 등 상대방의 감정 변화에 관심을 가졌다. 집단원들과 함께 먹고 싶다고 간식을 준비해 와서 나눠 줬으며, 그림을 그릴 때 화면을 분할하지 않고 한 가지 색으로 전체를 채색하던 모습에서 작품에 의미를 부여하며 화면을 분할하는 모습으로 변화하였다. 부모는 C가 동생에게 공격을 당할 때 거부 의사를 표현하고 자신의 감정을 전달하는 모습을 보인다고 하였다.

(2) 치료자의 관찰 및 면담을 통한 결과

대상 청소년의 미술치료 프로그램 시행 전과 종결 후 변화를 살펴보면 〈표 10-10〉과 같다.

〈표 10-10〉 치료자의 관찰 및 면담을 통한 치료 전후 행동 변화

	치료 전	치료 후
A	−소극적이고 무기력한 모습 −주제를 반복 −'인사하기' '부정하기' '선택하기' '대답하기' '대화 차례 지키기' 정도의 언어적 자기표현 −질문에만 작은 목소리로 간단한 답을 하는 등 수동적이고 위축된 모습	−자신의 느낌과 생각을 솔직하게 표현하고 내적 긴장감을 완화시키면서 감정에 따라 색을 선택하여 사용할 수 있음. −느낌과 주제를 창의적으로 표현 −자발적으로 대화에 참여함. −자신의 느낌과 감정을 창의적으로 나타내며 개성있게 표현함. −견해 표현 및 요구어를 나타내며, 자신이 궁금한 일에 대해 질문하고 정보를 요청함.
B	−반복적인 표현 −모방적이고 단조로운 구성 −지나치게 많은 색채를 의미 없이 사용 −'인사하기' '선택하기' '대답하기' 정도의 학습된 자기표현 −언어 표현의 횟수가 적고 질문에도 간단하게 대답	−자유롭고 개성있게 표현함. −주위의 배색과 자신의 감정을 고려하여 색채를 선택함. −'물건 요구하기' '행동 요구하기' '부정하기'와 같은 능력이 향상됨. −자발적으로 발표하고 집단원의 이야기에 피드백함.
C	−'인사하기' '물건 요구하기' '선택하기' '대답하기' '자발적으로 대화에 참여하기' 정도로 자신이 원하는 것을 언어 표현하는 것은 가능 −지나치게 많은 언어 표현과 집단원을 간섭하는 행동	−'물건에 대한 견해 표현하기' '행동에 대한 견해 표현하기' '설명하기' '알려 주기' '부연 설명' 등 언어적 자기표현 능력이 향상됨. −간결한 언어로 자신의 감정과 견해를 표현함. −다른 집단원의 감정 변화에도 관심을 보이며, 발표의 기회를 양보하는 등 타인을 배려함.

(3) 평가도구에 의한 결과

① 미술적 자기표현 능력

A의 미술적 자기표현 능력의 평가 결과, 치료 전 6점에서 치료 후 13점으로 전체적인 A의 미술적 자기표현 능력이 향상되었다. 치료 전의 소극적이고 무기

력한 모습에서 자신의 느낌과 생각을 솔직하게 표현하고 내적 긴장감을 완화시키면서 감정에 따라 색을 선택하여 사용할 수 있게 되었다. 또한 초기에는 주제가 반복적으로 나타났으나 회기가 진행될수록 느낌과 주제를 창의적으로 표현하는 변화를 보였다. 연구자와 집단원들의 적극적인 지지와 발표 과정을 통해 치료가 진행되면서 자신감이 향상되어 자기표현의 긍정적인 변화가 나타났음을 의미한다.

B의 미술적 자기표현 능력 평가 결과, 치료 전 5점에서 치료 후 12점으로 미술적 자기표현 능력이 전반적으로 향상되었다. 치료 전에는 반복적인 표현이 단순하게 나타나며, 모방적이고 단조로운 구성을 지녔던 것과 달리 치료 후에는 자유롭고 개성적인 표현이 많아졌고, 지나치게 많은 색채를 의미 없이 사용하던 태도에서 주위의 배색과 자신의 감정을 고려하여 색채를 선택하는 등의 긍정적인 변화를 보였다.

C의 미술적 자기표현 능력 평가 결과, 치료 전 6점에서 치료 후 12점으로 미술적 자기표현 능력의 변화를 나타내었다. 색채, 형태, 창의성에 유의한 결과를 보였고, 주제와 화면 구성에서는 더욱 유의한 결과를 보였다. 즉, 만다라 미술치료 과정에서 집단원들의 활동 과정을 관찰하고 피드백 받으면서 구체적인 주제 표현과 적절한 화면 구성이 두드러지게 나타났고, 그러한 변화가 미술적 자기표현 능력에 반영된 것으로 볼 수 있다.

② 언어적 자기표현 능력

A의 언어적 자기표현 능력 평가 결과, 치료 전 5점에서 치료 후 13점으로 향상된 것을 알 수 있다. 치료 초에는 '인사하기' '부정하기' '선택하기' '대답하기' '대화 차례 지키기' 정도의 언어적 자기표현만을 하였으나 프로그램이 진행될수록 자발적인 대화에의 참여가 나타났다. 자신의 느낌과 감정을 창의적으로 나타내고 개성적인 표현을 하면서 견해 표현 및 요구어가 나타났으며, 자신이 궁금한 일에 대해 질문하고 정보를 요청하는 변화를 보였다.

B의 언어적 자기표현 능력 평가 결과, 치료 전 4점에서 치료 후 11점으로 향상된 것을 알 수 있다. '물건 요구하기' '행동 요구하기' '행동에 대한 견해 표현' '부정하기' '선택하기' '설명하기' '대화 차례 지키기' '알려 주기' '자발적으로 대화에 참여하기'를 포함한 의사소통 기능 및 대화를 이끄는 능력이 전반적으로 변화하였다. 치료 초에는 '인사하기' '선택하기' '대답하기' 정도의 학습된 자기표현을 하였으나 프로그램이 진행될수록 '물건 요구하기' '행동 요구하기' '부정하기'와 같은 능력이 향상되었음을 알 수 있다.

C의 언어적 자기표현 능력 평가 결과, 치료 전 5점에서 치료 후 11점으로 향상된 것을 알 수 있다. 초기에는 '인사하기' '물건 요구하기' '선택하기' '대답하기', '자발적으로 대화에 참여하기' 정도의 자신이 원하는 것을 언어로 표현하는 것만 가능하였으나 프로그램이 진행될수록 '물건에 대한 견해 표현하기' '행동에 대한 견해 표현하기' '설명하기' '알려 주기' '부연설명' 등 언어적 자기표현 능력이 향상되었음을 알 수 있다. 회기가 거듭될수록 간결한 언어로 자신의 감정과 견해를 표현하였고 다른 집단원의 감정 변화에도 관심을 보였으며, 발표의 기회를 양보하는 등 타인을 배려하는 모습이 나타났다.

5) 결론

이 연구는 정신지체청소년의 자기표현을 변화시키는 데 만다라 문양과 그림들을 매체로 한 연구다. 대부분의 미술치료 사례는 대상에게 여러 기법의 치료 프로그램을 적용시키는 데 반해 이번 연구에서는 만다라 기법 한 가지만을 대상에게 적용시켜 그 효과를 검증해 보고자 했으며, 자기표현이 부족한 정신지체청소년에게 만다라에서 제공하는 원은 자기표현을 촉진시키는 중요한 매체가 되었다. 또한 표현에 대한 두려움을 갖고 있는 청소년들에게 더 쉽고 부담없이 접근할 수 있는 미술치료 기법이라는 것을 이 연구를 실시하면서 확인할 수 있었다.

이상의 연구 결과와 논의를 통하여 얻은 결론은 다음과 같다.

첫째, 만다라 미술치료 프로그램이 정신지체청소년들의 미술적 자기표현을 향상시키는 데 긍정적인 효과가 있는 것으로 나타났다. 만다라 미술치료를 통한 자기표현은 정신지체청소년에게 원형의 틀을 제공하여 표현에 대한 두려움과 부담감을 감소시키고 쉽게 자기표현을 할 수 있도록 하였다. 집단 활동을 통해 자신감 향상 및 긍정적인 피드백으로 구체적인 주제 표현과 적절한 화면 구성, 감정에 따른 색채 선택, 창의적인 표현 등의 변화를 보였으며, 이를 통해 미술적 자기표현에 유의미한 변화가 나타났음을 알 수 있었다.

둘째, 만다라 미술치료 프로그램이 정신지체청소년들의 언어적 자기표현을 향상시키는 데 긍정적인 효과가 있는 것으로 나타났다. 프로그램 시작 전에는 '인사하기' '선택하기' '대답하기' 정도의 기본적인 의사소통을 한 반면, 프로그램이 진행될수록 '설명하기' '물건이나 행동에 대한 견해 표현' 등의 자발적인 의사소통과 '대화 차례 지키기' '대답하기' '알려 주기' 등의 대화를 이끌어 내는 능력의 향상으로 인해 자기표현에 긍정적인 효과가 있었다.

3. 장애청소년의 가족 미술치료 사례

1) 대상 청소년의 선정

(1) 대상 청소년의 선정 기준

이 프로그램의 대상은 ○○시 내 특수학교 중학교, 특수학교 고등학교 및 일반중학교 특수학급, 일반중학교 통합학급에 다니고 있는 장애청소년 중 정신지체 또는 발달장애 등급을 받은 장애아동을 중심으로 대상을 선정하였으며, 〈표 10-11〉의 자격 조건에 만족하는 대상을 일차 선정하였다.

일차 선정에 자격이 부합되는 총 36명 중 K-CBCL의 사회능력척도에서 33T점

〈표 10-11〉 **대상 청소년 선정 기준**

선정 기준
1. 장애청소년, 형제자매, 부모 등 1가족 3인의 충족 여부
2. 프로그램 참가 대상 가족의 참가 의욕 및 적극성 여부
(전 프로그램에 결석 없이 적극 참여 여부)
3. 장애청소년, 형제자매 등 참가 대상 연령의 적절성 여부
(형제자매의 경우 초등학교 고학년에서 17세까지 연령 제한)
4. 전체 프로그램 진행에 따른 장애청소년의 장애 유형과 장애 정도의 적절성 여부
(시각장애, 청각장애, 지체장애, 중복 · 중증장애 제외)
5. 대상 가족의 주거지와 교육장소의 접근성 여부(근거리 거주 청소년 우선)
6. 기타

이하인 청소년들을 우선적으로 선별하였다. 아울러 고안된 행동기록카드를 사용하여 부모와의 면담을 통해 청소년의 인지 및 언어 능력과 사회성 및 문제행동을 고려하여 집단의 수준에 해당하면서 이 연구 프로그램에의 참여 의지가 높은 어머니를 둔 청소년 18명을 최종적으로 선정하였다.

(2) 대상 청소년의 특성

이 연구에 참여한 18명의 대상 청소년을 프로그램의 효율성을 극대화하기 위하여 수준별로 A, B, C, D의 4그룹으로 집단을 구성하였다.

집단 A의 대상 청소년은 문자 읽기, 쓰기 및 문장의 이해가 가능하고, 그리기 및 만들기 등 미술작업이 원활한 청소년들이며, 의사소통이 가능한 장애청소년들로 구성하였다. 또한 일반학급과 특수학급을 통합하는 청소년들로 구성하였다.

집단 B의 대상 청소년은 문자 읽기, 쓰기, 간단한 이해가 가능하며, 의사소통은 어렵고 긴 대화보다 간단한 일상생활에 대한 것이 가능한 청소년들로 구성되었다. 또한 미술작업에서도 지시에 대한 이해 및 모방이 필요한 청소년들이다.

집단 C의 대상 청소년은 문자의 읽기, 쓰기는 되나 내용 이해가 잘 되지 않으며, 일상적인 지시나 대화가 가능하더라도 의사표현을 잘하지 못하거나 간단하게 하는 청소년들로 구성되었다. 또한 착석이 잘 안 되거나 화가 났을 때 공격적인 문제행동을 보이는 청소년들로 구성되었다.

집단 D의 대상 청소년은 주로 문자를 읽기는 하나 쓰기가 되지 않으며, 일상적인 지시는 이해하지만 의사표현이 어려운 청소년들로 구성되었다. 또한 만들기 및 그리기 등의 미술 작업도 서툴러서 보조가 많이 필요한 청소년들로 구성되었다. 각 집단별 대상의 특성을 요약해 보면 〈표 10-12〉와 같다.

2) 연구 프로그램 실시 기간 및 장소

이 연구의 프로그램은 대상청소년의 선정, 대상청소년 및 부모 · 형제자매의 사전 검사, 부모 · 교사 집단 사전교육, 가족 집단 미술치료, 사후 검사 순으로 실시되었다. 연구 기간은 총 3개월이며, 장애청소년, 형제자매, 어머니에 대한 집단 미술치료 프로그램은 주1회씩 1회기 1시간 30분으로 각각 총 6회기씩 실시하였고, 가족 미술치료는 토요일 오후 1시부터 일요일 오후 4시까지 1박 2일간 총 14시간 실시하였다.

이 연구의 집단 미술치료는 K연구소의 집단 미술치료실에서 그리고 가족 미술치료는 M 청소년 수련원 강당에서 실시하였다. 이 프로그램의 구체적인 진행 일정은 다음의 [그림 10-3]과 같다.

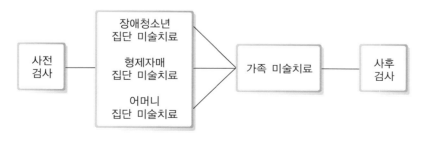

[그림 10-3] 가족지원 미술치료 프로그램 진행 과정

〈표 10-12〉 **집단별 대상청소년의 특성**

집단	성별	연령	사회능력 척도점수	학교 형태	장애 정도	공통적인 인지 및 언어	공통적인 사회성 및 문제행동
A	남 2명 여 2명	만 12세 ~ 15세	28T ~ 31T	특수 학급 3명 통합 학급 1명	정신지체 3급 1명 2급 1명 발달장애 3급 1명 비장애 1명	• 문자를 읽고 간단한 의미를 앎. • 3~4어문의 자기표현, 일상적인 회화, 그리기, 만들기가 가능함.	• 낯선 상황이나 타인에게 관심이 없거나 위축됨. • 정서, 소음 등에 민감함, 관심분야에만 집중력을 보임. • 타인에게 먼저 질문을 하지 못함.
B	남 4명 여 1명	만 14세 ~ 19세	24T ~ 30T	특수 학급 3명 통합 학급 1명 특수 학교 1명	정신지체 3급 2명 2급 2명 발달장애 3급 1명	• 읽고 쓰기 가능 • 간단한 문장 이해 • 학습된 일상적인 회화만 가능 • 1~2어문 정도로 요구를 표현함. • 모방하여 그리거나 만들기가 가능함.	• 주의집중력이 짧음. • 상황에 맞지 않게 화를 냄. • 낯선 타인에게 관심을 보이지 않음. • 상동행동 및 좌석 이탈 행동을 보임.
C	남 5명	만 12세 ~ 16세	23T ~ 30T	특수 학급 5명	정신지체 2급 2명 발달장애 3급 1명 2급 1명 1급 1명	• 문자 읽고 쓰기 가능 • 문장의 이해 어려움. • 학습된 일상적인 화화 및 지시만 가능 • 몇 가지 요구사항을 단어 정도로 표현 • 정확한 형태를 그리거나 만들기가 어려움. • 자유롭게 표현 가능	• 주의집중력이 짧음. • 반향어나 중얼거림, 자해 행동 있음. • 머리를 박기, 물건을 던지기, 타인 때리기 등 공격적인 행동 있음.
D	남 2명 여 2명	만 12세 ~ 16세	21T ~ 32T	특수 학급 2명 통합 학급 1명 특수 학교 1명	정신지체 2급 2명 1급 1명 발달장애 1급 1명	• 문자 읽기 가능하나 의미를 알지 못함. • 학습된 지시는 수행 가능 • 발음이 부정확함. • 몇 가지의 일상적인 요구어가 가능 • 모방하여 그리거나 만들기가 어려움.	• 착석 및 주의집중이 어려움. • 집단행동이 어렵고 지시를 스스로 수행하지 못하며 산만함. • 구석에서 가만히 움직이지 않기, 돌아다니기 등 고집스런 행동 있음.

3) 연구 목적

이 연구는 장애청소년의 중재에 있어서 가족의 중요성을 인식하여 가족지원 접근의 이론적 모델로서 생태학적 접근을 근거로 가족지원 미술치료 프로그램을 구성하였다. 장애청소년에게 가족지원 미술치료를 실시하여 그 지원프로그램이 사회성 향상에 효과적인지를 알아보는 것을 목적으로 하였다.

4) 평가도구

이 프로그램에서는 가족지원 집단 미술치료 프로그램이 장애청소년의 사회적응력에 미치는 효과를 알아보기 위하여 대상청소년들에게 아동·청소년행동평가척도(Korea-Child Behavior Check List: K-CBCL)를 실시하였다.

(1) 아동·청소년 행동평가척도
이 척도는 사례연구 2의 측정도구에서의 내용을 참고하기 바란다.

(2) 관찰기록지
이 연구에서는 장애청소년들이 회기 진행 중에 나타내는 행동을 통해 사회성의 변화를 알아보기 위해서 연구 대상의 행동 특성과 각 집단 구성원의 공통성을 고려하여 연구자가 고안한 관찰기록지를 사용해 프로그램 사전과 사후(1주일 후)에 평가하였다.

관찰기록지는 각 집단별로 10문항씩 선정하였으며 각 문항은 그런 행동이 '전혀 없다.'는 0점, '그런 행동이 조금 있다.'는 1점, '그런 행동이 자주 있다.'는 2점으로 채점이 되는 3점 척도로 구성이 되었다.

5) 미술치료 프로그램 및 절차

(1) 미술치료 프로그램

미술치료 프로그램은 이 연구 목적에 맞게 가족지원 체제로 장애청소년, 형제자매, 부모, 가족 대상의 미술치료 프로그램을 실시하였다. 미술치료 프로그

〈표 10-13〉 장애청소년 집단 미술치료 프로그램

회기	목적	주제	내용	매체
1	친화 관계 형성 및 또래 이해	자기소개 & 핑거페인팅	자기소개 모델링과 작품 설명 듣기 → 매체를 이용하여 자신을 표현하는 광고지 만들기	이름표, 쟁반, 비누거품, 물감, 밀가루풀, 전지, 물티슈, 키친타올, 손 닦을 물통, 유성매직펜
2		스크래치 & 액자 만들기	크레파스로 바탕을 자유롭게 칠하기 → 검은색으로 전체에 덧칠하기 → 뾰족한 도구로 자유롭게 표현하기 → 액자 만들어서 작품 꾸미기	크레파스, 니들, 풀, 가위, 글루건, 골판지, 물티슈
3		꽃병 만들기	유리병에 점토를 골고루 붙이기 → 점토로 꾸미기 → 채색하기	점토, 조각도, 주스병, 물감, 물통, 붓, 팔레트, 아크릴판
4	표현력 및 사회성 향상	사포 협동화	사포를 전체에 밑그림이 그려진 8개의 조각으로 나누어서 각자 자유롭게 채색하기 → 협동하여 벽화로 꾸미기	사포, 크레파스, 접착 테이프
5		협동벽화	벽에 붙어 있는 전지에 집단원 전원이 자유롭게 그리기 → 작품 감상 → 느낀점 간단히 말하기	호일, 손코팅지, 유성매직펜, 접착 테이프
6		선물	다른 구성원에게 주고 싶은 선물을 만들어 주기	다양한 꾸미기 매체, 다양한 찰흙 등

램은 이근매와 최외선(2003)의 미술 활동 중심의 선행연구를 참조하여 각 집단원의 특성에 맞추어서 구조적 미술치료 프로그램을 구성하였으며 집단으로 진행하였다.

　장애청소년 집단 미술치료 프로그램은 사회성을 향상시키는 데 목적을 두고 〈표 10-13〉과 같이 프로그램을 구성하여 실시하였으며, 형제자매를 위한 집단 미술치료 프로그램은 그들의 내면의 욕구 및 감정을 발산하고 자신의 감정을 인식하여 타인에게 자신의 감정을 알리는 것을 목적으로 각 집단에 10명씩 두 집단으로 나누어서 〈표 10-14〉와 같이 프로그램을 구성하여 실시하였다. 그리고 장애청소년의 부모를 위한 집단 미술치료는 부모의 양육스트레스의 감소를 목적으로 내면의 감정 발산 및 자기표현 향상을 목적으로 〈표 10-15〉와 같이 프로그램을 구성하여 실시하였다.

〈표 10-14〉 형제자매 집단 미술치료 프로그램

회기	주제	활동 내용	기대 효과	매체
1	별칭 짓기 및 자기소개	집단원에게 자신을 소개하기 → 자신의 별칭을 지어서 자신을 표현하기	자신을 다른 이들에게 알리는 동시에 자기인식하기	크레파스, 도화지, 다양한 그리기매체 등
2	나의 소원	자신의 소원이 무엇인지 생각하기 → 그것을 표현한 후에 다른 집단원에게 표현하기		다양한 그리기매체, 도화지, 다양한 꾸미기 매체, 잡지책, 가위, 풀, 글루건 등
3	사포 협동화	사포에 그림 그리기 → 느낌 표현하기 → 집단원 모두가 협동작품 만들기	집단원 간의 의사소통을 통해 사회성과 표현력 향상하기	사포, 크레파스, 전지, 접착테이프 등
4	나무 꾸미기 벽화 작업	밀가루풀로 손의 촉감을 느껴 보고 자신의 감정 발산하기 → 벽에 그려진 나무에 손바닥을 찍어서 협동으로 나무를 완성하기	근육 이완, 감정 순화, 긴장 이완	밀가루풀, 쟁반, 물감, 전지, 나무 그림 등

| 5 | 협동 모자이크 | 집단원이 의논하여 주제를 정하기 → 서로의 의견을 존중하여 모자이크를 완성하기 | 타인에 대한 심리적 지지와 가치관 인정하기 | 전지, 각종 종이 매체, 가위, 풀, 크레파스, 꾸미기 매체 등 |
| 6 | 선물 | 다른 구성원에게 주고 싶은 선물을 만들어 주기 | 타인과 긍정적인 상호작용하기 | 다양한 꾸미기 매체, 다양한 찰흙 등 |

〈표 10-15〉 **장애청소년 부모 집단 미술치료 프로그램**

회기	주제	활동 내용	기대 효과	매체
1	나 표현하기, 별칭 짓기	자신의 별칭을 그림으로 표현하기 → 다른 구성원들에게 설명하기	자신의 생각을 표현하는 기회를 갖고 타인의 생각을 인식하기	도화지, 크레파스, 파스텔, 색연필, 사인펜
2	자유화	자신이 원하는 용지에 현재의 기분을 표현하기 → 작품에 대한 내용을 표현하기	자신의 현재 정서 상태를 표현하고 자신과 타인의 정서를 인식하기	다양한 크기의 도화지, 다양한 그리기 매체 등
3	LMT	불러 주는 순서대로 그림을 그려서 풍경을 완성하기 → 작품 설명하기	자신의 정서 상태를 표현하고 자신과 타인의 정서 공감하기	A4 용지, 검정 사인펜, 크레파스 등
4	스크래치	도화지에 스크래치하기 → 자유롭게 긁어 내기 → 자신을 표현하기	색칠하고 긁어 내기 등을 통해 긴장이완과 감정 순화하기	도화지, 크레파스, 긁는 도구 등
5	인생 콜라주	잡지책에서 자신의 삶을 표현할 수 있는 내용의 사진이나 글귀를 찾아서 표현하기 → 작품에 대한 설명을 하고 타인의 삶에 대해 이해하기	• 자신의 과거, 현재에 대한 인식을 통해 삶의 목표를 확인하고 전체적인 자아를 통합하기 • 타인에 대한 이해와 존중감 향상	잡지책, 도화지, 가위, 풀 등
6	상대방의 장점 찾기	밑그림이 그려진 공간에 해당하는 상대에 대한 칭찬하기	상대방을 칭찬함으로써 자신과 타인의 자긍감 향상	도화지, 필기구, 크레파스 등

〈표 10-16〉 가족 미술치료 프로그램

구 분	목 적	프로그램 내용	
		부모 집단	장애청소년과 형제자매 집단
1단계	집단의 친밀감 형성 및 흥미유발	〈자연친화활동〉 활동 1. 자기소개하기 활동 2. 등산	〈대집단 미술 활동 I 〉 활동 1. 자기소개하기 활동 2. 게임(협동퍼즐 맞추기, 풍선 안 떨어뜨리기, 그대로 멈춰라 등) 활동 3. 조별협동화 활동 4. 파티용 모자 만들기
2단계	집단 및 가족의 응집력 향상	〈레크리에이션(실내-외), 캠프파이어: 가족과 함께〉 활동 1. 조별 대항전(실내) 활동 2. 짝짓기(실외) 활동 3. 꼬리잡기(실외) 활동 4. 캠프파이어(실외)	
3단계	욕구발산 및 대집단 체험	〈명상 및 동작치료〉 활동 1. 명상 활동 2. 긴장이완법 활동 3. 동작치료	〈대집단 미술 활동 II〉 활동 1. 자유롭게 점토 만지기 활동 2. 원하는 것 만들기 활동 3. 물레로 도자기 만들기
4단계	집단 응집력 향상 및 평가	〈대집단 미술 활동 및 평가: 가족과 함께〉 활동 1. 조별협동화 평가 활동 2. 캠프 소감문 쓰기 활동 3. 활동 평가 후 상품 수여	

　또한 장애청소년 자신은 물론 부모 및 형제자매와 함께하는 1박 2일의 가족 미술치료 프로그램은 부모의 양육스트레스 감소, 장애청소년과 그 형제자매의 응집력 향상, 아울러 여러 가족이 함께하는 장에서의 장애청소년의 적응력 증진을 목적으로 〈표 10-16〉과 같이 프로그램을 구성하여 실시하였다.

(2) 프로그램 실시 절차
이 연구 프로그램을 실시할 때 각 집단별로 다음과 같은 원칙하에 실시하였다. 먼저 장애청소년 집단 미술치료 프로그램에서는 대상 청소년이 진행 과정 중에 보이는 문제행동은 소거법을 적용하여 반응을 보이지 않았으며 바람직한 행동에는 강화해 주었다. 그리고 형제자매 집단 미술치료 프로그램에서는 그들이 표현하는 긍정적·부정적 감정을 공감하고 지지해 주었다. 또한 어머니 집단 미술치료 프로그램에서는 어머니들이 작품을 통해 자신을 표현한 것을 다른 구성원들로부터 피드백 받으면서 자신과 타인을 수용하는 방법으로 진행이 되었다.

그리고 가족 미술치료에서는 가족응집력 향상에 초점을 두었으며, 특히 장애청소년의 문제행동에 대해 다른 모든 구성원이 반응을 보이지 않으며 바람직한 행동을 강화해 주는 것을 원칙으로 실시하였다. 이 연구 프로그램 실시 이전에 부모와 치료자에게 프로그램 내용 및 실시 절차에 따른 교육을 2시간 실시하였다.

6) 연구 결과

(1) K-CBCL에 의한 사회성 변화

이 프로그램에서는 장애청소년의 사회적응력을 향상시키기 위한 집단 미술치료 및 가족 집단 미술치료를 통해서 집단원 전체의 사회성 변화를 살펴보기 위하여 행동평가척도의 하위영역 중 사회성 부분을 중심으로 살펴보았다.

① 집단 A의 사회성 변화

집단 A의 경우에는 사전 검사에 비해 사후 검사 결과 집단원 모두가 사회성이 향상되었음을 알 수 있었다. 집단원 2가 T점수 사전 28점에서 사후 55점으로 가장 현저한 변화를 보였으며 그다음이 집단원 1, 3의 순으로 변화를 보였다. 반면에 다른 집단원에 비해 집단원 4는 31점에서 사후 40점으로 소폭 상승하였다. 출석률이 다른 집단원에 비해 좋지 못했으며, 사회성도 낮아진 걸 볼

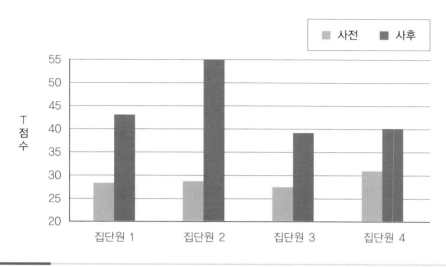

[그림 10-4] 집단 A 대상청소년의 사회성 변화 결과

수 있었다. 그러나 집단원 1은 기분이 저조한 현상을 보였지만 사회성이 향상
된 것으로 보였다. 집단원 2와 3은 집단 활동에서 다른 집단원보다 더 잘 적응
하고 서로 상호작용이 많았으므로 사회성이 매우 향상되었다. 그 결과는 [그림
10-4]에 나타난 것과 같다.

② 집단 B의 사회성 변화

집단 B의 경우에도 사전 검사에 비해 사후 검사에서 집단원 5명 모두가 사회
성이 향상되었음을 알 수 있었다. 집단원 5가 T점수 사전 27점에서 사후 53점
으로 가장 현저한 변화를 보였으며, 집단원 9, 8, 6, 7의 순으로 변화를 나타내
었다. 그 결과는 [그림 10-5]에 나타난 것과 같다.

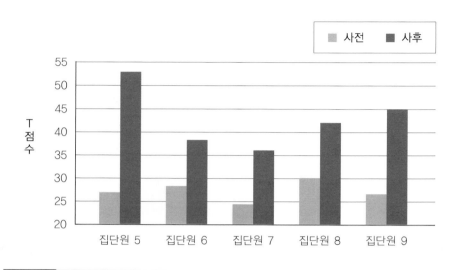

[그림 10-5] 집단 B 대상청소년의 사회성 변화 결과

③ **집단 C의 사회성 변화**

집단 C의 경우에도 사전 검사에 비해 사후 검사에서 사회성이 향상된 것으로 나타났다. 집단원 4명 모두가 사회성이 향상되었는데 집단원 12와 14가 사전 23점에서 35점, 28점에서 40점으로 각 12점씩 가장 크게 상승하였으며 집단원 11은 23점에서 32점으로 9점 상승하였다. 반면에 집단원 13은 사전 30점에서 사후 32점으로 소폭 상승하였으며 집단원 10은 사전 26점에서 사후 25점으로 1점 낮아졌다. 그 결과는 [그림 10-6]에 나타난 것과 같다.

④ **집단 D의 사회성 변화**

집단 D의 경우에는 집단원 모두 의사소통 수준이 낮고 미술 활동 수준도 낮았으나 집단 미술치료 프로그램을 종료한 후에 사회성이 매우 향상된 것으로 나타났다. 그 결과는 [그림 10-7]에 나타난 것과 같다.

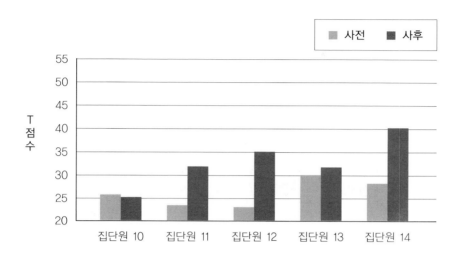

[그림 10-6] 집단 C 대상청소년의 사회성 변화 결과

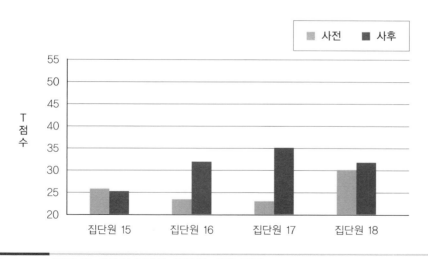

[그림 10-7] 집단 D 대상청소년의 사회성 변화 결과

(2) 관찰기록지에 의한 사회성 변화

대상청소년의 관찰기록지에 따른 사전 · 사후 검사 결과를 통한 사회성 변화의 구체적인 결과는 〈표 10-17〉과 같다.

① 집단 A의 회기별 사회성 변화

〈표 10-17〉과 같이 총 10항목에 대해 집단원 1은 사전 2점에서 사후 11점으로, 집단원 2는 사전 9점에서 사후 20점으로, 집단원 3은 사전 10점에서 사후 19점으로, 집단원 4는 사전 6점에서 사후 11점으로 현저한 변화를 보였다.

〈표 10-17〉 집단 A의 사회성 변화

관찰 항목 \ 집단원	1		2		3		4	
	전	후	전	후	전	후	전	후
1. 다른 사람에게 먼저 인사한다.	0	1	0	2	0	2	0	1
2. 다른 친구에게 신체적 접촉을 한다.	0	1	0	2	0	2	0	1
3. 지시에 잘 따른다.	1	2	1	2	1	2	1	2
4. 제시된 과제에 집중한다.	1	2	1	2	1	2	1	2
5. 치료자의 질문에 답한다.	0	1	1	2	1	2	1	1
6. 작품 완성 후 발표를 한다.	0	1	1	2	1	2	1	1
7. 다른 친구를 방해하지 않는다.	0	1	2	2	2	2	1	1
8. 작품 후 주변을 간단히 정리한다.	0	1	1	2	2	2	1	1
9. 다른 친구가 재료를 찾는 것을 도와준다.	0	1	1	2	1	1	0	0
10. 다른 친구가 발표할 때 잘 듣는다.	0	0	1	2	1	2	0	1
합계	2	11	9	20	10	19	6	11

② 집단 B의 회기별 사회성 변화

〈표 10-18〉과 같이 총 10항목에 대해 집단원 5는 사전 7점에서 사후 17점으로, 집단원 6은 사전 4점에서 사후 11점으로, 집단원 7은 사전 7점에서 사후 14점으로, 집단원 8은 사전 9점에서 사후 13점으로, 집단원 9는 사전 9점에서 사후 16점으로 현저한 변화를 보였다.

③ 집단 C의 회기별 사회성 변화

〈표 10-19〉와 같이 총 10항목에 대해 집단원 10은 사전 6점에서 사후 8점으로 소폭 상승하였으나 집단원 11은 사전 4점에서 사후 14점으로, 집단원 12는

〈표 10-18〉 집단 B의 사회성 변화

관찰 항목 \ 집단원	5 전	5 후	6 전	6 후	7 전	7 후	8 전	8 후	9 전	9 후
1. 다른 사람에게 인사한다.	0	1	0	1	0	2	0	1	0	1
2. 지시에 잘 따른다.	0	2	0	1	1	2	0	2	0	1
3. 다른 친구를 방해하지 않는다.	1	2	1	2	2	2	1	1	1	2
4. 제시된 과제에 집중한다.	1	2	1	2	1	1	1	1	2	2
5. 치료자의 질문에 답한다.	0	2	0	1	1	2	1	2	1	1
6. 작품 완성 후 간단히 발표를 한다.	1	2	0	1	0	1	1	2	1	2
7. 착석을 유지한다.	1	2	1	1	1	1	2	2	1	2
8. 다른 친구들과 신체적으로 접촉한다.	1	1	0	1	0	1	1	1	1	1
9. 적절치 못한 화를 내지 않는다.	1	2	1	1	1	1	1	1	2	2
10. 다른 친구가 발표할 때 듣는다.	1	1	0	0	0	1	1	0	0	2
합계	7	17	4	11	7	14	9	13	9	16

〈표 10-19〉 집단 C의 사회성 변화

관찰 항목 \ 집단원	10 전	10 후	11 전	11 후	12 전	12 후	13 전	13 후	14 전	14 후
1. 다른 사람에게 인사한다.	0	1	0	1	0	2	0	1	0	1
2. 지시에 잘 따른다.	0	1	0	1	1	2	0	2	0	1
3. 다른 친구를 방해하지 않는다.	1	1	1	2	0	2	0	1	1	2
4. 제시된 과제에 집중한다.	1	1	1	1	1	2	1	2	1	1
5. 치료자의 질문에 답한다.	0	0	0	1	1	2	1	2	1	1
6. 작품 완성 후 간단히 발표를 한다.	1	0	0	1	0	2	1	1	1	1
7. 착석을 유지한다.	1	1	1	2	1	2	1	2	1	2
8. 다른 친구들과 신체적으로 접촉한다.	1	1	0	1	0	2	1	1	1	1
9. 자해행동을 하지 않는다.	1	2	1	2	1	2	2	1	2	2
10. 다른 친구가 발표할 때 듣는다.	0	0	0	2	0	1	1	0	0	1
합계	6	8	4	14	5	19	8	13	8	13

사전 5점에서 사후 19점으로, 집단원 13은 사전 8점에서 사후 13점으로, 집단원 14는 사전 8점에서 사후 13점으로 현저한 변화를 보였다.

④ 집단 D의 회기별 사회성 변화

〈표 10-20〉과 같이 총 10항목에 대해 집단원 15는 사전 2점에서 사후 15점으로, 집단원 16은 사전 11점에서 사후 17점으로, 집단원 17은 사전 12점에서 사후 17점으로, 집단원 18은 사전 9점에서 사후 14점으로 현저한 변화를 보였다.

〈표 10-20〉 집단 D의 사회성 변화

집단원 관찰 항목	15 전	15 후	16 전	16 후	17 전	17 후	18 전	18 후
1. 다른 사람에게 인사한다.	0	1	0	2	0	1	0	1
2. 다른 친구에게 신체적 접촉을 한다.	0	1	0	2	1	2	0	1
3. 지시에 잘 따른다.	1	2	2	2	1	2	1	2
4. 제시된 과제에 집중한다.	1	2	1	2	1	1	1	2
5. 협동작품에 참여한다.	0	1	1	2	1	2	1	1
6. 치료실을 항상 스스로 찾아온다.	0	2	2	2	2	2	1	2
7. 다른 친구를 방해하지 않는다.	0	2	2	1	2	1	2	1
8. 착석을 유지한다.	0	2	1	2	2	2	1	1
9. 과제에 방해가 되는 고집을 부리지 않는다.	0	1	1	1	1	2	1	1
10. 치료자를 모방한다.	0	1	1	1	1	2	1	2
합계	2	15	11	17	12	17	9	14

7) 결론

이 연구는 장애청소년 18명을 대상으로 약 3개월에 걸쳐 가족지원 미술치료를 통하여 장애청소년의 사회적응력 증진에 도움을 주고자 실시하였다. 프로그램 홍보 및 준비, 기초 조사를 거친 뒤 ○○시 내의 특수학교와 특수학급, 통합학급에 다니고 있는 장애청소년 18명을 선정하였다.

 장애아 부모 및 치료교육교사, 자원봉사자 교육과 함께 장애청소년, 형제자매에 대한 사전 검사 실시 후 주1회, 총 6회기와 사후 검사를 실시하였고, 어머니를 대상으로 주1회 총 6회기의 집단 미술치료 프로그램을 실시하였다. 장애청소년은 장애 정도에 따라 네 집단으로 나누어 실시하였으며, 형제자매와 어머니는 10명씩 두 집단으로 나누어 실시하였다. 집단 미술치료 프로그램 종료 후 1박 2일 대집단 가족 미술치료를 실시하였다.

 연구대상 18명 중 K-CBCL과 관찰기록지를 통한 연구 결과 사전 검사에 비해 사후 검사에서 장애청소년의 사회성이 유의미하게 향상되어 전반적으로 사회성이 향상된 것을 알 수 있었다. 결과적으로 가족지원 미술치료 프로그램이 장애청소년의 사회성 향상에 도움을 준 것으로 나타났다. 이 연구 결과를 논의해 보면 다음과 같다.

 먼저 장애청소년에게 직접 미술치료를 실시한 것이 청소년의 사회성 향상에 긍정적인 역할을 하였다고 보인다. 즉, 집단 미술치료 프로그램의 구성이 효과적으로 작용하였다고 말할 수 있다. 미술 활동을 통해서 정서적 안정을 도모하였고, 협동작업을 통해서 친구들과 빠른 시간에 친화관계를 형성하였으며, 나아가 상호교류를 촉진하는 데 영향을 주었다. 아울러 청소년의 집단을 수준별로 구성한 것이 미술치료 프로그램의 효과를 극대화시킨 것으로 보인다.

 또한 형제자매에 대한 집단 미술치료 프로그램은 장애청소년의 사회성 향상에 긍정적인 역할을 한 것으로 보인다. 또한 형제자매에게는 내면의 욕구 및 감정을 발산하고 자신의 감정을 인식하여 타인에게 자신의 감정을 알리게 함으로써 현실을 인식하는 데 도움을 준 것으로 보인다.

 결과적으로 장애가 있는 형제자매가 있다는 것에서 오는 형제자매들의 문제, 즉 다른 형제자매가 겪는 심리적 문제로 인한 가족갈등을 해결할 수 있게 도와주었다. 나아가서 장애인에 대한 인식을 고취시키고, 장애인 형제를 수용하게 함으로써 장애인 청소년에 대한 가정에서의 태도가 긍정적으로 바뀌게 되었다.

마지막으로 장애청소년의 어머니에 대한 집단 미술치료 프로그램은 어머니들의 양육 스트레스를 감소시켜 양육 태도를 변화시키는 데 긍정적인 영향을 주었다. 나아가 아동의 문제행동을 감소시켜 사회성 향상에 도움을 주었다.

장애자녀를 둔 부모는 잘 적응하며 자녀를 사랑하기도 하지만 상황을 처리하는 데 어려움을 겪는다. 슬픔, 충격, 실망, 자신이 처한 상황에 대한 무력감, 그리고 그 밖의 여러 가지 부담 때문에 다른 가족의 반감을 사기도 한다. 그것이 어떤 감정이든 이러한 어려움을 극복할 수 있도록 부모를 도와주어야 한다.

아울러 전 가족이 참여하는 가족 미술치료 프로그램은 가족의 응집력을 키워 주는 데 큰 역할을 하였다. 특히 어머니 시간을 통하여 어머니들에게 정신적 · 육체적 여유로움을 제공할 수 있었고, 장애청소년 및 형제자매가 함께하는 프로그램을 통하여 형제 간의 우애를 돈독하게 하는 기회를 제공할 수 있었다. 아울러 다른 가족들과의 교류를 통하여 장애인 가족에 대한 수치감 등의 부정적인 감정이나 긴장감을 완화시켜 가족의 응집력을 갖는 데 도움을 줄 수 있었다.

따라서 이 연구 결과는 장애아동을 위한 교육 프로그램에 부모와 가족이 적극적으로 참여했을 때 가장 큰 효과가 있다는 연구 결과(Hall, et al., 2003)를 뒷받침해 주었으며 비언어적 미술매체를 활용한 미술치료 프로그램의 장점이 효과적으로 작용하게 하였다. 기존의 장애아동 중심 치료교육 프로그램(강위영, 이상복, 이근매, 2003)보다 기간을 단축하면서 가족 전체의 정신건강에 도움을 주고 아울러 장애청소년의 사회성 향상에 도움을 주었다.

지금까지의 연구 결과와 논의를 통하여 얻은 결론은 다음과 같다.

1. 가족지원 미술치료 프로그램은 장애청소년의 K-CBCL에 의한 사회성 변화에 효과적이었다. 사전 검사와 사후 검사를 비교한 결과 사회성이 유의미하게 향상되었으며, 집단원 10을 제외하고 17명 모두가 사전 점

수에 비해 사후 점수가 현저하게 향상되었다. 집단원 10의 경우에는 매
회 20~30분씩 지각을 하였을 뿐 아니라 1회 결석하여 집단원들과의
상호작용이 원활하지 않았던 것이 영향을 미친 것으로 보인다.

2. 가족지원 미술치료 프로그램은 장애청소년의 관찰기록지에 의한 사회
성 변화에 효과적이었다. 관찰기록지에 의한 사전 검사와 사후 검사를
비교한 결과 사회성이 유의미하게 향상되었으며 집단원 모두가 사전
점수에 비해 사후 점수가 현저하게 향상되었다.

즉, 가족지원 미술치료 프로그램은 장애청소년의 사회성 향상에 효과적이라
는 결론을 얻었다. 결과적으로 장애청소년 집단 미술치료, 형제자매를 위한 집
단 미술치료, 장애청소년의 부모를 위한 집단 미술치료, 전 가족이 참여하는 가
족 미술치료로 구성된 프로그램이 상호보완적인 역할을 하여 장애청소년의 사
회성 향상에 도움을 준 것으로 나타났다.

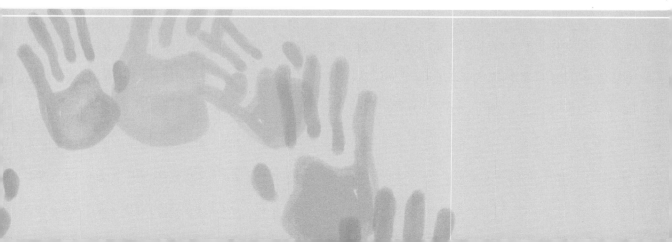

부 록

장애아동 선별검사 문항[1]

1. 정신지체 평정척도 문항

초기 발달지체

1. 말을 배우는 것이 늦었다.
2. 운동능력(걷기, 앉기)이 지체되었다.
3. 대소변 가리는 것이 늦었다.

많은 도움의 요구

4. 개인위생에서 많은 도움이 필요하다.
5. 정리정돈이나 준비성에서 성인의 지도가 많이 필요하다.
6. 침대 정리와 같은 기본적인 일에서 성인의 감독이 많이 필요하다.
7. 안전에 대해 성인의 감독이 많이 필요하다.
8. 용돈 관리에 대해 성인의 감독이 많이 필요하다.
9. 성적인 행동에 대해 성인의 지도가 많이 필요하다.

사회적 문제

10. 또래친구를 사귀는 데 어려움을 보인다.
11. 자주 약자를 괴롭히거나 못살게 한다.
12. 사회적으로 고지식하다.
13. 타인을 너무 믿고 잘 속는다.
14. 타인의 말에 쉽게 마음이 흔들린다.
15. 중요할 때 제지가 되지 않는다.
16. 적절하지 않은 친구를 사귄다.

---

[1] 조용태, 이근매(2008). 특수교육대상자선별검사 11종. 서울: 마인드프레스.

17. 안면이 있는 사람은 누구든 친구로 생각한다.

18. 산타, 요정 등의 존재를 또래들보다 더 많이 믿고 있다.

미성숙한 놀이와 여가활동

19. 자기보다 어린 사람들과 자주 논다.

20. 자기보다 어린 사람들에게 적합한 책, 장난감, TV 프로그램을 좋아한다.

21. 자기 나이에 적절한 장난감이나 게임을 잘 가지고 놀지 못한다.

22. 규칙이 있는 게임에서는 신체적으로 난폭하거나 바보처럼 군다.

심리진단에서 낮은 결과

23. 지능지수가 70 이하다.

24. 지능검사에서 평균보다 2표준편차 이하의 점수를 보인다.

부가적인 어려움이나 장애

25. 말과 언어가 또래보다 발달이 뒤떨어진다.

26. 신체적으로 서툴다.

27. 청각이나 시각에 손상이 있다.

교실 문제

28. 집단 활동을 할 때 침착하지 못하고 집중을 하지 못한다.

29. 학교에서의 활동을 피한다.

30. 다른 사람에게 매우 많이 의존한다.

31. 치료자의 관심을 많이 요구한다.

32. 과제가 주어지면 걱정을 하고 협력을 하지 못한다.

33. 잘못했을 때 도움을 요청하지 못한다.

학습 문제

34. 또래들과 비교했을 때 학업 성취가 매우 느리다.

35. 모든 교과영역에서 의미 있게 낮은 기준에 해당한다.

36. 학습을 작은 단위로 나누는 것이 필요하다.

37. 새로운 학습에서는 많은 반복이 필요하다.

38. 구체적이고 직접적인 학습 경험이 필요하다.

39. 명백한 지도가 필요하다.

40. 정확함이 있음에도 읽기 이해가 떨어진다.

41. 추상적 개념 획득에 어려움을 보인다.

42. 그림 그리기와 책을 이용한 활동이 미성숙하다.

43. 아주 많은 노력에도 기대한 결과가 나타나지 않는다.

44. 현재 상태로는 앞으로 학습 능력이 더 떨어질 수 있다.

가족사

45. 형제자매나 다른 가족이 함께 살고 있다.

정신지체 평정척도의 하위영역 가운데 '사회적 문제' 영역에서 평정되는 빈도가 높고, '심리진단에서 낮은 결과' 가운데 하나에 해당하면 정신지체일 가능성이 매우 높다.

2. 불안장애 평정척도 문항

수면장애

1. 어둠에 불안을 느끼거나 소음을 듣는 등 수면이 어렵다.
2. 밤에 혼자 있는 것을 두려워한다.
3. 악몽을 꾸거나 밤에 공포(야경증)를 느낀다.

새로운 경험에 대한 두려움

4. 새로운 무엇인가를 하고 싶어 하지만 결국 공포를 느끼지 않는다.
5. 새로운 것을 하기 전에 지나치게 걱정한다.
6. 불안 때문에 새로운 것을 시도하지 못한다.
7. 새로운 경험을 강요당할 때 두려움을 느낀다.
8. 새 수업, 새 학기, 새 학년을 시작하기 전에 대단히 불안해한다.
9. 새로운 경험을 하기 전에 많은 준비를 필요로 한다.
10. 불안을 일으키는 상황을 피하기 위해 숨는다.

불안의 신체적 증상

11. 강박적으로 눈을 깜빡이거나 경련을 일으키며, 특정한 자아도취적 증상이 있다.
12. 안절부절못하는 상황에 마비가 되거나 불평한다.
13. 불안할 때 손바닥에 땀이 난다.
14. 압박이 있을 때 창백해진다.
15. 긴장된 상황에서는 구역질을 한다(또는 지겹다고 느낀다).
16. 불안할 때 숨 쉬기 어렵고 답답함을 느낀다.
17. 불안에 의해 공황발작을 일으키거나 심하게 압도당한다.
18. 불평이 증가하거나 심장 박동수가 불규칙적이다.
19. 놀라거나 불안할 때 짜증을 내거나 집착한다.
20. 불안할 때 몸이 얼어붙고 움직이거나 말하지 못한다.
21. 죽거나 미치게 될 것 같아 두려워한다.

특정 공포증

22. 동물에 대해 극심한 공포를 느낀다.

23. 광대나 특정한 연예인을 무서워한다.

24. 또래에 적합한 만화를 무서워하며 시청하지 못한다.

25. 병원이나 치과 진료에 대해 지나치게 걱정하고 치료를 거부하며 겁을 먹는다.

26. 특정한 장소로 가는 것을 매우 두려워한다.

27. 폭풍, 천둥, 물 등 일상적인 위험에 대해 지나치게 불안해한다.

28. 폐쇄된 공간에서 매우 불편해한다.

29. 세균이나 사고, 죽음, 그리고 질병에 대해 지나치게 불안해한다.

강박관념이나 강박현상

30. 강박적인 행동으로 두려운 상황을 피하려 한다.

31. 생각, 상상 또는 떨치지 못할 것이라는 일시적 감정으로 괴로워한다.

비극적인 상황에 유별나게 흥분함

32. 재앙이나 테러 등을 다룬 신문기사에 극도로 불안해한다.

33. 가능한 한 정신적 충격을 피하기 위해 도피하거나 보호 방법을 계획한다.

34. 일어났거나 일어날 것 같은 대참사에 대해 지나치게 얘기한다.

35. 가능성이 있는 대참사로부터 안심하기 위해 계속해서 질문한다.

36. 자신이 경험했던 정신적 외상에 대해 오랫동안 격심한 반응을 보인다.

사회적 불안

37. 친숙하지 않은 사람과 있으면 지나치게 부끄러워한다.

38. 또래와의 집단 활동에 참여하는 것을 아주 달가워하지 않는다.

39. 매우 민감하게 의식하며, 아주 쉽게 창피해하거나 무안해한다.

40. 일상적인 활동(식사나 놀이 등)에서도 주목받는 것을 싫어한다.

41. 집단에서 매우 부끄러워하며 활동하는 것을 내켜 하지 않는다.

가족사

42. 다른 가족 구성원들 중 불안장애(또는 병력)를 가진 사람이 있다.

　불안장애는 공황발작, 광장공포증, 공황장애, 특정공포증, 사회공포증, 강박장애, 외상 후 스트레스 장애, 급성 스트레스 장애, 범불안장애, 물질로 유발된 불안장애 등으로 구분할 수 있다. 특히 아동의 경우 분리불안장애가 포함된다. 따라서 평정척도의 어떠한 하위영역이라도 해당되면 불안장애로 볼 수 있다.

3. 선택적 함묵장애 평정척도 문항

말하기를 꺼려함

1. 가족 외의 사람들과 말하는 것을 꺼린다.

2. 가정을 방문한 사람과 말하는 것을 꺼린다.

3. 가족 중 특별한 누군가와만 이야기한다.

4. 가족 외의 사람들 중 아이들과는 말하지만 어른과는 말하지 않는다.

5. 낯선 사람이 있으면 친한 사람과도 말하기를 꺼린다.

적절한 언어발달

6. 친한 사람들과 적절한 의사소통을 한다.

미묘한 언어장애

7. 말하는 것을 배우는 시기가 평균보다 늦다.

8. 사람들이 쉽게 알아차리지 못하는 미묘한 언어 문제를 갖고 있다.

비언어적 의사소통의 사용

9. 의사소통을 할 때 제스처를 사용한다.

10. 말을 걸었을 때 적절히 고개를 젓거나 끄덕인다.

11. 어른의 손을 잡고 가리키는 등의 신체적 의사소통을 한다.

12. 단어 대신 짧고 단조로운 끙끙거리는 소리를 사용한다.

13. 여러 사람이 함께 노래할 때는 자신도 노래를 부르지만 사람들이 자기를 쳐다 보면 그만둔다.

14. 말을 걸었을 때 멍하게 응시한다.

15. 눈 맞춤을 피한다.

한 달 이상 지속된 문제

16. 적어도 한 달 정도 특정한 사람과 이야기하는 것을 꺼린다.

17. 적어도 한 달 정도 특정한 공간에서 이야기하는 것을 꺼린다.

압박해도 반응하지 않는 문제

18. 말해 보라고 회유해도 하지 않는다.

19. 벌을 주거나 위협을 해도 반응하지 않는다.

이유 없이 말하지 않는 행동

20. 정서적으로 혼란해한다.

21. 큰 충격을 받은 적이 있다.

22. 자폐성을 갖고 있다.

23. 지능장애 혹은 정신지체를 갖고 있다.

24. 수용언어나 표현언어에 장애가 있다.

25. 심각하게 병을 앓고 있다.

적절하게 말할 기회

26. 다른 사람이 말하는 것처럼 말한다.

27. 충분히 들을 수 있다.

28. 정상적인 사회적 관계를 갖고 있다.

신중한 성격

29. 만성적으로 수줍어한다.

30. 어떤 종류의 위험도 받아들이고 싶어 하지 않는다.

31. 새로운 상황에서 자신감을 갖는 것이 느리다.

융통성이 없음

32. 사소한 일에 자주 고집을 부린다.

33. 대소변 훈련에 느리게 반응하거나 저항한다.

34. 음식이나 옷 등을 선택할 때 까다롭게 군다.

35. 가질 수 없는 것에 대해서 자주 짜증을 낸다.

36. 일상생활 패턴을 고집한다.

37. 변화를 좋아하지 않는다.

38. 때때로 강박관념에 사로잡히거나 지나치게 단정해지려고 하고 까다롭다.

39. 특이한 촉감이나 맛 또는 신체적 감각을 좋아하지 않는다.

가족사

40. 가족 구성원 중 누군가가 어린 시절에 자신과 비슷했다.

41. 언어장애의 가족력이 있다.

42. 적어도 부모 중 한 명이 조용하거나 은둔적인 생활을 한다.

DSM-IV에서는 선택적 함묵장애를 선택적 함구증이라 한다. 하위영역 가운데 '말하기를 꺼림'과 '적절한 언어발달' 하위영역에서 평정되는 빈도가 높으면 여기에 해당할 가능성이 높다.

4. 아동 · 청소년 우울장애 평정척도 문항

부정적 분위기

1. 대부분의 일에 대해 부정적이다.

2. 싫증을 느끼는 것에 대해 불평한다.

3. 지루한 것에 대해 불평한다.

4. 자주 슬퍼 보인다.

5. 감성이 메말라 보이고 쌀쌀맞아 보인다.

6. 자주 화가 나 있고 기분이 나쁜 것처럼 보인다.

7. 잘 운다.

8. 자극에 민감하고 쉽게 흥분한다.

재미나 흥미의 상실

9. 예전에 좋아했던 일에 흥미를 잃었다.

10. 적합한 활동을 제안해도 흥미를 느끼지 않는다.

11. 유머 감각이 없다.

12. 대부분의 것에 무관심하고 게을러 보인다.

13. 학교생활, 스포츠 등의 활동에서 승부욕이 없다.

14. 기쁨을 나타내는 것이 어렵다.

15. 일을 할 때 요점이 없다고 말한다.

16. 불평이 많다.

사회적 고립

17. 뿌루퉁하고 비의사소통적이다(특히 어른들에게 있어서).

18. 가족이나 또래집단 활동에 참여하는 것을 꺼린다.

19. 오랜 시간 자신의 방에서 혼자 있는다.

20. 음악 감상, 컴퓨터 게임, 만화영화, 만화책 등에 열중한다.

21. 학교에서 친구들과 접촉하지 않는다.

22. 사람들이 고의로 자신을 귀찮게 하거나 당황하게 만든다고 생각한다.

23. 학교 가는 것을 꺼린다.

24. 무엇을 물어볼 때 잘못된 것이 없다고 말한다.

또래집단 의존성

25. 또래들과 위험한 장난을 한다.

26. 또래들과는 잘 지내는 듯 보이나 어른들과는 대화를 하지 않고 뿌루퉁한 모습을 보인다.

27. 행동에 대한 어른들의 제지를 따르지 않는다.

28. 지나치게 친구를 필요로 한다.

29. 학교에서 무엇인가 열심히 찾거나 방해하려 한다.

에너지 수준의 변화

30. 항상 피곤해 보인다.

31. 반응이 느리고 자주 무기력하다.

32. 자주 격하게 반응하거나 들떠 있다.

섭식장애, 수면장애

33. 잠이 들거나 수면을 유지하기가 어렵다.

34. 지나치게 잠을 많이 자거나 평소와 다른 시간에 수면을 취한다.

35. 평소보다 음식을 아주 적게 먹거나 음식에 관심을 보이지 않는다.

36. 닥치는 대로 지나치게 많은 양을 먹는다.

37. 술이나 약물을 과용한다.

정신집중력의 결핍

38. 결단력이 부족한 모습이 자주 보인다.

39. 자주 건망증이 있는 것처럼 보인다.

40. 조직화 능력이 부족한 모습이 자주 보인다.

41. 자주 멍해 있고 태만하게 보인다.

낮은 자아존중감

42. 성공에 대한 기대가 없어 보인다.

43. 자신이 바보 같고 벙어리 같다고 말한다.

44. 비판을 받아들이기 힘들어한다.

45. 칭찬이나 애정을 받아들이기 힘들어한다.

46. 자신은 죽어 버리는 편이 낫다고 말한다.

47. 부모님이 다른 형제(자매)를 더 좋아한다고 말한다.

48. 치료자가 학급에서 다른 아이를 더 좋아한다고 말한다.

49. 사소한 문제로 지나치게 미안해하거나 죄의식을 갖는다.

부정적 · 폭력적이거나 병적인 생각에 대한 선입견

50. 부정적 · 폭력적이거나 병적인 주제에 대해 쓰거나 그린다.

51. 자살에 대해 말한다(일반적인 내용, 혹은 자신과 결부시켜서).

52. 폭력이나 죽음에 대한 노래, 뉴스기사 또는 영화에 대해 지나치게 관심을 갖는다.

53. 자살할 수 있는 위험이 있다.

가족사

54. 우울증이나 정신질환이 있는 가족력이 있다.

'부정적 분위기' '재미나 흥미의 상실' '사회적 고립' '에너지 수준의 변화' 하위영역에서 평정되는 빈도가 높으면 우울장애의 가능성이 높다.

5. 품행장애 평정척도 문항

사회적으로 부적합한 행동

1. 타인에 대한 관심과 동정심이 거의 없다.

2. 누군가를 협박하거나 위협한다.

3. 반사회적 청소년들과 어울린다.

4. 소수 집단(장애아동, 다문화 가정 아동 등)에 대한 아량이 없다.

5. 너무 거리낌 없이 말하고 버릇이 없다.

6. 다른 사람의 권리를 존중하지 않는다.

7. 다른 사람에 대한 판단이 서툴고, 그들을 적대시하거나 위협하는 잘못된 생각을 한다.

8. 성적으로 난잡한 행동을 한다.

9. 그릇된 행동에 대한 후회나 죄의식이 거의 없는 것처럼 보인다.

해를 끼치는 행동

10. 고의로 누군가의 소유물을 파손하거나 망가뜨린다.

11. 심각한 손해가 있을 것을 알면서 고의로 불을 지른다.

12. 공공 기물을 파손한다(벽에 낙서하기, 유리컵 던지기 등).

어른의 권위에 대한 도전

13. 부모가 정한 규칙이나 요구를 무시한다.

14. 학교 규칙을 무시한다.

15. 법을 어긴다.

16. 가출한다.

17. 학교에 무단결석한다.

18. 처벌에 응하지 않는다.

19. 학교에서 정학이나 퇴학을 자주 당한다.

20. 권위 있는 사람의 요구를 무시한다(예: 버스기사, 교통관리인 등).

21. 권위 있는 어른을 (공공연한 형태로) 비웃는다.

신체적 공격이나 잔인함

22. 싸움을 자주 한다.

23. 상대방을 겁주기 위해 무기나 신체적 힘을 사용한다.

24. 약이 오르거나 화가 나면 신체적으로 공격한다.

25. 동물에게 잔혹한 행동을 한다.

26. 자신보다 약하거나 어린 사람에게 잔혹한 행동을 한다.

27. 잔혹하거나 가학적이고 폭력적인 영화 및 게임을 즐긴다.

28. 공격적이거나 위협적인 폭력에 대해 얘기한다.

29. 공격적이거나 위험한 방법을 사용한다.

기만과 부정직

30. 어른에게 거짓말을 한다.

31. 친구들에게 거짓말을 한다.

32. 자신이나 다른 사람에 대한 이야기를 만들어 내거나 확대시켜 말한다.

33. 약속을 어긴다.

34. 가족이나 친구들의 물건을 훔친다.

35. 가게, 학교 또는 다른 단체에서 물건을 훔친다.

36. 차를 훔치고 무모하게 운전을 한다.

37. 규칙을 어기고 물건을 훔치고 공공 용품을 파괴한다.

38. 부모의 서명을 흉내 내어 사용한다.

39. 자신과 관계가 있는 문서를 손상시킨다(예: 가정통신문).

40. 타인을 비난하고 책임감을 받아들이지 않는다.

41. 자신의 이익을 위해 누군가에게 죄를 뒤집어씌우고 그릇된 고발을 한다.

42. 누군가가 진실을 물어보면 모르는 척한다.

43. 부적절하게 행동하는 친구를 덮어 준다.

약물이나 알코올 남용

44. 불법적인 약물을 사용한다.

45. 불법적인 약물을 취급한다.

46. 미성년일 때 음주나 흡연을 한다.

47. 과도한 음주를 한다.

집에서의 어려움

48. 자주 화를 내며 비협조적이다.

49. 비밀스럽게 자주 집을 비운다.

50. 특정한 사람에게 특별히 공격적이다(예: 엄마, 어린 형제).

51. 꼭 원하는 것이 있을 때 요구하거나 협박한다.

52. 긍정적으로 의사소통하지 않는다.

53. 책임을 완수하지 않는다.

54. 가족 구성원에 대한 따듯한 마음이나 동정심이 결여되어 있다.

55. 정서적으로 미숙하거나 행동이 거칠다.

가족사

56. 가족 구성원 중 누군가가 행동이나 정신적인 문제를 갖고 있다.

'사회적으로 부적합한 행동' '해를 끼치는 행동' '신체적 공격이나 잔인함'에서 평정되는 빈도가 높으면 품행장애의 가능성이 높다.

6. 반항성장애 평정척도 문항

규율 문제

1. 합리적인 요구에 응하는 것을 거부한다.

2. 고의로 규칙을 위반한다.

3. 규칙을 빠져나갈 구멍을 찾는다.

4. 특권이나 선호하는 것을 없앤다면 전혀 관심을 보이지 않는다.

5. 처벌받은 것이 폭로되는 것을 좋아하지 않는다.

6. 누군가 보상으로 기뻐하는 모습을 보는 것을 싫어한다.

7. 비판이나 처벌을 받았을 때 반항적이고 복종하지 않는다.

8. 비판이나 처벌을 받았을 때 공격적이고 폭력적이다.

9. 어른이 자신에게 훈육하는 것을 막기 위해 위협한다.

10. 누군가의 과오에 대해 비난한다.

11. 비난받았을 때 자신의 결백함을 강하게 주장한다.

12. 무시당하면 매우 저항하여 어른이 반응할 때까지 더 심하게 행동한다.

13. 규율을 말하거나 요청하여 행동을 정당화하는 것이 합리적이지 않다.

기뻐하는 데 어려움을 느낌

14. 선물이나 소풍에 대해 기쁨을 나타내지 않는다.

15. 계속적인 불평으로 가족여행을 망친다.

16. 원하는 것을 말하기를 꺼려 한다.

17. 원하는 것을 얻지 못하면 다른 것을 원한다.

18. 보살핌을 주려는 어른들의 마음을 거절한다.

19. 선호하는 것이 바뀐다(무엇인가 요청한 후 그것이 주어지면 그것에 대해 바로 거절한다).

어른에게 대항함

20. 종종 어른들이 말하는 것에 반대한다.

21. 명백히 틀렸을 때도 끊임없이 대항한다.

22. 어른들이 자신의 과오를 보게 만들도록 애쓴다.

23. 무엇인가를 말하거나 행동하고 그것을 부정한다.

어른에 대한 공경심의 부재

24. 어른들을 무시하는 표정이나 몸짓을 사용한다.

25. 어른이 말할 때 비웃는다.

26. 무례한 방법으로 어른들에 관해 말한다.

27. 어른의 권위를 받아들이지 않는다.

28. 누군가에게 대항해 어른에게 창피를 준다.

29. 어른들에게 자신의 요청을 받아들이도록 강력하게 요구한다.

30. 어른의 명분을 손상시키기 위해 다른 사람들을 교묘하게 조정한다.

종종 고의로 사람들을 화나게 함

31. 고의로 형제나 친구들을 화나게 한다.

32. 어른이 보고 있을 때 고의로 규칙을 무시한다.

33. 종종 사람들의 한계를 시험해 본다.

쉽게 화를 냄

34. 매우 과민하고 쉽게 화를 낸다.

35. 사소한 문제들을 고의적인 도발로 본다.

36. 형제나 친구들이 자신의 분노에 대해 보복하면 매우 화를 낸다.

37. 어떤 일이 적절히 되지 않으면 쉽게 짜증을 낸다.

38. 굉장히 민감하다(예: 형제가 코를 킁킁거리는 소리 같은 일상적 소음도 싫어한다).

화를 내거나 분개함

39. 사소한 문제에도 쉽게 기분이 상해 한다.

40. 일반적인 비판을 아주 사적으로 받아들인다.

41. 의도성이 없는 사사로운 비난을 사적으로 받아들인다.

42. 오랜 시간 시샘하고 불평한다.

43. 화를 낸 후에도 오랜 시간 뿌루퉁해 있다.

짓궂거나 보복적임

44. 고의로 다른 사람의 즐거움을 망친다.

45. 짓궂거나 악의적인 방법으로 누군가에게 보복한다.

46. 다른 사람의 인기나 성공을 조롱한다.

47. 비밀이나 뜻밖의 일을 망친다.

관련 증상

48. ADHD 증상을 갖고 있다.

49. 학습장애를 갖고 있다.

50. 언어장애를 갖고 있다.

가족사

51. 가족 구성원 중 누군가가 반항성 장애력을 가지고 있다.

52. 가족 구성원 중 누군가가 행동이나 정신건강에 문제가 있다.

'어른에게 대항함' '어른에 대한 공경심의 부재' '쉽게 화를 냄' '화를 내거나 분개함' 하위영역에서 평정되는 빈도가 높으면 반항성장애의 가능성이 높다.

7. 의사소통장애 평정척도 문항

말 학습 문제

1. 말 배우기가 늦다.

2. 말 또는 언어치료(speech therapy)가 필요하다.

3. 정확한 문법을 사용하는 것이 일반아동보다 느리다.

언어 계열의 문제

4. 차례대로 이야기를 말하는 데 어려움이 있다.

5. 동요, 일정표, 날짜, 알파벳을 암송하는 데 어려움이 있다.

6. 수세기 학습과 알파벳 암송이 느리다.

7. 문장 가운데서 헤맨다.

단어 찾기 문제

8. 필요한 단어를 찾으려고 애쓰는 경우가 자주 있다.

9. 단어를 대치하여 사용한다.

10. 친숙한 이름이나 단어를 망각한다.

11. 교실에서 질문이 주어졌을 때 손을 들지만 답을 기억할 수 없다.

12. 색깔의 이름을 학습하는 것이 느리다.

13. 글자나 숫자의 이름을 학습하는 데 어려움이 있다.

14. 보면서 단어를 읽는 데 어려움이 있다.

15. 읽기에서 유창성이 부족하고 딱딱하다.

자신만만한 화자(話者)가 아님

16. 친숙하지 않은 사람과 말할 때 마지못해 한다.

17. 교실에서 자발적으로 말하지 않는다.

18. 전화로 말하는 것을 좋아하지 않는다.

표현언어 문제

19. 혼란스러운 단어를 사용한다(예: '오늘'과 '내일'을 혼동한다).
20. 단어를 뒤섞어서 사용한다(예: '아버지가 방에 들어간다.'를 '아버지 가방에 들어간다.'라고 말함).
21. 의미를 말하는 것에 어려움이 있다.
22. 설명하려는 것을 포기한다. 그래서 '나는 문제가 없다.'고 말한다.
23. 다른 아동보다 몸짓, 표정, 마임 등을 더 많이 사용한다.

수용언어 문제

24. 청력이 좋은데도 듣는 데 문제가 있는 것처럼 보인다.
25. 경청할 때 종종 다른 사람의 입장을 잘못 안다.
26. 이야기 듣는 것을 좋아하지 않고, 그림이나 행위를 선호한다.
27. 일련의 지시를 잊어버린다.
28. 오랜 시간 자신의 세계에 빠져 있는 것처럼 보인다.
29. 지시를 했을 때 자주 일을 그릇되게 한다.
30. 학교에서 어떤 활동을 할 때 단서를 얻기 위해 다른 사람을 본다.
31. 반복적이거나 명확한 지시를 자주 치료자에게 요구한다.
32. 오랜 시간 경청해야 하면 피로해하고 화자에게 신경쓰지 않는다.

음운적 문제

33. 초기 조음에 어려움이 있다.
34. 압운단어를 산출하는 것이 서투르다.
35. 두운을 산출하는 것이 서투르다.
36. 소리 내어 읽는 것에 어려움을 보인다.
37. 소리 내면서 철자하는 데 어려움을 보인다.
38. 유사한 음을 가진 단어를 혼동한다.

사회적 언어의 문제

39. 사회적 문제를 해결하는 데 언어를 사용하지 못한다. 대신에 물리적 힘을 사용한다.

40. 목소리의 음질(tone)을 이해하지 못하는 것처럼 보인다.

41. 농담이나 익살 등을 이해하지 못하고 글자 그대로 받아들인다.

42. 표정이나 눈 맞추기를 적절하게 사용하지 못한다.

43. 대화에서 주고받기를 잘 하지 못한다.

44. 청자의 요구를 고려하는 것이 서투르다.

45. 매우 크거나 매우 작게, 또는 매우 빠르게 말한다.

46. 자기가 이해하지 못할 때 좌절하고 당황해한다.

47. 당황스럽거나 난처하면 무엇이 잘못되었는지 설명할 수 없다.

48. 보편적인 예의와 인사를 사용하지 못한다.

청각적 처리의 문제

49. 배경 소리를 듣는 데 어려움이 있다.

50. 시끄러운 큰 소리에 매우 민감하다.

51. 소리에 쉽게 주의가 산만해진다.

의사소통장애는 표현성 언어장애, 혼재수용-표현성 언어장애, 음성학적 장애, 말더듬기, 기타 언어장애로 구분된다. '표현언어 문제' '수용언어 문제' '음운적 문제' '사회적 언어의 문제' 하위영역에서 평정되는 빈도가 높으면 의사소통장애의 가능성이 높다.

8. 학습장애 평정척도 문항

미성취

1. 읽기 · 철자하기 · 쓰기 학습에 어려움이 있다.

2. 자신의 능력보다 학교 활동의 결과가 떨어진다.

3. 치료자들은 "보다 잘할 수 있다."고 말한다.

4. 치료자들은 아동이 잘 수행하지 못한다고 생각한다.

5. 노력에 비해 결과가 좋지 않다.

6. 우수한 교육을 받는데도 향상의 정도가 매우 적다.

기억 문제

7. 지시를 생각해 내는 것이 어렵다.

8. 기초 학습(예: 글자와 그 소리)에 어려움이 있다.

9. 한 페이지에서 다음 페이지까지 단어를 생각하는 데 문제가 있다.

10. 구구단과 같은 계열을 학습하는 데 문제가 있다.

11. 검사를 위해 철자를 학습할 수 있지만 아주 빨리 단어를 망각한다.

12. 문자나 숫자의 순서(예: '13'과 '31', '아'와 '어')를 잘 알지 못한다.

13. 산수에 어려움이 있어서 손가락을 이용해 세기를 한다.

14. 특정한 것을 정확하게 따라 그리지 못한다.

15. 같은 실수를 몇 번이고 되풀이하여 한다.

말 · 음운 · 언어 문제

16. 말을 할 때 적절한 단어를 찾는 데 문제가 있다.

17. 긴 단어를 발음하는 데 문제가 있다.

18. 단어를 끊어 읽는 데 문제가 있다.

19. 음을 조화시키는 데 문제가 있다.

20. 음운을 인식하거나 산출하는 데 문제가 있다.

21. 발음 학습에 문제가 있다.

22. 말하는 것을 배우는 것이 평균보다 늦다.

23. 초기에 귀가 질병에 감염된 적이 있다.

24. 문어를 구성하는 것이 서투르다.

구어와 문어 결합 문제

25. 음과 글자의 연결을 학습하는 것이 느리다.

26. 단어를 말로는 하지만 쓰지는 못한다.

27. 자신의 생각을 종이에 옮기는 것이 어렵다.

28. 문어에서 단어를 생략하거나 첨가한다.

29. 문장에 없는 단어를 읽는다.

30. 읽기에서 유창성과 속도가 부족하다.

시각 운동 문제

31. 쓰기 방법을 학습하는 것이 느리다.

32. 도서를 이용한 활동이 어수선하고 느려서 서투르다.

33. 대문자와 소문자를 섞어 사용한다.

34. 다른 아동들과 마찬가지로 빨리 활동하는 데 문제가 있다.

35. 눈-손 협응이 세련되지 못하고 서투르다.

36. 책을 읽을 때 행간을 찾지 못해서 손가락으로 짚어 가며 읽는다.

37. 유아들처럼 퍼즐과 그림 그리기를 싫어한다.

38. 아주 빨리 지치기 때문에 쓰기를 지속하는 데 문제가 있다.

39. 활동을 할 때 책상에 기대거나 마루에 불안하게 앉아 있는 등 자세가 좋지 않다.

정신집중 문제

40. 백일몽을 꾸는 등 집중하지 못한다.

41. 주의가 쉽게 산만해진다.

42. 주의집중장애로 진단되었다.

43. 자주 안절부절못하고 침착하지 못하다.

44. 신중하지 못하고 충동적이며, 교실에서 고함을 지른다.

45. 부주의한 실수를 많이 한다.

46. 장시간 읽을 수 없다.

47. 책이나 자료를 자주 망각하는 등 준비성이 부족하다.

사회적·정서적 문제

48. 학교 활동에 자긍심이 부족하다.

49. 학습과제를 피한다. 책을 잃어버린다. 시간을 낭비한다. 숙제를 잊는다.

50. 성공에 대한 기대가 없고, 그래서 노력을 하지 않는다.

51. 노력을 해도 좋은 결과를 얻지 못할 때 좌절과 당혹감을 갖는다.

52. 도움을 마지못해 받아들이고, 다른 것을 좋아하지 않는다.

53. 매우 열심히 활동할 때조차 더 열심히 노력한다고 말한다.

가족사

54. 가족 가운데 난독증 또는 유사한 학습 문제를 가진 사람이 있다.

학습장애는 읽기장애, 산술장애, 쓰기장애로 구분된다. 그리고 학습부진 또는 학습지진도 이 범주에서 선별해야 한다. '기억 문제' '말·음운·언어 문제' '구어와 문어 결합 문제' 하위영역에서 평정되는 빈도가 높으면 학습장애로 볼 수 있다. 기타 다른 하위영역에서 평정되는 빈도가 높으면 학습부진이나 학습지진에 해당할 수 있다.

9. 자폐성장애 평정척도 문항

비언어적 의사소통 문제

1. 타인과 눈을 맞추면서 감정을 표현하는 경우가 드물다.

2. 타인과의 눈 맞춤을 이해하거나 그것에 대한 반응이 부족하다.

3. 자신의 감정이나 자신이 원하는 것을 표현하는 데 있어서 신체 접촉이나 동작을 사용하는 것이 어렵다.

4. 타인의 신체적 접촉 또는 몸짓을 이해하지 못하는 것처럼 보인다.

5. 표정이 다양하지 못하다.

6. 타인의 표정을 잘 읽지 못한다.

7. 쉽사리 사회적 웃음(social smile)을 짓지 못한다.

8. 흔히 스킨십을 좋아하지 않는다(예: 포옹, 간지럼).

9. 사회적 거리에 대한 판단이 부족하다(너무 가깝게 있거나 너무 멀리 떨어져 있다).

사회적 · 정서적 공감 문제

10. 타인의 감정을 이해하거나 감정 교류를 잘 하지 못하는 것처럼 보인다.

11. 흔히 타인이 보기에 좋아 보이는 물건을 가리키거나 갖지 못한다.

12. 가족은 물론 타인과 친밀한 관계를 맺지 못한다.

13. 단지 한두 명의 가족과 친밀한 관계를 맺는다.

14. 감정 표현이 많지 않다.

15. 역할모델로부터 적절한 행동을 쉽게 배우지 못한다.

16. 흔히 '친절하다'와 같은 추상적인 사회적 개념을 이해하지 못한다.

17. 다른 사람의 행동과 감정을 오해한다.

우정 문제

18. 타인의 존재를 알지 못하는 것처럼 보인다.

19. 타인과 사귀는 것을 시도하지 않는다.

20. 노력하지만 또래와의 관계를 향상시키지 못한다.

21. 놀이나 게임 등에 참여하지 않는다.

22. 낯선 사람을 매우 경계한다.

23. 낯선 사람과 친밀해지는 것을 어려워한다.

24. 감정 교류가 미숙하다.

25. 차례 개념을 이해하지 못한다.

사회적으로 적절한 행동 이해의 곤란

26. 사회적으로 부적절한 행동이나 말을 한다.

27. 사회적 실수를 창피해하지 않는다.

28. "내가 너무 낄낄거려요?" 와 같은 노골적인 피드백을 요구한다.

의사소통의 곤란

29. 말을 하지 않는다.

30. 말이 현저하게 지체되어 있다.

31. 다른 사람이 방금 말한 것을 반복한다.

32. 자신이 한 말을 몇 번이고 반복한다.

33. 이상하고 의미 없는 단어들 혹은 구(句)들을 반복적으로 사용한다.

34. 그대로 듣고는 있지만 적절하게 반응하지 않는다.

35. 대화의 차례를 지키는 것에 상당한 어려움이 있다.

36. 같은 대화의 패턴을 몇 번이고 반복한다.

37. 무언의 몸짓을 이해하거나 사용하는 것이 상당히 어렵다.

38. 말이나 행동을 따라하는 데 상당한 어려움이 있다.

39. 창의적으로 놀 줄 모른다.

40. 사물을 이해하지 못하고 문자 그대로 받아들인다.

보기 드문 신체적 특징

41. 반복적인 동작을 한다(예: 손뼉치기 혹은 몸 흔들기).

42. 얼굴 가까이에서 자신의 손가락을 흔들거나 그것들을 골똘히 지켜본다.

43. 신체적으로 협응이 잘 되지 않는다.

44. 뻣뻣하게 혹은 발끝으로 걸으며, 걸을 때 독특한 팔 동작을 한다.

45. 특정한 냄새나 감촉, 말에 민감하게 반응한다.

46. 고통을 느끼는 범위나 체온이 비정상적으로 아주 높거나 낮다.

47. 물고, 잡아 뜯고, 머리를 쾅 부딪히는 자해행동을 한다.

융통성 없는 관심사와 일상적인 것에 대한 집착

48. 특별한 사물 또는 주제에 몰입한다(예: 열쇠, 불, 앰뷸런스).

49. 일상적인 작은 변화를 거부한다.

50. 불필요하고 무의미한 일상적인 일에 집착한다.

51. 사물의 부분에 몰두한다.

52. 물건을 돌리거나 치는 것에 마음을 빼앗긴다.

53. 장난감을 일정한 순서대로 나열하는 것과 같은 활동을 반복한다.

예외적인 기억 혹은 기능

54. 어떤 특별한 정보를 비범하게 기억한다(예: 기차 시간표).

55. 뛰어난 기교(예: 음악에 있어서)를 갖고 있지만 창조적인 표현력은 부족하다.

자폐성장애는 DSM-IV에서는 광범위성 발달장애의 하위범주다. 광범위성 발달장애에는 자폐성장애, 레트장애, 아스퍼거장애, 소아기 붕괴성장애 등이 포함된다. '비언어적 의사소통 문제' '사회적 · 정서적 공감 문제' '보기 드문 신체적 특징' 하위영역에서 평정되는 빈도가 높으면 자폐성장애일 가능성이 있다.

10. 주의력결핍 과잉행동장애 평정척도 문항

부주의함

1. 자주 자신만의 세계에 빠져 있는 것처럼 보인다.

2. 가끔 관련이 없는 뜻밖의 일을 말한다.

3. 시작한 일을 끝내기 전에 자주 산만해진다.

4. 부주의한 잘못을 자주 저지른다.

5. 때때로 듣기에 문제가 있는 것 같은 의구심이 든다.

6. 옷을 입거나 밥을 먹는 것과 같은 일상적인 일에 너무 많은 시간이 걸린다.

7. 말을 했을 때 듣지 않는 것처럼 보인다.

8. 흥분하거나 주의가 산만한 것처럼 보인다.

조직화 문제

9. 과제나 활동에 필요한 것을 자주 잊는다.

10. 학교 과제를 어디서 시작해야 할지 모르고 그것을 조직화하지 못한다.

11. 미리 계획을 세우지 않고 기한 전까지 하지 못한 채 남겨 둔다.

12. 책상, 사물함, 책가방 등이 언제나 어지럽혀져 있다.

13. 항상 어수선하게 보인다.

성급함

14. 기다리는 것을 어려워한다.

15. 거의 항상 서두른다.

16. 끈기가 필요한 활동이나 게임을 할 때 쉽게 좌절한다.

17. 시간 관념이 부족하다. 생각하는 데 너무 많은 시간이 걸린다.

충동적임

18. 흔히 물어보지 않고 특정한 물건들을 만진다.

19. 생각하기 전에 행동하거나 말한다.

20. 같은 실수를 몇 번이고 되풀이한다.

21. 수업시간에 듣거나 말하기를 요청하기 전까지 기다리지 못하고 소리를 지른다.

22. 매우 빠르게 행동하거나 어이없는 실수를 한다.

23. 다른 사람이 말할 때 방해한다.

24. 잘못 행동한 것에 대해 미안해하는 것처럼 보이지만 몇 분 후에 같은 행동을 또 한다.

흥분을 잘함

25. 일상생활에서 벗어났을 때 흔히 지나치게 흥분하고 지각 없이 행동한다.

26. 멈추라고 했을 때 인식하지 못한다(예: 농담 또는 싸움).

27. 피곤할 때 흥분을 잘한다.

28. 쉽게 통제력을 잃어버린다(예: 작은 충격에도 지나치게 발끈한다).

쉽게 산만함

29. 오래 집중하는 것에 어려움을 느낀다.

30. 주제에서 일탈하기 쉽다.

31. 시작한 일을 끝내지 못한다.

육체적으로 쉬지 못함

32. 거의 항상 바쁘게 끊임없이 활동한다. 다른 사람들보다 훨씬 더 많은 에너지를 갖고 있는 것처럼 보인다.

33. 종종 목적 없이 작은 물체들을 만지작거린다.

34. 가만히 있는 것을 힘들어한다(이동하거나 만지는 것, 이야기하는 것에서).

35. 때때로 학교에서 시끄럽고 난폭하다. 때때로 수업을 방해한다.

36. 긴장을 풀고 잠자는 것을 힘들어한다.

37. 눈치가 없고 협동하는 데 서툴다.

사회적 어려움

38. 아동의 활동적인 행동 때문에 부모의 친구들과 친척들이 만남을 꺼린다.

39. 보모가 아동을 다루는 데 매우 힘들어한다.

40. 난폭하고 충동적인 행동 때문에 다른 아동들이 조심한다.

41. 아동을 통제하는 것에 대한 어려움 때문에 부모는 쇼핑을 꺼린다.

42. 협동 작업에 서툴다. 차례를 기다리지 못한다. 반드시 이겨야만 한다. 쉽게 화를 낸다.

결핍된 기억능력

43. 지시나 가르침을 잊어버린다.

44. 기계적으로 암기하는 학습에 어려움을 느낀다(예: 시간표).

특정 학습장애

45. 읽기나 철자에 어려움을 느낀다.

46. 작문을 하거나 또박또박 글을 쓰는 것에 어려움을 느낀다.

47. 학교에서 노력한 만큼 성적을 받지 못한다.

초기 발달

48. 어린 아동으로서 침착하지 못하거나 과잉활동을 보인다.

가족사

49. 가족 중 어른 또는 형제·자매가 비슷한 특성을 갖고 있다.

DSM-IV에서는 주의력-결함 및 과잉행동장애라고 부른다. '부주의함' '성급함' '충동적임' '육체적으로 쉬지 못함' 하위영역에서 평정되는 빈도가 높으면 주의력결핍 과잉행동장애의 가능성이 높다.

11. 발달지체 평정척도 문항

놀이와 여가활동

1. 자기보다 어린 아동과 노는 것을 좋아한다.

2. 일반적으로 어린 아동이 즐기는 장난감과 활동을 좋아한다.

3. 아주 어렸을 때 좋아했던 이야기나 TV 프로그램을 아직도 즐긴다.

4. 보통 어린 아동이 즐기는 익살을 즐긴다.

5. 아주 오랫동안 상상놀이를 계속한다.

6. 같은 연령의 대다수 다른 아동들보다 더 쉽게 영화나 이야기를 두려워한다.

사회적 미성숙

7. 자신과 같은 연령의 또래들과 우정 관계를 맺지 못한다.

8. 같은 연령의 아동이나 나이가 많은 아동에게 쉽게 위협을 느낀다.

9. 자신과 연령이 같은 또래들과 놀이를 하지 못한다.

10. 요청하거나 권할 때까지는 또래와의 활동에 참여하지 않는다.

11. 또래와의 작은 혼란을 정리하기 위해 성인의 도움을 요청한다.

12. 나이보다 어리고 천진난만하다.

13. 사람을 잘 믿고 쉽게 앞장선다.

14. 사회적 문제에 직면하면 쉽게 울어 버린다.

15. 말이나 하는 일이 나이에 비해 풋내기처럼 부적절하다.

16. 산타와 같은 것을 믿지 않게 되는 것은 평균보다 더 나이가 든 이후다.

17. 낯선 사람과 있으면 수줍어한다.

18. 같은 연령의 다른 아동들보다 현재의 일을 잘 알지 못한다.

19. 대부분의 자기 연령 또래보다 돈에 대한 지혜가 부족하다.

의존성

20. 부모와 떨어지는 것에 대해 걱정한다.

21. 독립적으로 일하려는 의지가 없다(예: 가게에서 혼자 물건 사기).

22. 학교에서 한두 명의 특별한 친구에게 매우 의존한다.

23. 학습을 할 때 치료자에게 많은 위로를 요구한다.

24. 학교에서 여가 시간에 성인들과 매우 친하다.

25. 가족 외의 성인들과 매우 친하다.

26. 부모와 자발적으로 함께 있으려 하지 않는다.

27. 친한 친구나 친척과 집 밖에서 자는 것을 억지로 한다.

28. 부모가 없이 학교나 캠프에 가는 것을 억지로 한다.

29. 성인이나 다른 아동이 원하는 간단한 결정도 억지로 한다.

30. 자신의 의지와 관계없이 집단을 따른다.

31. 새로운 일은 열심히 하려 하지 않는다.

32. 연령에 적절한 책임을 지도록 하는 것을 좋아하지 않는다.

주의집중

33. 같은 연령의 대다수 아동보다 주의집중 능력이 떨어진다.

34. 같은 연령의 대다수 아동보다 놀기를 좋아하고, 일에 전념하는 능력이 떨어진다.

35. 같은 연령의 대다수 아동보다 학교에서 신체적으로 침착하지 못하다.

36. 같은 연령의 대다수 아동보다 손으로 다루는 능력이 떨어진다.

학문적 미성숙

37. 읽기 · 쓰기 능력이 연령 기준에 도달하지 못한다.

38. 수세기 능력이 연령 기준에 도달하지 못한다.

39. 학습에 대해 성인의 많은 지원이 필요하다.

40. 필요할 때 도움을 요청하지 못한다.

41. 손으로 쓰거나 도서를 이용해야 하는 활동이 서투르다.

42. 학교 활동에서 미성숙한 조직력을 보인다.

43. 학습에서 주도권을 갖지 못한다.

언어적 미성숙

44. 말의 사용이 미성숙하다.

45. 가끔 자기보다 어린 유아처럼 말을 한다.

46. 자기 연령보다 제한된 일반적 지식이나 어휘를 갖고 있다.

47. 말하는 것을 배우는 시기가 평균보다 늦다.

미성숙한 습관

48. 손가락 빨기를 멈추는 시기가 늦다.

49. 아기용 베개나 푹신한 장난감을 포기하는 시기가 늦다.

신체적 미성숙

50. 같은 연령의 다른 아동들보다 신체적 원기가 떨어진다.

51. 대근육 운동 기능이 떨어진다.

52. 소근육운동 기능이 떨어진다.

53. 같은 연령의 대다수 아동보다 신체적으로 작다.

54. 같은 연령의 대다수 아동보다 잠을 더 많이 자야 한다.

55. 첫 번째 이가 나는 시기가 평균보다 느리다.

56. 다른 아동들보다 대소변 훈련 시기가 늦다.

57. 밤에 소변을 가리는 시기가 늦다.

58. 사춘기가 나타나는 시기가 늦다.

59. 대부분의 아동보다 더 피곤해하고 잘 울고 변덕스럽다.

발달지체는 발달장애가 될 위험이 있는 상태를 말하는 것이다. 그리고 발달지체는 특정 장애 유형으로 구분하기 어려운 행동적·심리적 특징을 가진 유아의 경우에 주로 부여하는 명칭이다. DSM-IV에서 말하는 광범위성 발달장애와는 전혀 다른 범주다.

학교에 들어가기 전의 유아는 '사회적 미성숙' '의존성' '신체적 미성숙' 하위영역을 중심으로 평정하고, 학령기 아동의 경우는 '학문적 미성숙'을 첨가하여 판단한다.

12. 시각장애의 단서

1. 속눈썹이 있는 눈꺼풀이 딱딱하다.

2. 계속 다래끼가 생기고 부어 있다.

3. 눈물이 많거나 눈곱이 자주 낀다.

4. 빛에 지나치게 민감하다.

5. 눈을 자주 문지른다.

6. 눈을 가까이 대고 하는 작업 후 어지러움이나 두통 혹은 메스꺼움을 느낀다.

7. 먼 거리에 있는 사물을 볼 때 신체적으로 긴장하고 머리를 앞으로 내밀며, 눈을 지나치게 가늘게 뜨고 보거나 표정을 찡그린다.

8. 계속해서 눈을 깜박거린다.

9. 얼굴을 지나치게 책 가까이 또는 멀리 대고 본다.

10. 머리를 한쪽으로 기울이고 책을 본다.

11. 책에서 읽던 부분을 잃어버린다.

12. 한쪽 눈을 감거나 뜨고 있고, 머리를 경사지게 하거나 앞으로 뺀다.

13. 읽기에 어려움이 있거나 아주 가까이에서 책을 본다.

14. 낯선 환경에서는 걸어다니는 것이 자연스럽지 않다.

15. 사람이나 사물과 자주 부딪친다.

16. 눈과 손의 협응이 요구되는 과제 수행이 빈약하다.

17. 다른 곳을 응시하면서 이야기한다.

18. 눈이 항상 충혈되거나 눈꺼풀이 부어 있다.

19. 눈이 아프고 따끔따끔하다.

20. 사물이 희미하거나 두 개로 보인다.

13. 청각장애의 단서

1. 불러도 돌아보지 않는다.
2. 주변에서 큰 소리가 나도 놀라지 않는다.
3. 말이 또래의 다른 아이들보다 늦다.
4. 사람들의 말을 잘 이해하지 못한다.
5. TV를 앞에 가서 보려고 한다.
6. '뭐라고요?' 등의 되묻는 질문을 많이 한다.
7. 말하는 사람의 얼굴이나 입술에 특별히 주의한다.
8. 언어장애를 보인다.
9. 어휘 능력이 제한되어 있거나 언어발달이 미숙하다.
10. 주의집중을 못한다.
11. 지시를 잘 따르지 못한다.
12. 부산스럽게 움직인다.
13. 게으른 것 같이 보인다.
14. 동료들과 잘 어울리지 못한다.
15. 이어폰을 끼고 하는 활동을 다른 것보다 더 잘한다.
16. 귀와 관련된 신체적 문제를 나타낸다.
17. 조음을 잘하지 못하며, 특히 자음의 생략현상이 있다.
18. 라디오, TV 등을 들을 때 보통 사람들이 불평할 만큼 큰 소리로 듣는다.
19. 좀 더 잘 듣기 위해서 머리를 치켜 올리거나 말하는 사람 쪽으로 머리를 돌린다.
20. 다시 말하라고 자주 요구한다.
21. 대화할 때 이상하거나 적절치 못한 대답을 한다.
22. 보통의 말소리에 반응을 보이지 않거나 주의를 기울이지 않는다.
23. 말하는 활동에 참여하지 않으려고 한다.
24. 귀에서 액체가 분비된다.
25. 균형을 잡는 데 어려움이 있다.

참고문헌

강위영, 이상복, 이근매(2003). 발달장애 아동을 위한 언어·행동치료의 실제. 서울: 교육과
　　학사.

김계열, 이근매(2012). 만다라 미술치료가 지적장애 청소년의 자기표현에 미치는 효과.
　　임상미술심리연구, 2(1), 1-20.

김나현, 이근매, 박영균(2009). 적절한 행동 차별강화에 의한 미술치료 프로그램이 지적
　　장애아동의 상동행동 감소에 미치는 효과. 미술치료연구, 16(4), 569-585.

김성민(2008). 발달장애(자폐아동)를 대상으로 한 점토교육 치료 프로그램 개발 연구. 한
　　국조형디자인학회, 11(2), 1-18.

김수향(2004). 차별강화에 의한 미술치료 프로그램이 정신지체아동의 부적응행동에 미
　　치는 효과. 미술치료연구, 11(3), 319-341.

김수향, 이근매(2002). 특수학교에 재학 중인 장애학생의 대인행동 향상을 위한 집단 미
　　술치료 사례연구. 정서·학습장애연구, 17(3), 239-255.

김승국, 김옥기(2002). 사회성숙도검사. 서울: 중앙적성출판사.

김재은, 김동극, 여광응(1997). 인물화에 의한 간편 지능검사. 서울: 교육과학사.

김정미(1999). 찰흙활동 프로그램이 자폐아동의 주의집중 행동과 학습준비 기능에 미치
　　는 효과. 대구대학교 대학원 석사학위 논문.

김혜진(2005). 차별강화와 과잉교정 중재가 시각중복장애아동의 상동행동 감소에 미치
　　는 효과. 성신여자대학교 대학원 석사학위 논문.

박계신(2004). 장애아동을 위한 미술교육방안. 정서·행동장애연구, 9(4), 135-156.

박은혜, 김미선, 김수진, 강혜경, 김은숙, 김정연, 이명희(2004). 장애아동을 위한 미술교육. 서울: 학지사.

박자영(2008). 노인 도예프로그램의 개발 및 효과 검증 -노인의 우울정서와 생활 만족도에 미치는 영향을 중심으로. 대구가톨릭대학교 대학원 박사학위 논문.

박주연, 이병인(2007). 기능평가를 통한 선호 재료선택 미술활동이 자폐아동의 물건 던지기 행동에 미치는 효과. 미술치료연구, 14(1). 65-82.

박주영, 여광응(2004). 만다라 기법을 통한 경도 정신지체아동의 미술 및 언어적 자기표현. 발달장애연구, 8(1), 23-36.

심은지, 이정숙(2009). 자폐장애 아동의 사회적 행동과 자기표현을 위한 비지시적 미술치료 단일사례연구. 한국아동심리치료학회지, 4(1), 25-49.

안병환, 조용태, 한현민(1995). 초기 아동기 검사와 측정. 서울: 특수교육.

안이환(2012). 그림검사 도구의 문제점과 전망. 미술치료연구, 19(1), 157-175.

안혜숙(2012). 자폐성향 유아의 미술치료 효과에 대한 사례연구. 총신대학교 교육대학원 석사학위 논문.

양경희(1998). 열린교육을 위한 창의적인 작업활동. 서울: 학지사.

영남대학교 미술치료연구회(2011). 미술치료학개론. 서울: 학지사

오가영(2011). 자폐아동의 사회성 향상을 위한 미술치료 사례 연구. 문화예술교육연구, 6(3), 123-144.

유현정, 이근매(2012). 장애아동 미술치료 효과에 대한 메타분석. 미술치료연구, 19(3), 461-484.

윤정원, 윤치연, 이근매(2005). 비지시적 미술치료 프로그램이 자폐 아동의 발달에 미치는 효과. 미술치료연구, 21(2), 159-178.

이경원(2007). 자폐장애유아를 위한 미술치료교육 프로그램 연구. 조형교육, 29, 355-378.

이근매(2007). 가족지원 미술치료 프로그램이 장애청소년의 사회성 향상에 미치는 효과. 특수아동교육연구, 9(3), 223-252.

이근매(2007). 가족지원 미술치료 프로그램이 장애청소년의 사회성 향상에 미치는 효과. 특수아동교육연구. 9(3), 223-252.

이근매(2008). 미술치료 이론과 실제. 파주: 양서원.

이근매(2013). 韓國の自閉兒に對する美術治療の現狀と適用?果に關する硏究. *The Japanese Journal of Autistic Spectrum, 11*(1), 13-21.

이근매, 박주연(1997). 미술치료프로그램이 다운증후군 아동의 부적응행동 및 대인관계 개선에 미치는 효과. 미술치료연구, 4(1), 107-124.

이근매, 권명옥(2004). 미술치료가 자폐성 아동의 대인관계 및 표현활동에 미치는 영향. 정서·행동장애연구, 20(4), 377-392.

이근매, 김소영(2004). 발달지체아동의 전반적인 발달 및 문제행동개선을 위한 미술치료 프로그램의 구안 및 적용효과. 발달장애연구, 8(1), 147-159.

이근매, 김향지, 조진숙(2003). 미술치료가 경도정신지체 학생의 부적응 행동에 미치는 효과. 정신지체연구, 5, 135-149.

이근매, 김혜영(2002). 다양한 미술매체를 통한 미술치료가 발달지체아동의 불안 위축행동에 미치는 영향. 발달장애연구, 6(2), 73-86.

이근매, 이선임, 정옥남(2005). 소조활동 중심의 개인미술치료가 자폐아동의 부적응행동 개선에 미치는 효과. 미술치료연구, 12(1), 73-84.

이근매, 최외선(2003). 유·아동의 발달을 돕는 미술치료의 실제. 서울: 교육과학사.

이근매, 최인혁(2008). 매체경험을 통한 미술치료의 실제. 서울: 시그마프레스.

이남식(2006). 전정-고유수용감각훈련이 발달장애아의 상동행동에 미치는 효과. 대구대학교 대학원 박사학위 논문.

이병주(2013). 미술치료가 자폐장애 청소년의 자기표현에 미치는 영향. 건국대학교 디자인대학원 석사학위 논문.

이임순, 이은영, 임선아 공역(2003). 행동수정[*Behavior modification: What it is and how to do it*]. G. Martin & J. Pear 공저. 서울: 학지사. (원저는 2002년에 출판).

이정숙 역(2009). 아동미술치료-아동 성장의 이해와 돕기[*Child Art Therapy*]. J. A. Rubin 저.

서울: 하나의학사. (원저는 2005년에 출판).

이현이(2003). 차별강화와 과잉교정이 자폐성 장애아동의 상동행동 감소에 미치는 효과. 단국대학교 특수교육대학원 석사학위 논문.

임창재(2000). 유아심리측정. 서울: 학문사.

임호찬 역(2012). 미술치료 입문[Handbook of Art Therapy (2nd ed.)]. C. A. Malchiodi 저. 서울: 학지사. (원저는 2011년에 출판).

임호찬, 최중길(2006). 치료적 미술교육이 자폐아동의 인지기능 향상에 미치는 효과. 발달장애연구, 10(2), 27-42.

장선철, 이경순(2011). 동적 가족화에 관한 국내 연구동향 분석. 미술치료연구, 18(1), 173-193.

전순영(2011). 미술치료의 치유요인과 매체, 서울: 하나의학사.

정여주(2007). 만다라 그림과 난화기 원의 치료적 의미에 대한 관계 고찰. 미술치료연구, 14(1), 1-18.

조용태, 이근매(2006). 특수교육대상자선별검사 11종. 서울: 마인드프레스.

조용태, 최외선, 이근매 공역(2007). 세 가지 그림심리검사[The Three Art Assessments]. R. Silver 저. 서울: 시그마프레스. (원저는 2002년에 출판).

최영주, 김동연(2003). 만다라 미술치료가 시설수용 뇌졸중 노인의 우울과 자기표현에 미치는 효과. 재활심리연구, 9(1), 79-102.

최영희(2002). 소조활동을 통한 집단미술치료가 청소년 스트레스에 미치는 효과. 대구대학교 재활과학대학원 석사학위 논문.

한기정(1997). 아동미술과 특수아동미술. 서울: 교육과학사.

Anastasi, A., & Urbina, S. (1997). Psychological testing (7th ed.). Upper Saddle River, NJ: Prentice-Hall.

Buck, J. N. (1948). The H-T-P. Journal of Clinical Child Psychology, 4, 151-159.

Buck, J. N., & Hammer, E. F. (1969). Advances in the House-Tree-Person technique:

Variationa and applications. *Western Psychology, 28*, 259-264.

Burns, R. C., & Kaufman, S. H. (1970). *Kinetic family drawing: an introduction to understanding children through kinetic family drawing.* New York: Brunner/mazel.

Burton, C., Hains, A., Hanline, M., McLean, M., & McCormick, K. (1992). Early childhood intervention and education: The urgency of professional unification. *Topics in Early Childhood Special Education, 11*, 53-69.

Carr, E. G. (1977). The motivation of self-injurious behavior: A review of some hypotheses. *Psychological Bulletin, 84*, 800-816.

Churchill, G. A. (1991). *Marketing Research Methodological Foundations* (5th ed.). Chicago, IL: Dryden.

Cronbach, L. J. (1990). *Essentials of Psychological Testing* (5th ed.). New York: Harper Collins.

Duckworth, J. C. (1990). The counseling approach to the use of testing. *The Counseling Psychologist, 18*, 198-204.

Fredman, N., & Sherman, R. (1987). *Handbook of Measurements for Marriage and Family Therapy.* New York: Brunner/Mazel.

Gantt, L., & Tabone, C. (2001). Measuring clinical changes using art. Paper presented at the meeting of the American Art Therapy Association, Alburquerque, NM.

Gast, D. L., & Wolery, M. (1987). Severe maladaptive behaviors. In M. Snell (Ed.), *Systematic Instruction of Persons with Severe Handicaps* (3rd ed., pp. 300-332). Columbus, OH: Charles Merrill.

Hammer, E. (1967). *Use of Interpretation in Treatment: Technique and art.* New York: Grune & Stratton.

Heppner, P. P., & Claiborn, C. D. (1989). Social influence research in counseling: A review and critique. *Journal of Counseling Psychology, 36*, 365-387.

Herberholz, B., & Hanson, L. C. (1995). *Early Childhood Art.* New York: McGraw-Hill

Humanities.

Hood, A. B., & Johnson, R. W. (2002). *Assessment in Counseling: A guide to the use of psychological assessment procedures* (3rd ed.). Alexandria, VA: American Counseling Association.

Kassarjian, H. H. (1974). *Handbook of Marketing Research*. New York. McGraw-Hill

Landgarten, H. B. (1987). *Family Art Psychotherapy: A clinical guide and casebook*. New York: Routledge.

Lopez, S. J., Snyder, C. R., & Rasmussen, H. N. (2003). Striking a vital balance: Developing a complementary focus on human weakness and strength through positive psychological assessment. In S. J. Lopez & C. R. Snyder (Eds.), *Positive Psychological Assessment: A handbook of models and measures* (pp. 3-20). Washington, DC: American Psychological Association.

Loudon, D. L., & Della Bitta, A. J. (1993). *Consumer Behaviour: Concepts and applications* (4th ed.). Auckland: McGraw Hill.

Machover, K. (1949). *Personality Projection in the Drawing of the Human Figure*. Springfield, IL: Charles C. Thomas.

Malchiodi, C. A. (2003). *Handbook of Art Therapy*. New York: Guilford.

Mohr, D. C. (1995). Negative outcome in psychotherapy: A critical review. *Clinical Psychology: Science and practice, 2*, 1-27.

Moreland, K. L., Eyde, L. D., Robertson, G. J., Primoff, E. S., & Most, R. B. (1995). Assessment of test user qualifications: A research-based measurement procedure. *American Psychologist, 50*, 14-23.

Piaget, J. (1970). *Genetic Epistemology*. New York: W. W. Norton & Company.

Prout, H. T., & Phillips P. D. (1974). A clinical note: The kinetic school drawing. *Psychology in the Schools, 12*, 304-308.

Sampson, P. (1986). Qualitative research and motivation research. In R. M.

Worcester & J. Downham (Eds.), *Consumer Market Research Handbook* (3rd ed.). Amsterdam: Elsevier.

Solomon, M. R. (1994). *Consumer Behaviour: Buying having and being* (2nd ed.). Boston, MA: Allyn & Bacon.

Turner, S. M., DeMers, S. T., Fox, H. R., & Reed, G. (2001). APA's guidelines for test user qualifications: An executive summary. *American Psychologist, 56*, 1099-1113.

Whiston, S. C. (2005). *Principles and applications of assessment in counseling.* Belmont, CA: Thomson Brooks/Cole.

Wright, B. A., & Lopez, S. J. (2001). Widening the diagnostic focus: A case for including human strengths and environmental resources. In C. R. Snyder & S. J. Lopez (Eds.), *Handbook of Positive Psychology* (pp. 26-44). New York: Oxford University Press.

Ysseldyke, J., & Algozzine, B. (2006). *Effective Assessment for Students with Special Needs: A practical guide for every teacher.* Thousand Oaks, CA: Corwin.

찾아보기

●인명●

● 내 용 ●

저자 소개

이근매(Lee Geun-mae) |
현) 평택대학교 재활복지학과 및 상담대학원 미술치료학과 교수
   평택대학교 부설 미술치료상담원장
   (사)한국미술치료학회 고문
   한국예술심리치료학회장
   한국콜라주심리치료연구회장

조용태(Jo Yong-tae) |
전) 대진대학교 아동학과 및 대학원 색채미술심리상담학과 교수
현) 중원대학교 교양학부 교수
   한국발달장애학회장
   미술치료전문가

장애아동 미술치료

Art Therapy for Children with Disabilities

2014년 5월 30일 1판 1쇄 발행
2020년 9월 25일 1판 5쇄 발행

지은이 • 이근매 · 조용태
펴낸이 • 김 진 환
펴낸곳 • (주)**학지사**
    04031 서울특별시 마포구 양화로 15길 20 마인드월드빌딩 5층
대표전화 • 02) 330-5114   팩스 • 02) 324-2345
등록번호 • 제313-2006-000265호
홈페이지 • http://www.hakjisa.co.kr
페이스북 • https://www.facebook.com/hakjisabook

ISBN 978-89-997-0377-5 93180

정가 **18,000**원

이 도서의 국립중앙도서관 출판시도서목록(CIP)은 서지정보유통지원시스템 홈페이지(http://seoji.nl.go.kr)와 국가자료공동목록시스템(http://www.nl.go.kr/kolisnet)에서 이용하실 수 있습니다.
(CIP제어번호: CIP2014015437)

출판 · 교육 · 미디어기업 **학지사**

간호보건의학출판 **학지사메디컬** www.hakjisamd.co.kr
심리검사연구소 **인싸이트** www.inpsyt.co.kr
학술논문서비스 **뉴논문** www.newnonmun.com
원격교육연수원 **카운피아** www.counpia.com